지오지브라
코딩 바이블

초판인쇄 2018년 7월 31일
초판발행 2018년 7월 31일

지 은 이 최경식, 백성혜

펴 낸 곳 지오아카데미
주 소 서울시 중구 퇴계로41길 39, 3층 302호(정암프라자)
등 록 2016년 3월 7일 제395-2016-000014호
전 화 02)736-0640 | **팩스** 02)371-0706
이 메 일 emotion-books@naver.com
홈페이지 www.geobooks.co.kr

ISBN 979-11-87541-29-5
값 29,000원

이 도서의 국립중앙도서관 출판예정도서목록(CIP)은 서지정보유통지원시스템 홈페이지(http://seoji.nl.go.kr)와
국가자료공동목록시스템(http://www.nl.go.kr/kolisnet)에서 이용하실 수 있습니다.
(CIP제어번호 : CIP2018019450)

GeoGebra Coding Bible

지오아카데미

머리말

2001년에 마르쿠스 호헨바터 교수[1]에 의해 지오지브라가 개발되고 유럽과 미국을 중심으로 지오지브라의 사용자가 늘어나게 되었으나 2008년까지 지오지브라는 우리말로 번역되지 않은 채 남아 있었다. 2008년에 지오지브라가 우리말로 번역된 이후 지오지브라는 수학 교육에서 활발하게 사용되기 시작하였고 점차 과학, 정보, 융합(STEAM) 교육에서 활용하려는 시도가 나타났다.

지오지브라의 가장 큰 특징을 한 단어로 말하면 `Free`라고 할 수 있다. 영어로 `Free`는 자유로운이라는 뜻과 무료의라는 뜻을 갖고 있는데 이 단어의 뜻과 같이 지오지브라는 수학과 과학을 탐구하기 위해 누구나 자유롭게 사용할 수 있으며 이를 위해 무료로 제공된다. 그러한 의미에서 마르쿠스 호헨바터 교수는 지오지브라의 라이선스를 오픈소스 자유 소프트웨어로 하였다.[2]

지오지브라의 또 하나의 특징으로 `Easy-to-use`를 들 수 있다. 지오지브라는 인터페이스가 간결하고 수학에서의 수식을 그대로 입력할 수 있으며 모든 명령어가 우리말로 되어 있어[3] 지오지브라를 처음 접한 사용자라도 사용법을 쉽게 배울 수 있다. 또한 지오지브라에는 다양한 수학 영역[4]을 탐구할 수 있는 기능[5]이 내장되어 있어 이 소프트웨어를 익히면 다양한 수학 및 과학 과제를 탐구할 수 있다.

이 책은 최근 코딩 교육에 대한 교육적 필요를 채우기 위해 지오지브라를 소프트웨어 개발을 위한 저작도구로 활용하는 방법을 담고 있다. 지오지브라는 학생들이 직접 사용하면서 수, 과학적 지식을 탐구해 나가는, 사고를 심화하기 위한 보조도구이면서 동시에 특정 상황이나 기능을 제공하는 애플릿(applet; 소형 소프트웨어)을 개발하기 위한 도구로 사용될 수 있다.

지오지브라를 애플릿 저작도구로 활용하는 방법은 크게 3가지를 생각할 수 있다.

---

[1]당시 대학원생이었던 마르쿠스 호헨바터 교수는 석사 논문을 위해 지오지브라를 개발하였다.

[2]지오지브라를 비영리 목적에 이용하는 것은 자유이지만 영리와 연관이 된 경우에는 국제 지오지브라 연구소의 인가를 얻어야 한다.

[3]지오지브라의 한글화를 시작할 때 지오지브라의 명령어를 한글화할 것인가에 대해 많은 시간을 두고 고민하였다. 이때 지오지브라의 핵심 정신인 `Easy-to-use`를 따라 모든 명령어를 한글화해야 한다고 생각하게 되었다. 지오지브라 4.2부터는 영어 명령어도 우리말 명령어와 함께 사용할 수 있게 되어 영어 명령어를 선호하는 사용자를 배려하였다.

[4]기하, 대수, 미적분, 통계, 이산수학, 3차원 기하 등

[5]동적 기하 소프트웨어, 컴퓨터 대수 시스템, 자료 분석 소프트웨어, 이산수학 명령, 스크립트, 거북기하 (Turtle Geometry)

첫째, 지오지브라에서 자체 제공하는 다양한 대화형 도구를 활용한다. 지오지브라에서는 입력 상자, 버튼, 슬라이더 등을 통해 다양한 대상(객체)과 상호작용할 수 있도록 되어 있다.

둘째, 지오지브라에서 제공하는 스크립트를 활용한다. 지오지브라 스크립트는 여러 지오지브라 명령을 모아 한 번에 작동시키는 것으로 일종의 매크로라고 볼 수 있다.

셋째, 지오지브라 자바스크립트를 활용한다. 지오지브라 자바스크립트를 이용하면 자바스크립트의 다양하면서도 강력한 기능을 활용할 수 있다. 뿐만 아니라 지오지브라 내장명령과 자바스크립트 사이를 연결하여 원하는 기능을 구현할 수 있다. 지오지브라 애플릿의 경우 html에서 구현된 자바스크립트 명령으로 애플릿을 제어할 수 있는 방법이 존재한다.

저자들은 이 책을 기획하고 집필하면서 지오지브라를 활용한 애플릿 개발에 대하여 모든 내용을 다루고 싶었다. 하지만 그것은 어떤 측면에서 불가능하다고 할 수 있다. 이에 저자들은 지오지브라를 활용하여 교육용 애플릿을 개발하는 데 필요한 **최소한의 지식**을 소개하는 것으로 방향을 바꾸었다.

독자 여러분에게 지오지브라와 이 책이 코딩 교육 및 교육용 애플릿을 개발하는 데 많은 도움이 되기를 바란다.

2018년 6월 7일
저자 일동

일러두기

이 책은 지오지브라를 활용한 코딩 교육 및 애플릿 저작도구로의 활용 방안을 담고 있다. 따라서 이 책을 충분히 활용하기 위해서는 지오지브라에 대한 사전 지식이 필요할 수 있다. 최대한 다른 책을 참고하지 않고도 지오지브라를 활용하여 코딩하는 방법을 설명하려 하였으나 참고 서적이 필요하다면 아래의 서적 가운데 일부를 참고하는 것을 권장한다.

- 최경식(2017). 지오지브라 바이블(제2판). 서울: 지오북스.
- ______(2017). 지오지브라와 함께하는 스마트 수학(제2판). 서울: 지오북스.
- ______(2017). 지오지브라와 3차원 기하(제2판). 서울: 지오북스.
- ______(2017). 지오지브라 명령어 사전. 서울: 지오북스.

* 이 책은 한국지오지브라연구소와 융합교육연구소의 연구 결과를 토대로 출판되었습니다.

차 례

머리말 iii

일러두기 v

제 I 편 지오지브라 1

제 1 장 지오지브라 3

1.1 지오지브라 3
1.2 지오지브라의 역사 4
1.3 지오지브라의 설치 5
1.4 지오지브라의 실행화면 12
1.5 교실 학습 자료 18

제 II 편 지오지브라 코딩의 기초 23

제 2 장 지오지브라 스크립트 코딩 25

2.1 지오지브라 스크립트 코딩 25
2.2 애플릿 개발 26
2.3 애플릿 예제 28

제 3 장 버튼, 체크상자, 입력상자 29

3.1 버튼 29
3.2 체크상자 30
3.3 입력상자 31

제 4 장 예제 : 극좌표 그래프 계산기 33

4.1 극좌표 33

제 III 편 간단한 애플릿의 설계 41

제 5 장 예제 : 좌표 알아맞히기 게임 애플릿 43
5.1 들어가기 43
5.2 점의 좌표 알아맞히기 활동 43
5.3 맺음말 48

제 6 장 예제 : 함수 알아맞히기 게임 애플릿 49
6.1 들어가기 49
6.2 이차함수식 알아맞히기 활동 49
6.3 맺음말 57

제 7 장 예제 : 피아노 건반 애플릿 59
7.1 들어가기 59
7.2 음계 59
7.3 음악연주[ ] 명령 60
7.4 화음 연주하기 60
7.5 버튼을 이용하여 피아노 건반 만들기 61
7.6 정리 62
7.7 참고문헌 62

제 IV 편 반복적 현상을 표현하는 방법 63

제 8 장 사용자 도구 만들기 65
8.1 도구 만들기 65

제 9 장 슬라이더와 애니메이션 77
9.1 슬라이더 77
9.2 애니메이션 예제 78
9.3 경로 위의 점과 애니메이션 81

제 10 장 수열과 리스트 85
10.1 수열과 리스트 85

제 V 편 현상을 이해하기 위한 모델 설계 105

제 11 장 예제 : 태양계 모델링 107
11.1 도입 107
11.2 태양계 108
11.3 태양계 모델링 109
11.4 논의 및 결론 110

제 12 장 예제 : 3차원 공간의 점, 곡선, 곡면의 시각적 표현 113
12.1 연구 동기와 목적 113
12.1.1 연구 동기 113
12.1.2 연구 목적 114
12.2 이론적 배경 및 선행 연구 조사 114
12.2.1 지오지브라 114
12.2.2 기저와 차원 114
12.2.3 직교행렬과 직교기저 117
12.3 연구 방법 및 과정 119
12.3.1 지오지브라에서 기저 설정 119
12.4 연구 결과 123
12.4.1 점의 자취를 이용한 3차원 그래프 123
12.4.2 공간도형 125
12.4.3 다섯 점을 이용한 곡면 그래프 127
12.4.4 삼차함수 회전면 130
12.5 결론 및 고찰 131

제 VI 편 조건을 위한 지오지브라 명령 133

제 13 장 논리 명령어 135
13.1 관계(Relation) 135
13.2 세기조건(CountIf) 135
13.3 영역포함여부(IsInRegion) 136
13.4 유지조건(KeepIf) 136
13.5 정수여부(IsInteger) 137
13.6 정의여부(IsDefined) 137
13.7 조건(If) 138

제 VII 편 지오지브라 스크립트의 활용 139

제 14 장 지오지브라 스크립트의 종류 141

14.1 서론 141
14.2 슬라이더로 색상 변경하기 142
14.3 alert 창 띄우기 144
14.4 switch문 사용하기 146
14.5 for문 사용하기 148
14.6 몬테카를로 방법으로 원의 넓이 측정하기 150
14.7 지오지브라 전역자바스크립트 152
14.8 결론 153

제 15 장 예제 : 프랙털 도형 그리기 155

15.1 들어가기 155
15.2 고사리 모양 그리기 156
15.3 시어핀스키 삼각형 그리기 161
15.4 지오지브라에 내장된 거북이를 이용해서 코흐곡선 그리기 163
15.5 거북이 대상(객체)을 정의한 후 이를 이용해서 코흐곡선 그리기 . . . 167
15.6 맺음말 173

제 VIII 편스크립트 관련 명령어 175

제 16 장 참고자료 : 스크립트 명령어 177

16.1 값설정(SetValue) 177
16.2 거북이(Turtle) 177
16.3 거북이놓기(TurtleDown) 178
16.4 거북이뒤로(TurtleBack) 178
16.5 거북이들기(TurtleUp) 178
16.6 거북이앞으로(TurtleForward) 179
16.7 거북이오른쪽(TurtleRight) 179
16.8 거북이왼쪽(TurtleLeft) 179
16.9 격자보이기(ShowGrid) 180
16.10 고정여부설정(SetFixed) 180
16.11 구성새로고침(UpdateConstruction) 181
16.12 기록시작(StartLogging) 181

16.13 기록정지 (StopLogging) 181
16.14 대상보이기조건설정 (SetConditionToShowObject) 182
16.15 대상선택 (SelectObjects) 182
16.16 도구도움말모드설정 (SetTooltipMode) 183
16.17 동적색상설정 (SetDynamicColor) 184
16.18 레이블보이기 (ShowLabel) 184
16.19 레이블표시설정 (SetLabelMode) 184
16.20 레이어보이기 (ShowLayer) 185
16.21 레이어설정 (SetLayer) 185
16.22 레이어숨기기 (HideLayer) 186
16.23 마우스클릭실행스크립트 (RunClickScript) 186
16.24 반복 (Repeat) 187
16.25 배경색설정 (SetBackgroundColor) 188
16.26 버튼 (Button) 189
16.27 보는방향설정 (SetViewDirection) 189
16.28 보이기설정 (SetVisibleInView) 189
16.29 복사 (AttachCopyToView) 190
16.30 삭제 (Delete) 190
16.31 새로고침실행스크립트 (RunUpdateScript) 191
16.32 색상설정 (SetColor) 191
16.33 선굵기설정 (SetLineThickness) 191
16.34 선스타일설정 (SetLineStyle) 192
16.35 숫자화 (ParseToNumber) 192
16.36 스프레드시트기록시작 (StartRecord) 193
16.37 슬라이더 (Slider) 193
16.38 시간 (GetTime) 194
16.39 시드설정 (SetSeed) 197
16.40 실행 (Execute) 197
16.41 애니메이션시작 (StartAnimation) 198
16.42 음악연주 (PlaySound) 199
16.43 이름바꾸기 (Rename) 201
16.44 입력상자 (InputBox) 202
16.45 자료함수 (DataFunction) 202
16.46 자유대상복사 (CopyFreeObject) 202

16.47 자취설정 (SetTrace) 203
16.48 작게보기 (ZoomOut) 203
16.49 점스타일설정 (SetPointStyle) 204
16.50 점크기설정 (SetPointSize) 204
16.51 좌표설정 (SetCoords) 205
16.52 중심보기 (CenterView) 205
16.53 채움설정 (SetFilling) 206
16.54 체크상자 (Checkbox) 206
16.55 축보이기 (ShowAxes) 207
16.56 축비율설정 (SetAxesRatio) 207
16.57 캡션설정 (SetCaption) 207
16.58 크게보기 (ZoomIn) 208
16.59 함수화 (ParseToFunction) 208
16.60 화면배치설정 (SetPerspective) 209
16.61 화면이동 (Pan) 211
16.62 활성화창설정 (SetActiveView) 211
16.63 회전속도설정 (SetSpinSpeed) 211

제 17 장 참고자료 : 지오지브라 앱을 포함한 웹페이지 개발 213
17.1 지오지브라 앱을 웹페이지에 포함하는 방법 213
17.2 지오지브라 앱 API 활용예제 215
17.3 지오지브라 앱 API 목록 217

제 IX 편 부록 225

제 18 장 한국지오지브라연구소 227
18.1 설립 목적 227
18.2 학회와 연수 227
18.3 온라인 지원 활동 227

제 19 장 한국교원대학교 융합교육연구소 229
19.1 설립배경 및 목적 229
19.2 운영 내용 230

제 20 장 단축키 233

20.1 단축키 배열(키보드) 233
20.2 Alt 키를 사용한 단축키 234
20.3 Ctrl 키를 사용한 단축키 235
20.4 기능 키에 대한 예약 기능 237

찾아보기 239

그림 차례

1.1 전 세계의 지오지브라 연구소 3
1.2 지오지브라 개발자인 마르쿠스 호헨바터 교수 4
1.3 지오지브라의 실행화면 13
1.4 구성단계 창이 실행된 모습 16
1.5 구성단계 내비게이션 바 를 선택하는 모습 17
1.6 기하창에 나타난 구성단계 내비게이션 바 17
1.7 지오지브라 공식 웹사이트의 '교실 학습 자료' 18
1.8 당신의 자료 탭 화면 19
1.9 워크시트 만들기 환경 20
1.10 책 만들기 환경 20
1.11 그룹 만들기 환경 21
1.12 그룹 가입하기 21
1.13 공유 버튼 누르기 22
1.14 공유 관련 메뉴 22

2.1 지오지브라 스크립트의 예 27
2.2 Play HEX! 게임 28
2.3 파이 도표를 점그림으로 전환 28

3.1 버튼 도구를 선택한 후 클릭하면 나타나는 대화상자 29
3.2 체크상자 도구를 선택한 후 클릭하면 나타나는 대화상자 30
3.3 삼각형이 나타날지를 결정하는 체크상자 30
3.4 입력상자 대화상자 31
3.5 기하창에 나타난 입력상자 31

4.1 `( 1 ; pi / 2 )`를 입력창에 입력한 결과 35
4.2 설정사항 - 고급기능에서 각도 단위를 라디안으로 설정한 모습 35
4.3 `sin( 2 t )`를 텍스트필드에 입력한 모습 38
4.4 극좌표 방정식의 그래프 환경 39
4.5 극좌표 방정식 그래프의 예 40

9.1 슬라이더 대화상자 77
9.2 경로 위의 점의 애니메이션 81
9.3 경로 위의 점 C 의 경로 매개변수 82
9.4 원 c 위의 경로 매개변수 0.3 인 점 D 83

10.1 스프레드시트 창의 셀에 수를 입력한 모습 86
10.2 $\{(n\ ,\ \frac{1}{n})\}$, $n \in \{1, 2, \ldots, 10\}$ 인 유한점열 88
10.3 n이 증가함에 따른 x^n 의 변화 101
10.4 반복법을 시각적으로 나타내는 원리 104
10.5 n = 15일 때 반복법이 적용된 모습 104

11.1 태양계 행성의 모습 108
11.2 완성된 지오지브라 태양계 110

12.1 지오지브라 인터페이스 115
12.2 3차원 직교기저 116
12.3 지오지브라 대수창에서 구현한 기저행렬 120
12.4 지오지브라에서 회전변환행렬과 기본 기저 행렬을 곱하는 과정 121
12.5 지오지브라 대수창에서 3차원 기저를 2차원에 사영시키는 과정 121
12.6 지오지브라에서 구현한 3차원 기저 122
12.7 변수를 변환하여 기저를 회전시키는 과정 122
12.8 지오지브라에서 구현한 Helix 123
12.9 시선 각도를 다르게 한 Helix 124
12.10 지오지브라에서 구현한 원뿔 위를 움직이는 나선 124
12.11 지오지브라에서 구현한 정육면체 125
12.12 각도를 다르게 한 정육면체 125
12.13 지오지브라에서 구현한 정사면체 126
12.14 각도를 다르게 한 정사면체 126
12.15 이차곡선(원)을 이루는 다섯 점 127
12.16 지오지브라에서 구현한 이차 함수 회전면 128
12.17 각도를 다르게 한 이차 함수 회전면 128
12.18 지오지브라에서 구현한 곡면 129
12.19 각도를 다르게 한 곡면 129
12.20 지오지브라에서 구현한 삼차함수 회전면 130
12.21 각도를 다르게 한 삼차함수 회전면 130

14.1 지오지브라 대상의 설정사항 대화상자 – 스크립트 창 142
14.2 슬라이더의 스크립트 – 새로고침할 때 창에 입력한 스크립트 143
14.3 스크립트에 따라 변화하는 슬라이더 색상 143
14.4 alert 창 띄우기 자바스크립트 코드 144
14.5 버튼 1의 클릭 결과 145
14.6 switch문 사용하기 자바스크립트 코드 146
14.7 버튼 2의 클릭 결과 147
14.8 for문 사용하기 자바스크립트 코드 148
14.9 버튼 3의 클릭 결과 149
14.10 몬테카를로 방법으로 원의 넓이 측정하기 실행 결과 151
14.11 몬테카를로 방법으로 원의 넓이 측정하는 자바스크립트 151
14.12 입력된 전역자바스크립트 152
14.13 전역스크립트에 따라 메시지가 나타난 모습 153

15.1 나무 가지 모양에 드러난 프랙털 도형 156
15.2 암고사리 156

16.1 지오지브라 스크립트(클릭할 때) 187

17.1 웹페이지 그래픽 계산기(좌)와 팝업 레이어 안 지오지브라 애플릿(우) 214
17.2 두 애플릿의 통신에 관한 API 예제 215
17.3 파일 저장에 관한 API 예제 215
17.4 이벤트 리스너 예제 216

19.1 융합교육연구소의 설립 목적 229
19.2 융합 교육 모델 230

20.1 Alt 키를 눌렀을 때, 키보드에 배열된 특수문자 233
20.2 Shift + Alt 키를 눌렀을 때, 키보드에 배열된 특수문자 233

표 차례

11.1 위키백과에서 검색한 행성 정보 111

19.1 개발된 자유학기제 교재 231

20.1 Alt, Shift+Alt 키를 사용한 단축키 234
20.2 Ctrl 키를 사용한 단축키 235
20.3 Ctrl+Shift 키를 사용한 단축키 236
20.4 기능 키에 대한 예약 기능 1 237
20.5 기능 키에 대한 예약 기능 2 238

제 | 편

지오지브라

지오지브라 코딩 바이블

CHAPTER 1

지오지브라

지오지브라는 단지 소프트웨어가 아니라
수학을 사랑하는 사람들의
전 세계를 아우르는 커뮤니티입니다.

– **마르쿠스 호헨바터 (지오지브라 창시자)**

1.1 지오지브라

지오지브라(GeoGebra)는 기하, 대수, 미적분, 통계, 이산수학, 3차원 기하를 다룰 수 있으며 비영리적인 목적[1]을 위해 무료로 사용할 수 있는 오픈소스 자유 소프트웨어이다.

지오지브라의 이름은 지오(Geometry; 기하)와 지브라(Algebra; 대수)의 합성어로 **동적 기하 소프트웨어**(DGS; Dynamic Geometry Software)와 **컴퓨터 대수 시스템**(CAS; Computer Algebra System)을 결합한 소프트웨어라는 의미를 담고 있다. 따라서 지오지브라는 다양한 수학 영역의 대상을 다룰 수 있는 **동적 수학 소프트웨어**(DMS; Dynamic Mathematics Software)라고 볼 수 있다.

그림 1.1: 전 세계의 지오지브라 연구소

[1] 지오지브라와 연관되어 영리가 발생하는 경우에는 **국제지오지브라연구소** (IGI; International GeoGebra Institute) 의 허가가 필요하다. [office@geogebra.org(영어), kyeong@geogebra.or.kr(한국어)]

1.2 지오지브라의 역사

지오지브라는 오스트리아의 마르쿠스 호헨바터(Markus Hohenwarter)가 대학원생이었던 2001년도에 개발되었다. 마르쿠스 호헨바터는 수학교육과 컴퓨터 공학을 전공하였으며 **동적 기하 소프트웨어와 컴퓨터 대수 시스템**을 결합한 소프트웨어를 개발하고자 하였다. 이러한 작업의 결실로 2002년에 지오지브라는 인터넷을 통하여 소프트웨어의 초기 버전이 공개되었고 오스트리아와 독일의 교사들에게 폭발적인 인기를 얻게 되었다. 같은 해 마르쿠스 호헨바터는 지오지브라의 개발로 EASA(European Academic Software Award) 상을 수상하였으며 현재는 오스트리아를 중심으로 전 세계의 프로그래머들과 지오지브라를 개발하고 있다.[2]

그림 1.2: 지오지브라 개발자인 마르쿠스 호헨바터 교수

[2] 2008년에 최경식(kyeong@geogebra.or.kr)은 지오지브라의 인터페이스 및 관련 문서를 한글화하였으며 한국지오지브라연구소(http://www.geogebra.or.kr)를 통해 지오지브라의 보급, 출판, 연수, 관련 연구 프로젝트를 담당하고 있다. 이에 대한 자세한 내용은 18장을 참고하시오.

1.3 지오지브라의 설치

지오지브라는 다양한 방법으로 사용할 수 있다. 인터넷에 접속하여 지오지브라를 사용할 수도 있고 설치 프로그램을 다운로드 받아 설치할 수도 있다. 태블릿이나 스마트폰에 앱을 다운로드 받을 수도 있다.

이 책에서는 **지오지브라 클래식 5**를 기준으로 설명할 것이다. **지오지브라 클래식 5**는 다양한 지오지브라의 기능 가운데 가장 풍부한 기능을 포함하고 있는 버전이다.

설치파일 다운로드

① '오프라인 앱 - 앱 다운로드'를 클릭한다.

② 지오지브라 클래식 5(GeoGebra Classic 5)를 클릭하면 설치파일을 다운로드 받을 수 있다.

인터넷 상에서 사용

1 지오지브라의 공식 홈페이지인 http://www.geogebra.org에 접속하여 **그래픽 계산기 시작** 을 클릭 한다.

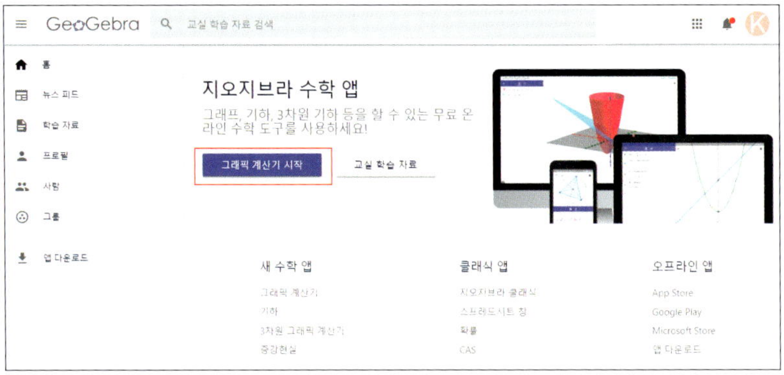

2 인터넷 웹브라우저에서 지오지브라를 사용할 수 있다.

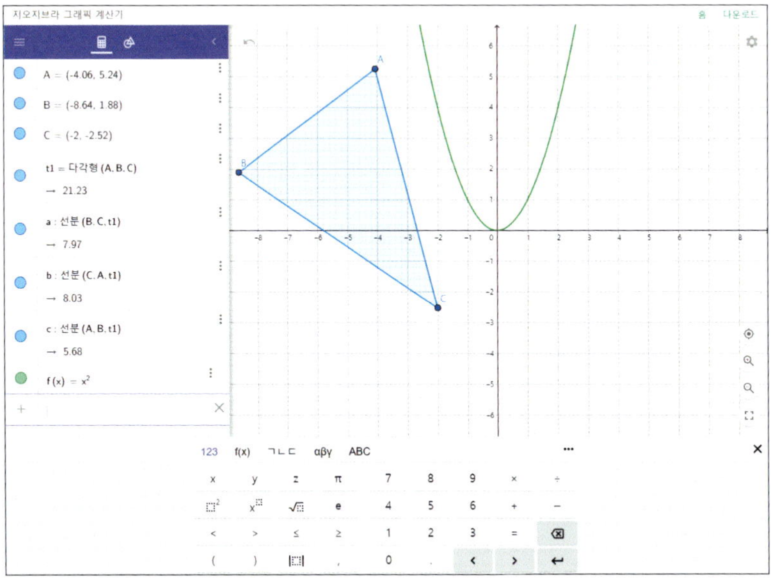

윈도우즈 앱 설치

1 Windows 10에서 스토어를 클릭한 후 검색창에 지오지브라(geogebra)를 입력한다.

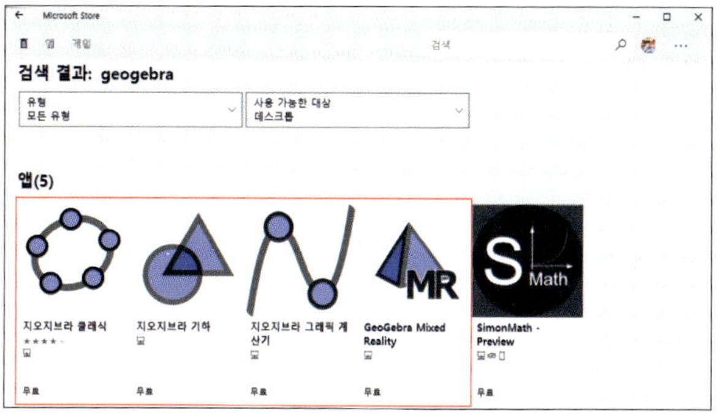

2 검색 결과에서 GeoGebra를 클릭하면 지오지브라 앱에 대한 소개자료가 나타난다. 설치 를 클릭한다.

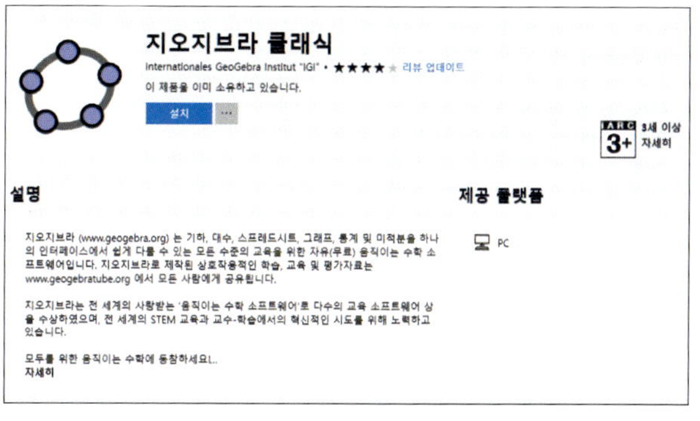

3 온라인 지오지브라와 동일한 인터페이스의 지오지브라 앱이 나타난다.

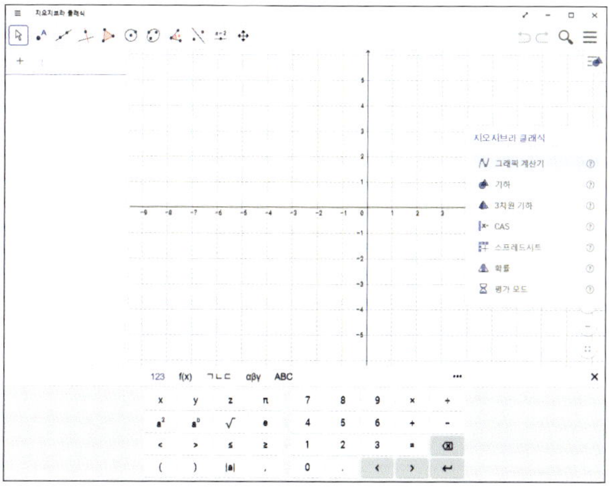

안드로이드 앱 설치

1 안드로이드 기기의 Play 스토어에서 지오지브라(geogebra)를 검색하면 지오지브라 앱을 찾을 수 있다.

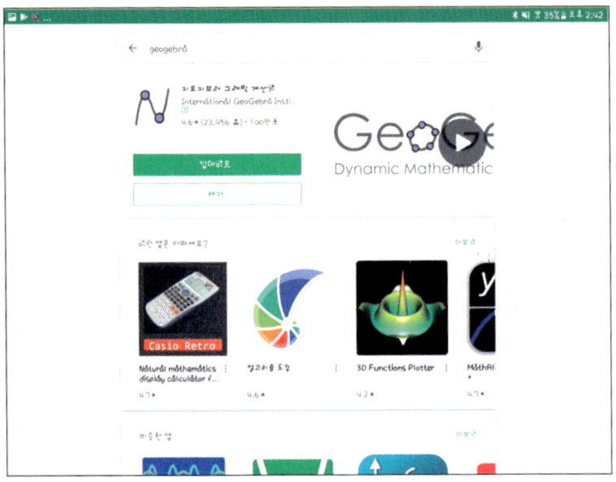

2 지오지브라 안드로이드 앱은 지오지브라 그래픽 계산기, 지오지브라 3차원 계산기, 지오지브라 기하 계산기로 되어 있으며 서로 연동된다.

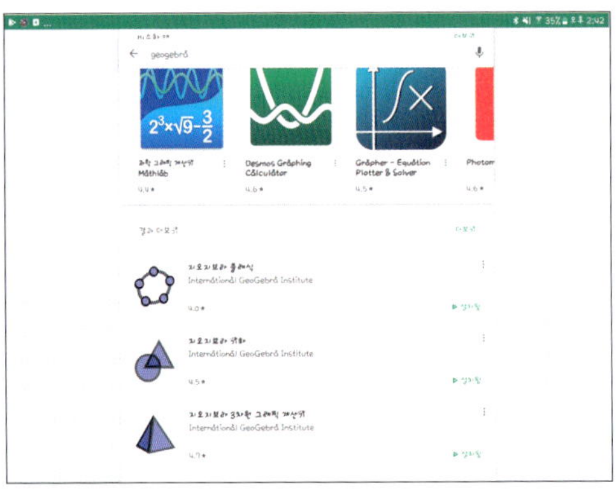

3 설치가 완료되면 그림과 같은 화면이 나타나 지오지브라의 기능을 사용할 수 있다.

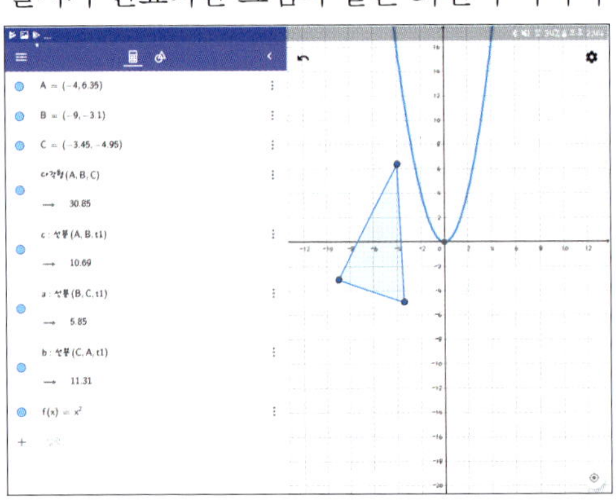

설치오류 해결방법

지오지브라 설치파일을 다운로드 받은 후 실행하였으나 설치가 되지 않는 경우가 있다. 이런 경우에는 다음 과정을 따라 실행한 다음 설치파일을 실행하면 지오지브라를 설치할 수 있다.[3]

1 제어판을 클릭한다.

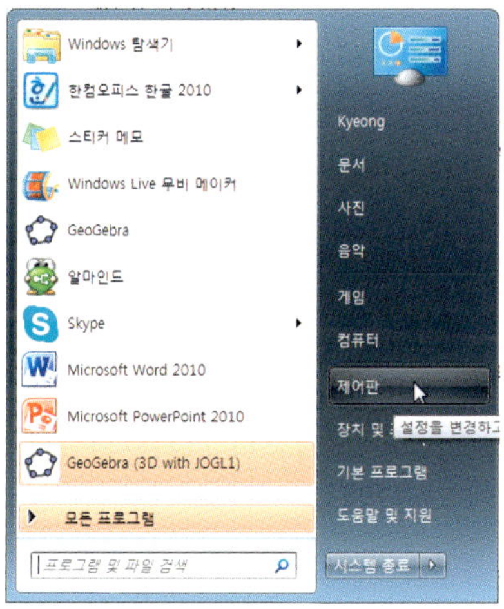

2 시계, 언어 및 국가별 옵션 - 키보드 또는 기타 입력 방법 변경을 클릭한다.

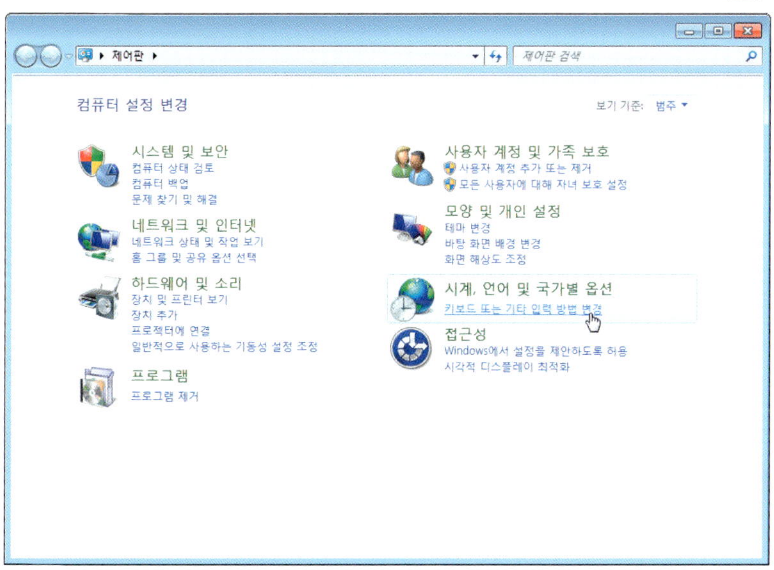

[3] Windows 7에서 이와 같은 설치오류가 종종 발생한다.

③ 키보드 변경(C)... 을 클릭 한다.

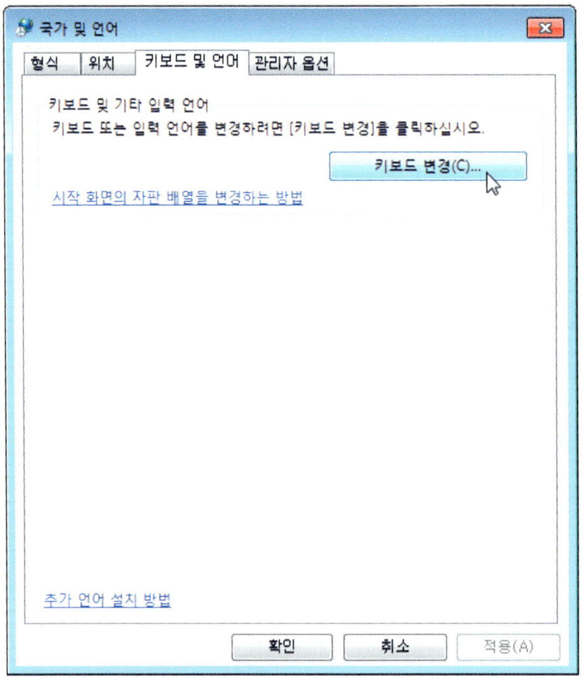

④ 추가(D)... 를 클릭 한다.

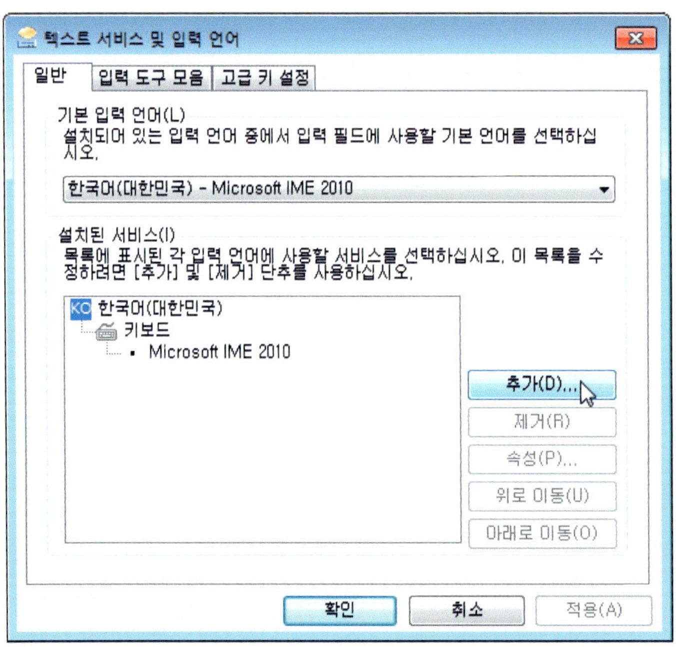

⑤ 한국어(대한민국) 아래의 Microsoft 입력기를 클릭한 후 확인 을 클릭한다.

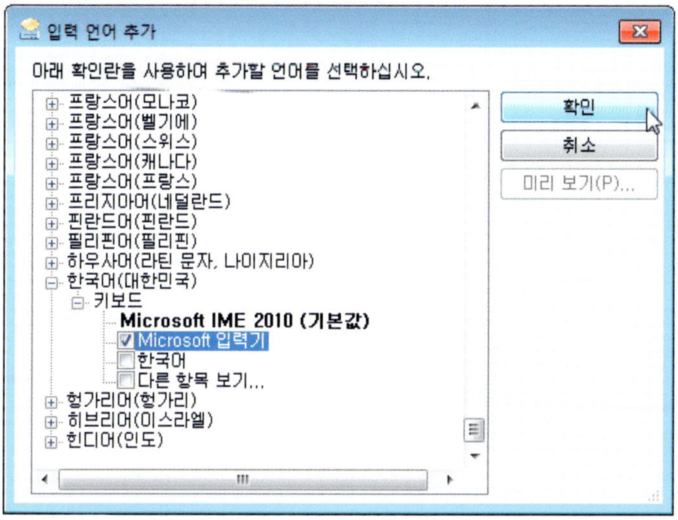

⑥ 콤보상자에서 한국어(대한민국) - Microsoft 입력기를 선택한 후 확인 을 클릭한다.

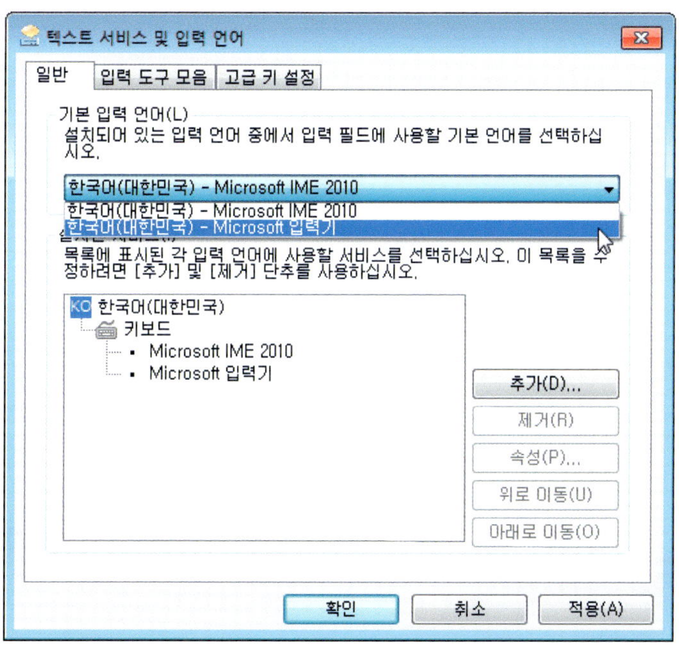

1.4 지오지브라의 실행화면

실행화면

① 지오지브라의 실행화면은 기본적으로 **대수창, 기하창, 입력창**으로 구성되어 있다.

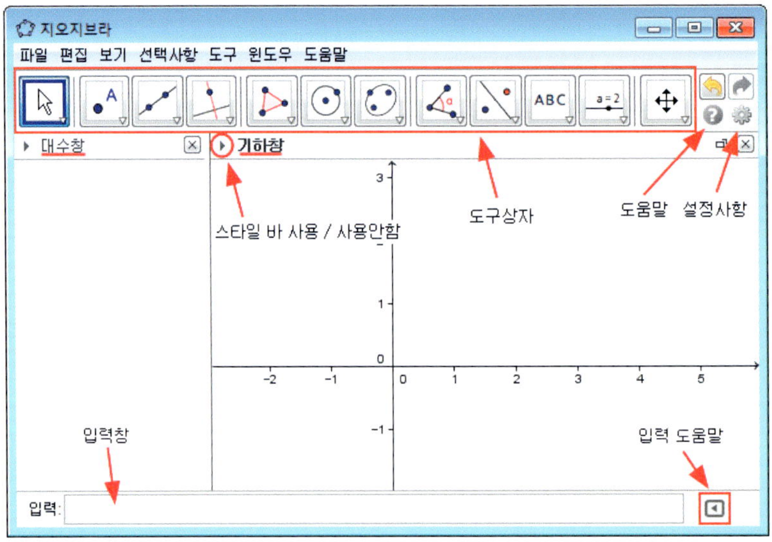

② 메뉴의 보기를 클릭하면 스프레드시트 창, CAS 창, 기하창 2, 구성단계, 화면배치 등이 나타나게 할 수 있다.

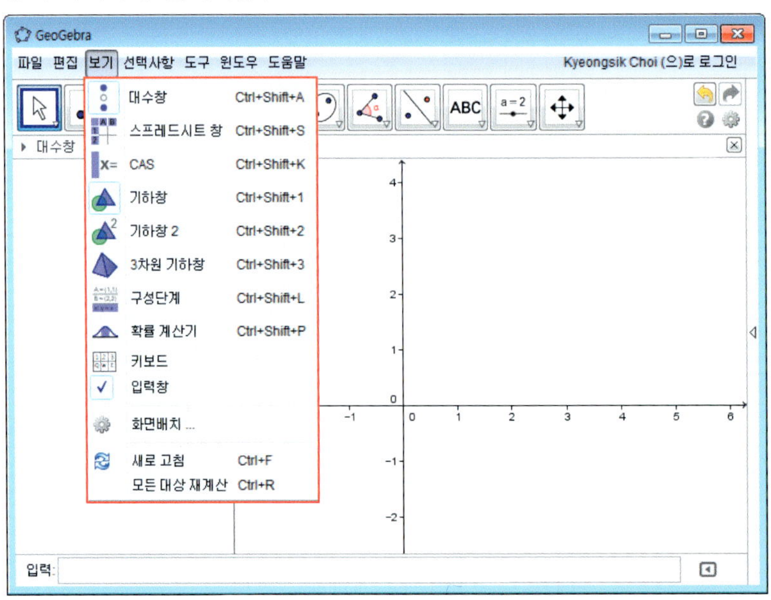

대수창에서는 기하창에 나타나는 수학적 대상들의 정보를 보여준다. 예를 들어 기하창의 점, 직선, 함수 그래프 등의 대수적 표현(수식)은 대수창에 나타나게 된다. 또한 지오지브라는 대수적 표현과 기하적 대상을 서로 연결하여 보여준다. 예를 들어 기하창에서 마우스로 점을 움직이면 대수창에서 점의 좌표가 동시에 변화하며 대수창에서 점의 좌표를 수정하면 기하창에서 점이 이동한다.

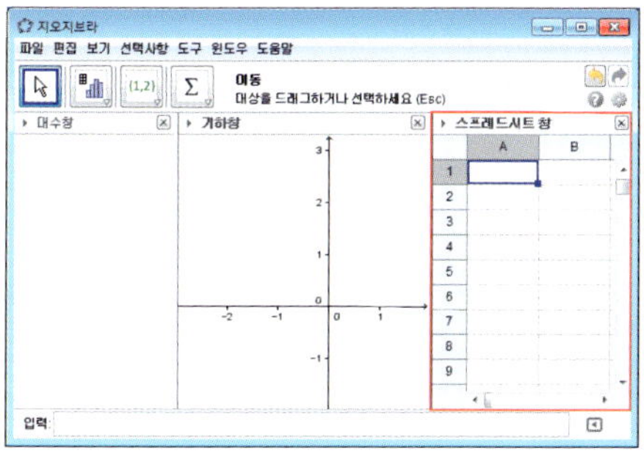

(a) 스프레드시트 창

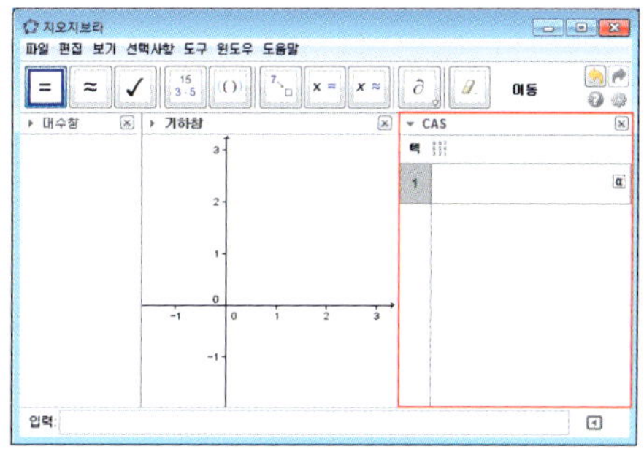

(b) CAS 창

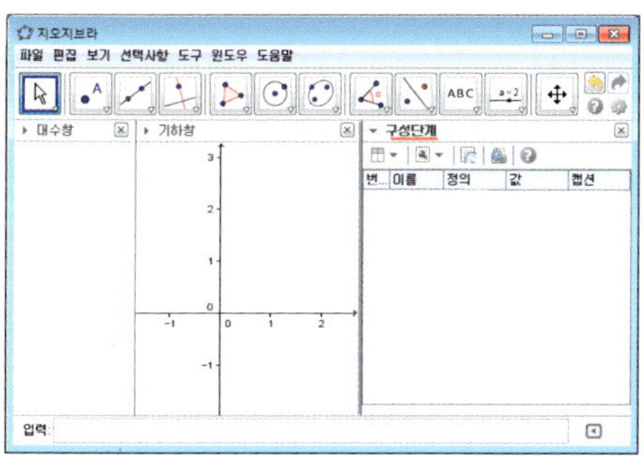

(c) 구성단계

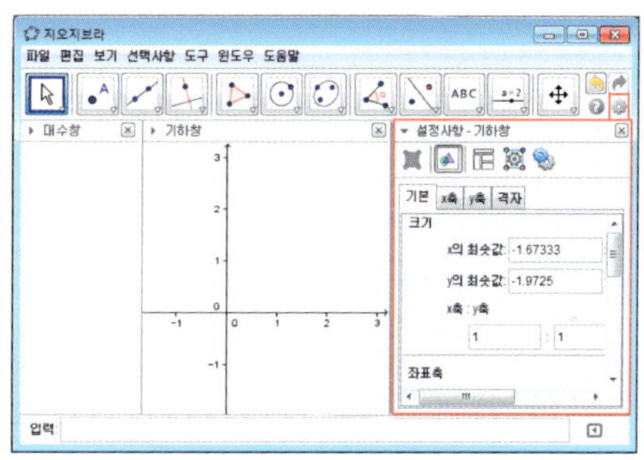

(d) 설정사항

그림 1.3: 지오지브라의 실행화면

도구상자

1 마우스를 **도구상자** 아래에 있는 역삼각형(▼)에 올려놓으면 빨간색으로 바뀌고 도구의 이름과 사용법이 나타난다.[4]

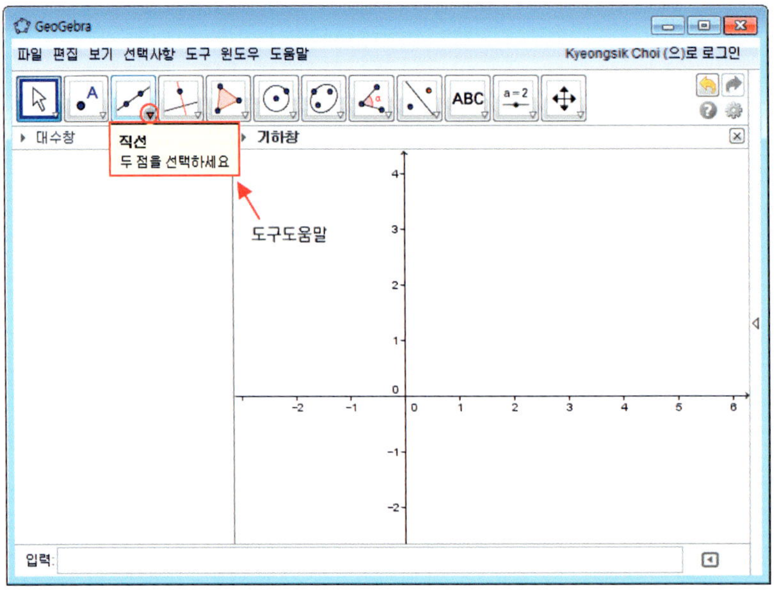

2 마우스로 역삼각형(▼)을 클릭하면 도구상자가 열린다. 도구상자에는 비슷한 종류의 도구들이 모여있다.

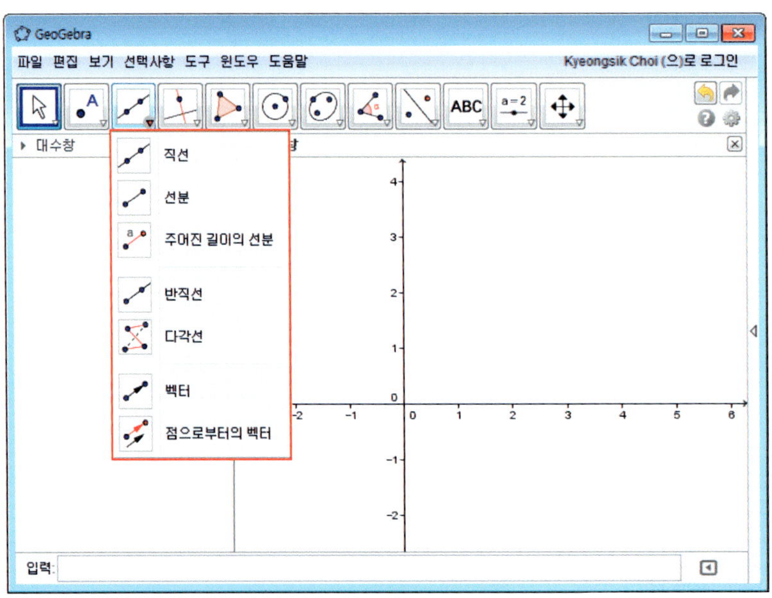

---

[4] 도구 도움말은 도구의 사용순서를 반영하고 있다.

입력창과 입력 도움말

1 입력창 오른편의 **입력 도움말** ▶ 을 클릭하면 지오지브라의 **내장 명령어**를 볼 수 있다.

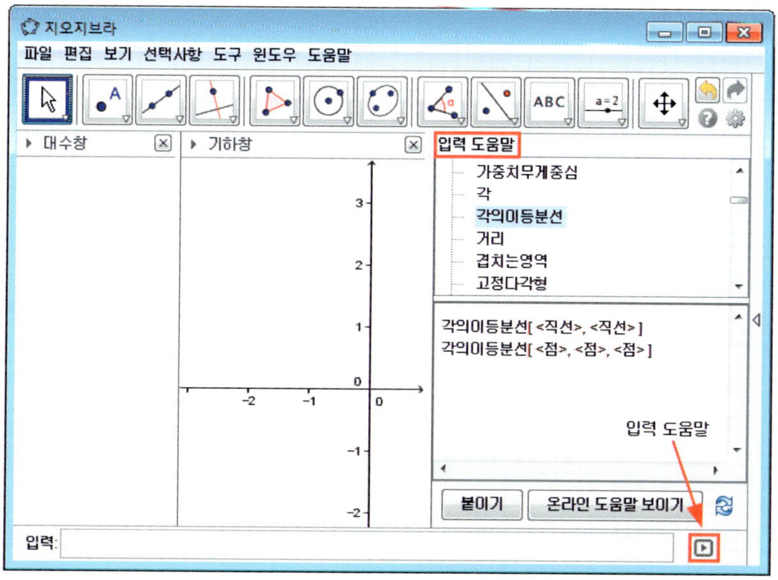

2 사용할 명령어를 클릭한 후 붙이기 를 클릭하면 해당 명령어가 입력창에 입력된다.

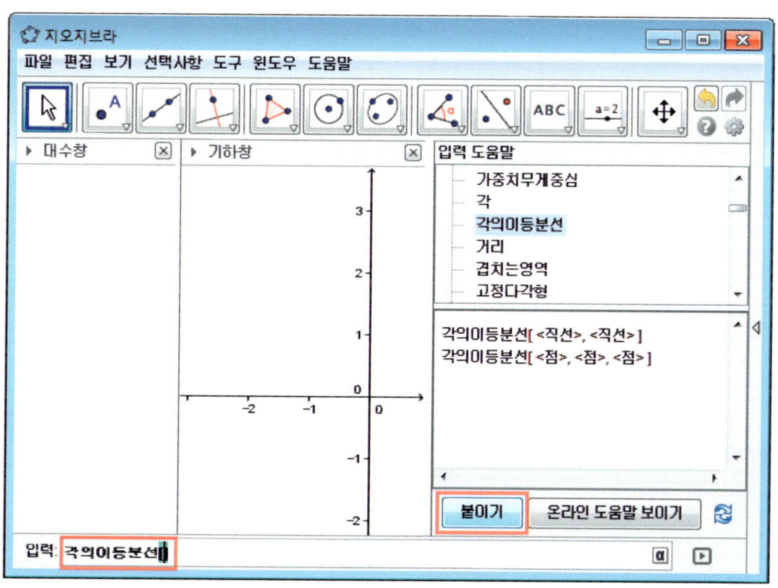

구성단계 창

지오지브라에서는 도구 사용 내역이나, 명령 수행 기록을 순서대로 볼 수 있으며 그 기록을 **구성단계**라고 한다. 구성단계를 보여주는 구성단계 창을 열려면 메뉴에서 보기 - 구성단계 를 선택하거나 키보드 단축키로 Ctrl + Shift + L 을 누른다.

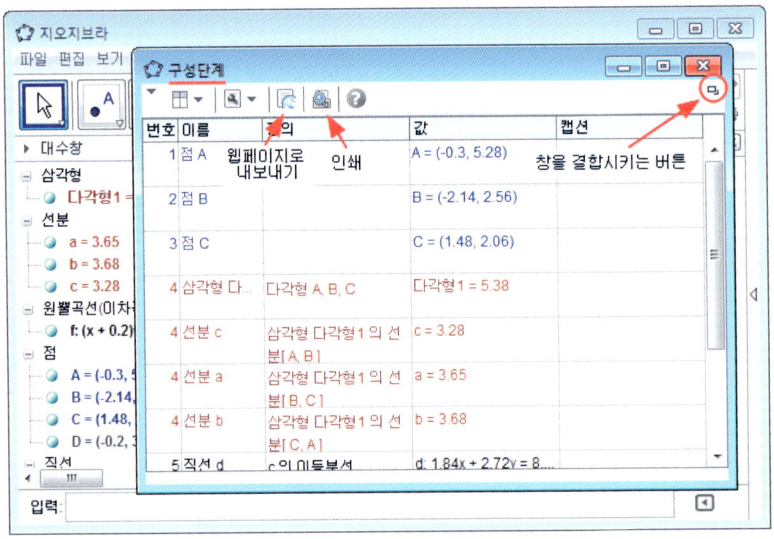

그림 1.4: 구성단계 창이 실행된 모습

구성단계 내비게이션 바

구성단계 내비게이션 바에는 구성 과정을 차례로 볼 수 있도록 하는 버튼이 모여있다. 기하창에서 마우스 오른쪽 버튼을 클릭한 후 구성단계 내비게이션 바를 선택하면 구성단계 내비게이션 바를 볼 수 있다(그림 1.5, 1.6).

구성단계 내비게이션 바의 기능은 다음과 같다(그림 1.6).

1. |◁◁ 맨 처음 단계로 이동
2. ◁◁ 이전 단계로 이동
3. ▷▷ 다음 단계로 이동
4. ▷▷| 맨 마지막 단계로 이동
5. ▷ 실행 각 구성단계를 일정한 시간 간격으로 실행[5]

[5] 실행 옆의 텍스트필드에서 시간 간격을 초단위로 입력할 수 있다.

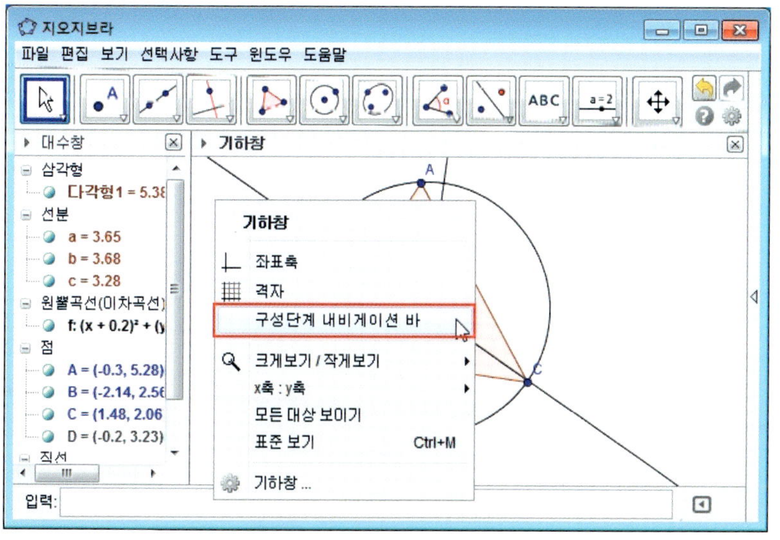

그림 1.5: 구성단계 내비게이션 바 를 선택하는 모습

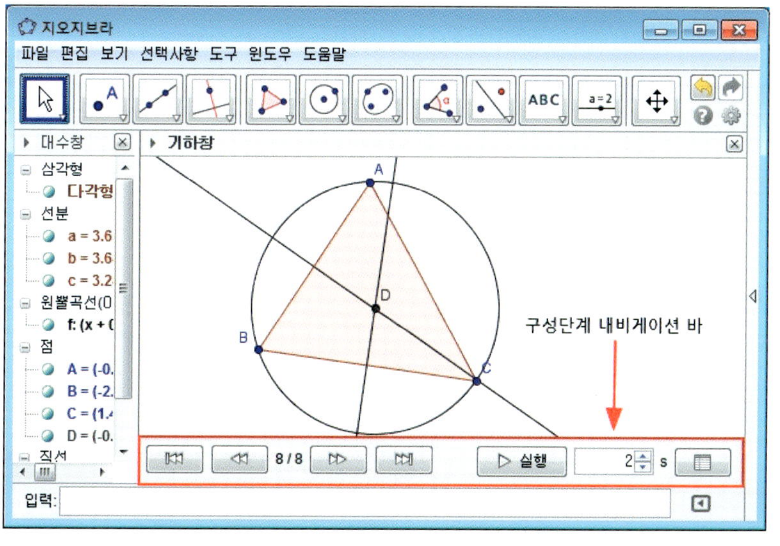

그림 1.6: 기하창에 나타난 구성단계 내비게이션 바

1.5 교실 학습 자료

교실 학습 자료는 지오지브라 자료를 저장하고 공유할 수 있는 인터넷 공간이다. 지오지브라 공식 웹사이트에 가입하면 용량이 무제한인 자료 저장 클라우드를 제공받으며 전 세계의 지오지브라 자료를 검색하여 활용할 수 있다.

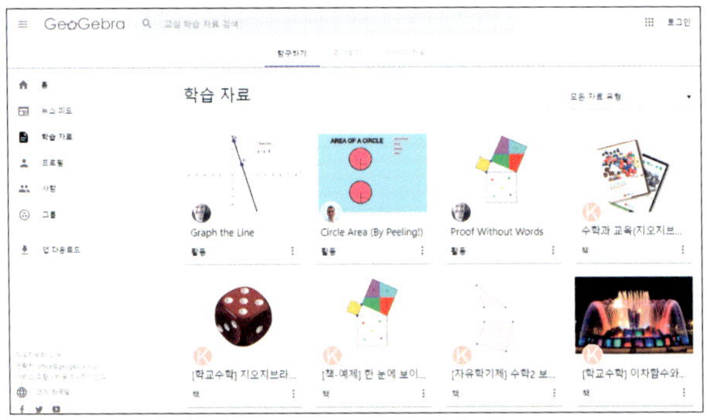

그림 1.7: 지오지브라 공식 웹사이트의 '교실 학습 자료'

로그인

- 지오지브라 공식 웹사이트 우측 상단의 로그인 을 클릭하여 로그인한다.

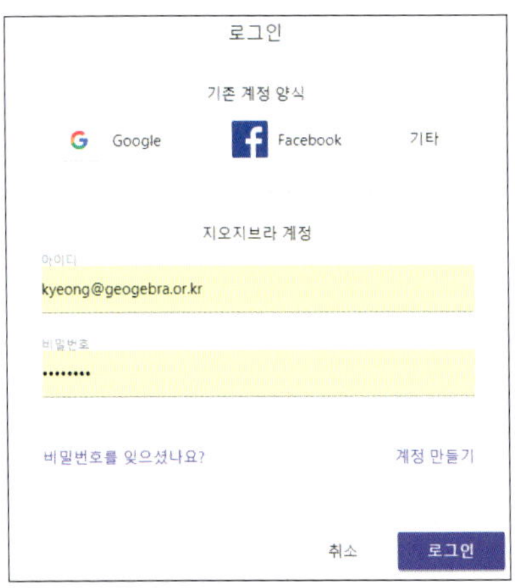

새로 만들기

'당신의 자료' 탭을 클릭한 후 화면 우측 상단의 '⊕ 새 워크시트'나 '⊕ 새 책'을 클릭하면 온라인에 지오지브라 자료를 만들 수 있다.

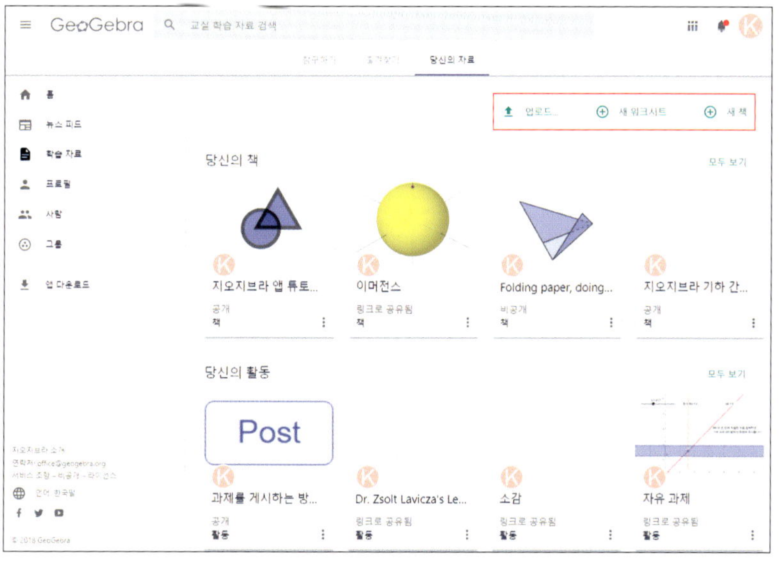

그림 1.8: 당신의 자료 탭 화면

워크시트 만들기

워크시트는 학교에서 사용하는 수학, 과학 학습지라고 생각하면 된다. 학생들이 다양하게 생각할 수 있는 문제를 지오지브라 환경과 함께 제시하는 것이다. **워크시트** 안에는 텍스트, 비디오, 지오지브라, 웹, pdf 자료 등 다양한 자료를 포함할 수 있도록 되어 있다(그림 1.9).

책 만들기

교사의 학습지를 묶어 정리하면 책으로 만들 수 있다. 지오지브라에서는 이와 같은 경험을 온라인 환경에 적용하였다. 교사 자신이 직접 만든 자료나 다른 사람이 만든 자료를 묶어 하나의 책으로 만드는 것이다(그림 1.10).

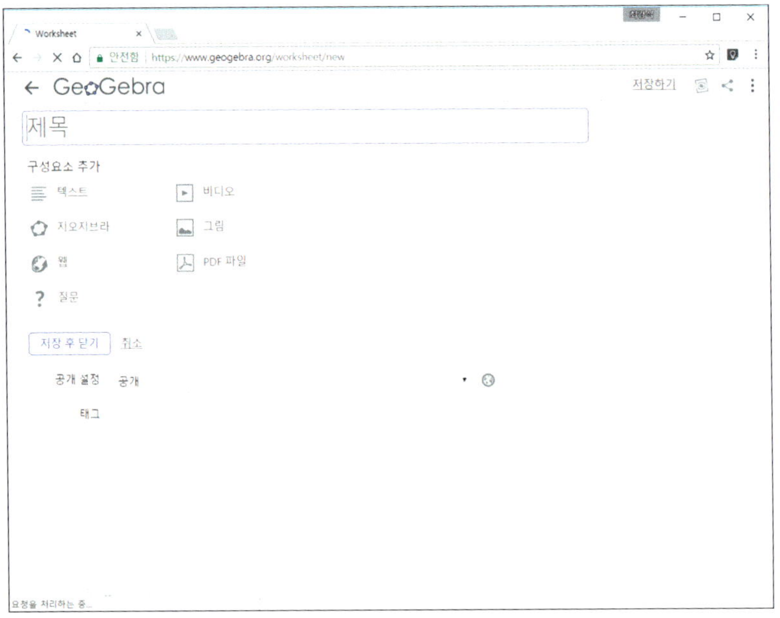

그림 1.9: 워크시트 만들기 환경

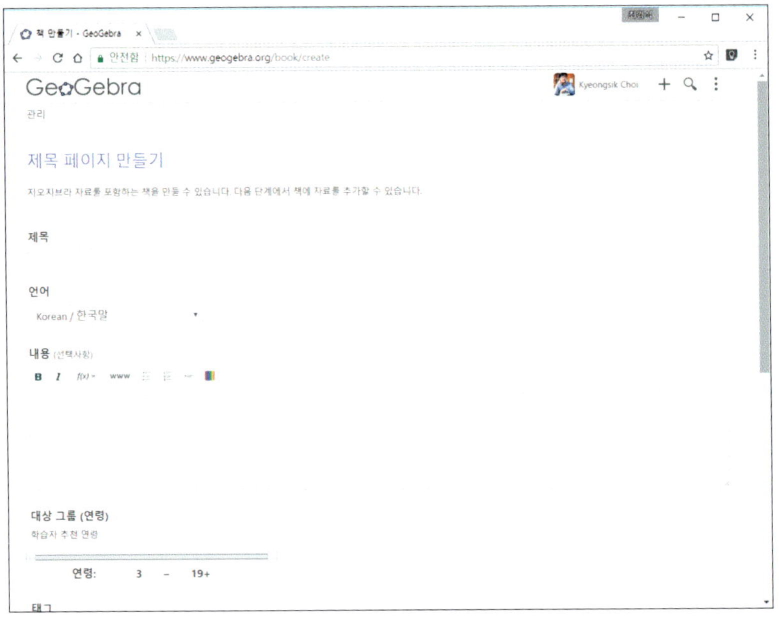

그림 1.10: 책 만들기 환경

그룹 만들기

자료 저장의 공간을 무제한으로 제공하는 지오지브라 클라우드와 함께 '그룹'이라는 서비스를 눈여겨 보아야 한다. 그룹은 과목 담당 선생님과 학생이 함께 소통할 수 있는 온라인 공간이다. 교사가 그룹을 만들고 코드를 공유하면 학생은 그 코드를 입력하고 해당 그룹에 가입할 수 있다(그림 1.11, 1.12). 이 공간에서 학습 내용 공유 및 학생에 대한 피드백, 평가까지도 수행할 수 있다.

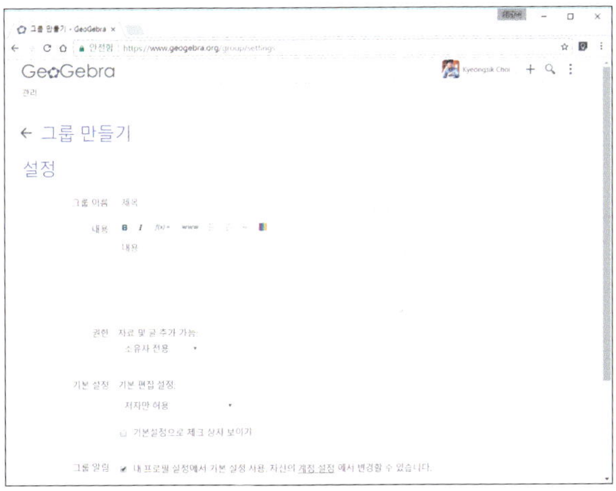

그림 1.11: 그룹 만들기 환경

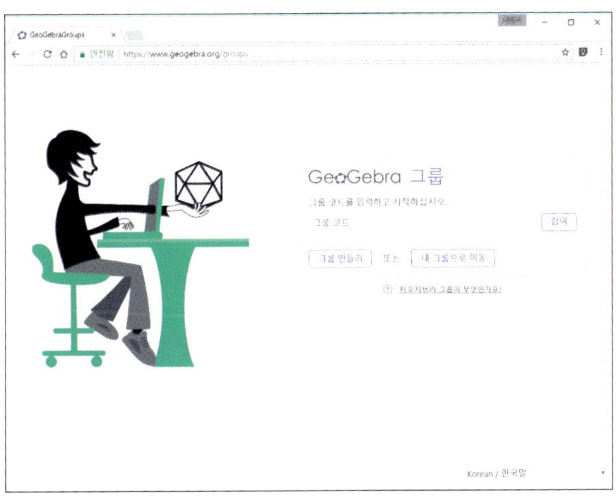

그림 1.12: 그룹 가입하기

자료 공유

지오지브라 자료를 검색하다가 정말 좋은 자료를 만날 때가 있다. 이 자료를 나만 알 수 있도록 숨겨야 할까? 필자는 내 것을 다른 사람에게 나누어주면 더 큰 보답을 받게 된다는 것을 배웠다. 특히 교육에 있어서 이는 진리라고 할 수 있다.

좋은 자료가 있다면 '공유' 버튼을 누르고 자료를 공유하자.

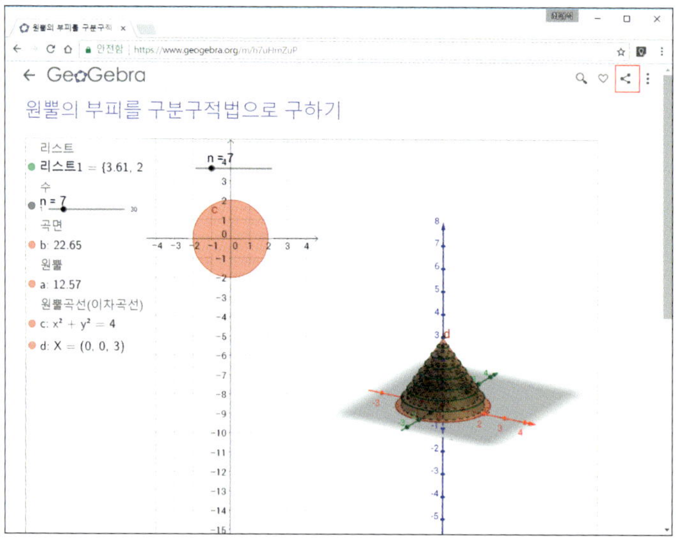

그림 1.13: 공유 버튼 누르기

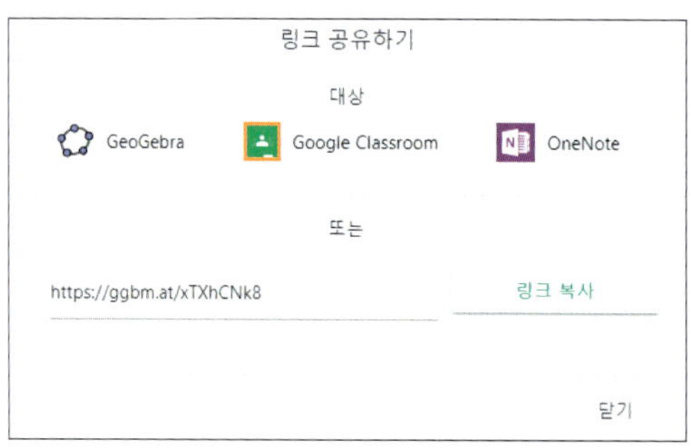

그림 1.14: 공유 관련 메뉴

제 II 편

지오지브라 코딩의 기초

CHAPTER 2

지오지브라 스크립트 코딩

2.1 지오지브라 스크립트 코딩

지오지브라는 현상을 수학, 과학적 관점으로 탐구할 수 있는 마이크로월드(Microworld)이다. 이 마이크로월드에서 학습자는 우리의 주변에서 벌어지는 다양한 현상을 모델링하여 이해하고자 한다. 지오지브라에서 우리는 전문적인 프로그램을 개발하자는 것이 아니다. 주변에서 볼 수 있는 현상을 최대한 간편하게 **모델링**하거나 수학적인 지식으로 표현하려는 것이다.

이는 지오지브라를 활용하여 새롭고 작은 소프트웨어를 설계하는 것이라고 볼 수 있다. 이때 개발되는 작은 소프트웨어를 이 책에서는 애플릿(Applet)이라고 부르기로 하자. 인터넷 상에 공개된 많은 수의 수학, 과학 소프트웨어는 일종의 애플릿이라고 볼 수 있으며 지오지브라를 저작도구로 하여 개발할 수 있는 것이 상당하다.

지오지브라에서 애플릿을 개발하려고 할 때 사용할 수 있는 방법은 크게 3가지로 볼 수 있다.

- 지오지브라 도구를 활용한 소프트웨어 개발
- 지오지브라 스크립트를 활용한 소프트웨어 개발
- 자바스크립트를 활용한 소프트웨어 개발

지오지브라의 성능의 발전, 하드웨어 및 네트워크의 발달로 인하여 지오지브라에서도 상당히 수준 높은 기능의 애플릿 개발을 기대할 수 있게 되었다.

2.2 애플릿 개발

지오지브라 도구 활용

애플릿을 개발할 때 지오지브라 도구를 활용하는 경우를 살펴보자. 지오지브라 도구를 활용하는 경우에 변수를 별도로 정의할 필요는 크게 없을 것이다. 이미 지오지브라를 사용하면서 나타나는 수학적 대상(점, 선, 다각형, 원, 그래프 등)이 갖고 있는 정보가 변수로 취급될 수 있다.

다음 도구를 살펴보자.

- 슬라이더 a=2 는 변수를 표현할 때 많이 사용된다. 그 자체가 변수를 의미하는 것이며 애니메이션을 구현할 때 종종 사용된다.
- 버튼 OK 에는 지오지브라 명령을 직접 입력하는 경우가 많다.
- 체크상자 ☑ 에 표시하면 대상이 나타나며 그렇지 않으면 대상이 보이지 않도록 한다.
- 입력상자 a=1 는 함수, 식에 연결하여 함수, 식을 자유롭게 변경할 수 있다. 그에 따라 그래프도 동시에 변화한다.

만일 지오지브라의 기능 가운데 원하는 것이 없거나 입력창에 입력한 명령을 하나의 도구로 만들고자 한다면 **사용자 도구 만들기** 기능을 통해 도구를 개발할 수도 있다. 이는 8장에서 자세히 설명한다.

지오지브라 스크립트 활용

지오지브라에서는 도구를 이용하여 특정 기능을 수행하기도 하고 입력창에 직접 명령을 입력하여 기능을 수행하기도 한다. 지오지브라에서 아이콘 방식으로 제공되는 도구는 지오지브라에 내장된 명령에 비하면 그 수로나 기능으로나 상당히 제한적이라고 할 수 있다. 따라서 지오지브라의 **강력한** 기능을 발휘하기 위해서는 **지오지브라 명령어**를 직접 사용해야 한다.

앞에서 언급한 **사용자 도구**를 개발한 경우라도 새로 만들어진 사용자 도구는 명령어도 함께 만든다. 따라서 여러 기능이 함께 합쳐진 명령어도 만들 수 있다.

지오지브라의 명령어를 여러 줄로 나열한 것이 **지오지브라 스크립트**이다. 각 줄마다 하나의 실행을 나타내기 때문에 지오지브라 스크립트는 이해하기 쉽다.

또한 지오지브라 스크립트의 경우 지오지브라 내부의 거의 모든 대상의 설정사항에 입력 및 실행할 수 있다. 지오지브라에서 다루는 모든 대상은 잠재적으로 일종의 버튼이나

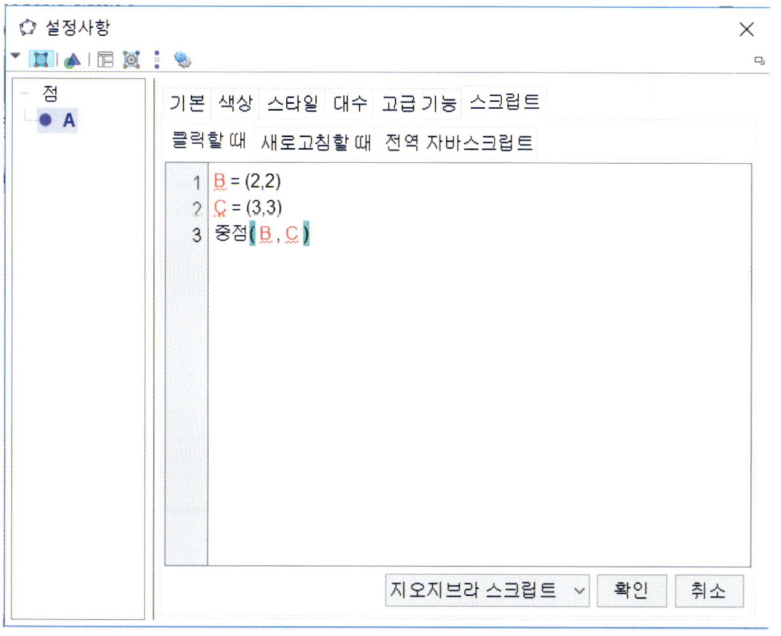

그림 2.1: 지오지브라 스크립트의 예

슬라이더와 같은 기능을 갖고 있다고 해도 과언이 아니다. 16장에서는 지오지브라에 내장된 스크립트 관련 명령을 제시한다.

지오지브라의 명령어에 관해서는 지오지브라의 입력 도움말을 참고하거나 '지오지브라 명령어 사전(지오북스)'을 참고하시오.

자바스크립트 활용

자바스크립트(JavaScript)는 인터넷 웹브라우저에서 적용되는 언어이다. 자바스크립트는 자바와 언어적으로 닮아 있으면서도 변수 등을 자바에 비해 유연하게 처리함으로써 개발자가 프로그램을 쉽게 개발하게 하는 장점이 있다. 다만 그 유연성으로 인하여 오류가 발생하였을 때 **디버깅**에 상당히 어려움을 겪을 수도 있다.

지오지브라에서는 자바스크립트를 스크립트 언어로 사용할 수 있다. 물론 이 경우 지오지브라 명령어를 직접 스크립트 언어로 사용할 수는 없다. 이를 우회하여 지오지브라 명령어를 사용하거나 지오지브라를 제어하려면 지오지브라에서 제공하는 **메소드**(method)를 활용하면 된다. 지오지브라에서 제공하는 메소드에 대해서는 17장에서 자세히 제시한다.

2.3 애플릿 예제

Play HEX! 게임

Steve Phelps님이 개발한 Play HEX! 게임이다.
(웹주소 : `https://ggbm.at/fXPj54PS`)

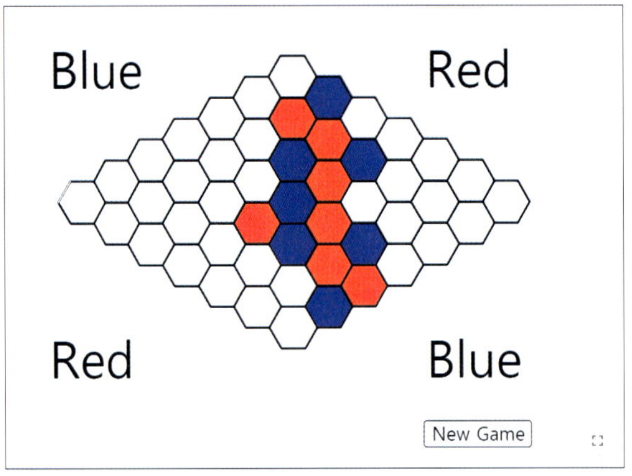

그림 2.2: Play HEX! 게임

파이 도표를 점그림으로 전환

Steve Phelps님이 개발한 파이 도표를 점그림으로 전환하는 애플릿이다.
(웹주소 : `https://ggbm.at/zJKKwfcU`)

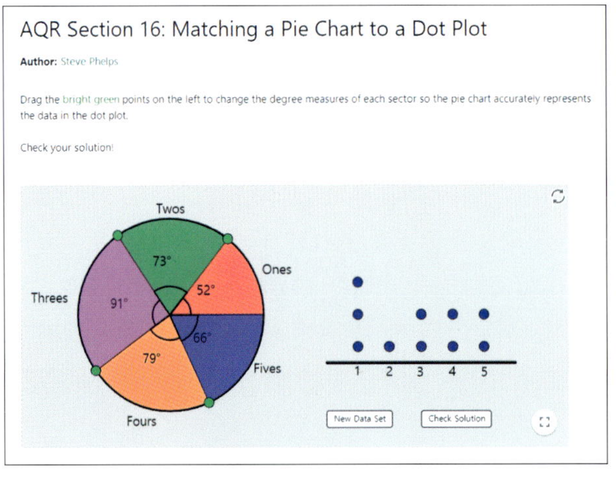

그림 2.3: 파이 도표를 점그림으로 전환

CHAPTER 3

버튼, 체크상자, 입력상자

요 약

이장에서는 애플릿을 설계에서 중요한 입출력 대상에 대하여 다룬다. 지오지브라는 기본적으로 입력창과 대수창, 기하창에서 즉각적으로 대상의 값이나 명령을 수정할 수도 있으나 특정한 형태로 입출력을 제한하지 않으면 오히려 사용자가 혼란을 느낄 수 있다. 이장의 내용은 애플릿의 개발 목적에 따라 적절히 입출력 방법을 설계하기 위한 방법을 제시한다.

3.1 버튼

버튼 OK 도구는 기하창에 버튼을 만들어 준다. 버튼을 클릭하면 '클릭할 때'에 대한 스크립트를 실행한다. 이때 스크립트는 **지오지브라 스크립트**와 함께 **자바스크립트**도 사용될 수 있다.[1] 버튼 대화상자에서는 기본적으로 지오지브라 스크립트만을 입력할 수 있으나 해당 버튼에 대한 설정사항에서는 지오지브라 스크립트까지 입력할 수 있다.

그림 3.1: 버튼 도구를 선택한 후 클릭하면 나타나는 대화상자

[1]두 스크립트를 동시에 사용할 수는 없다.

3.2 체크상자

체크상자 도구를 선택한 후 클릭하면 기하창에 체크상자가 나타난다. 그 값은 **진릿값**이다 (true, false). 체크상자의 기본 기능은 기하창에 있는 대상의 보이기 / 감추기를 결정하는 것이다. 예를 들어 기하창에 삼각형이 하나 있으면 체크상자를 만들어 삼각형과 연결할 수 있다.

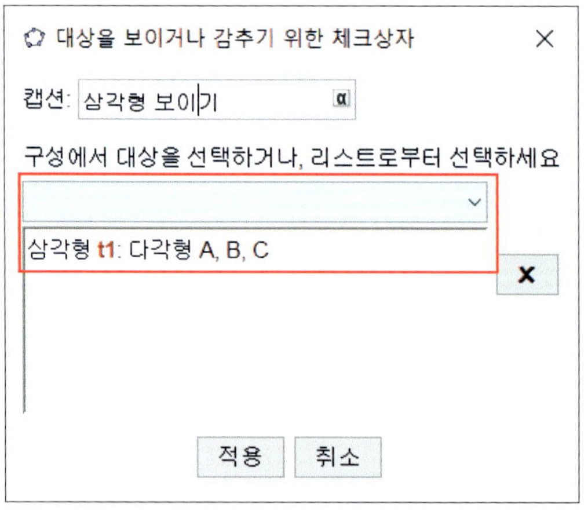

그림 3.2: 체크상자 도구를 선택한 후 클릭하면 나타나는 대화상자

그 다음 이동 도구를 선택하고 체크상자의 선택을 해제하면 삼각형이 보이지 않는다.

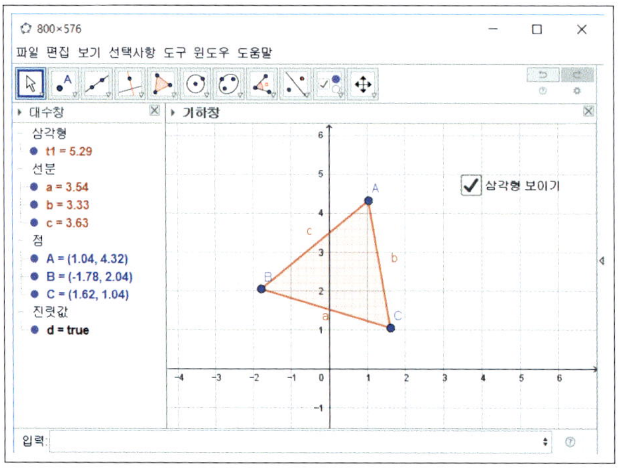

그림 3.3: 삼각형이 나타날지를 결정하는 체크상자

3.3 입력상자

입력상자 a=1 도구를 선택한 후 클릭하면 기하창에 입력상자가 나타난다. 입력상자는 기존에 만들어진 수학 대상과 연결하게 되어 있다. 예를 들어 $f(x) = 2x^2$이 기존에 정의되어 있다고 하자. 입력상자를 만들 때 함수 $f(x)$를 연결하면 입력상자에는 그 값인 $2x^2$이 입력된다. 입력상자는 키보드 입력을 사용하여 그 값을 수정할 수 있다. 이는 대수창의 항목을 마우스로 두 번 클릭하여 수정하는 것과 유사하다.

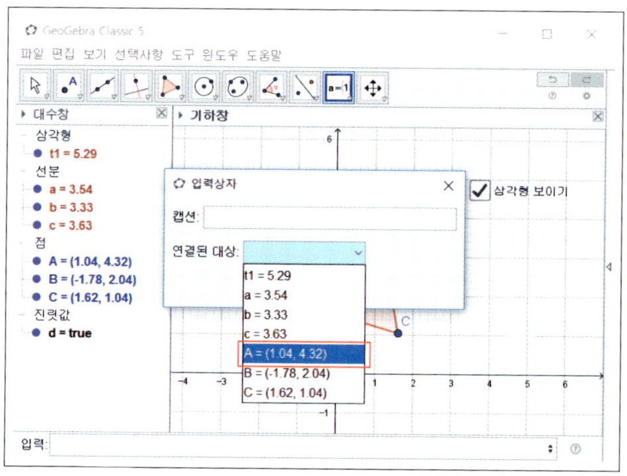

그림 3.4: 입력상자 대화상자

입력상자 대화상자에서 연결할 대상을 선택할 수 있다. 그림 3.4에서는 점 A를 연결하였다. 그러면 점 A의 좌표가 입력상자에 나타난다. 이때 나타난 입력상자에서 직접 값을 수정하면 그 결과가 대상에 바로 반영된다.

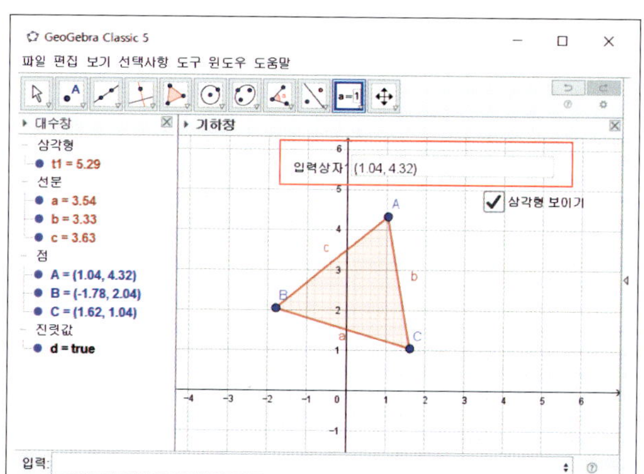

그림 3.5: 기하창에 나타난 입력상자

CHAPTER 4

예제 : 극좌표 그래프 계산기

요 약

이장에서는 복소수에 대한 기능 소개와 함께 복소수 그래프를 쉽게 그릴 수 있도록 개발된 애플릿(Applet)을 소개한다. 본래 3장의 마지막 절로 포함시켜야 하는 내용이지만 지오지브라에서 복소수를 다루는 방법에 대한 내용이 많아 별도의 장으로 분리하였다. 이장의 맨 마지막에 제시되는 애플릿의 인터페이스에 주목하고 각 요소를 어떻게 활용할 수 있는지 살펴보기 바란다.

4.1 극좌표

지오지브라에서는 **극좌표**와 관련된 설정을 할 수 있다. 이 절에서는 지오지브라에서 제공하는 극좌표 관련 설정을 알아보고자 한다.

기하창 설정사항

기하창 오른쪽 상단의 설정사항 아이콘(톱니바퀴)를 클릭하여 설정사항 - 기하창을 선택한다. 설정사항 - 기하창에서 극좌표를 위한 기하창 환경을 어떻게 설정하는지 알아보자.

① 격자 탭의 격자 유형에서 극좌표를 선택한다.

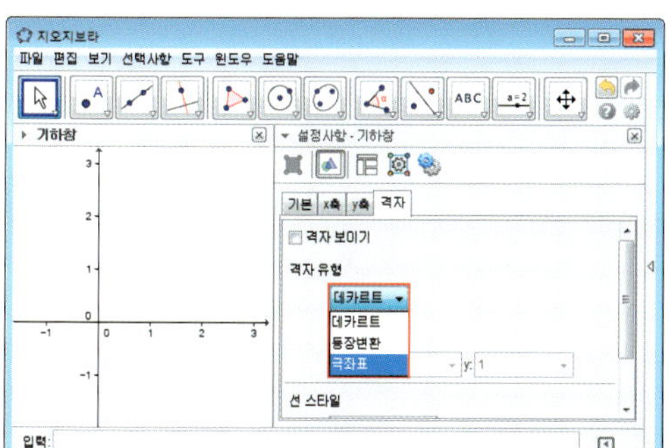

② 눈금간격은 1, π, $\frac{\pi}{2}$ 가운데 하나를 선택한다.

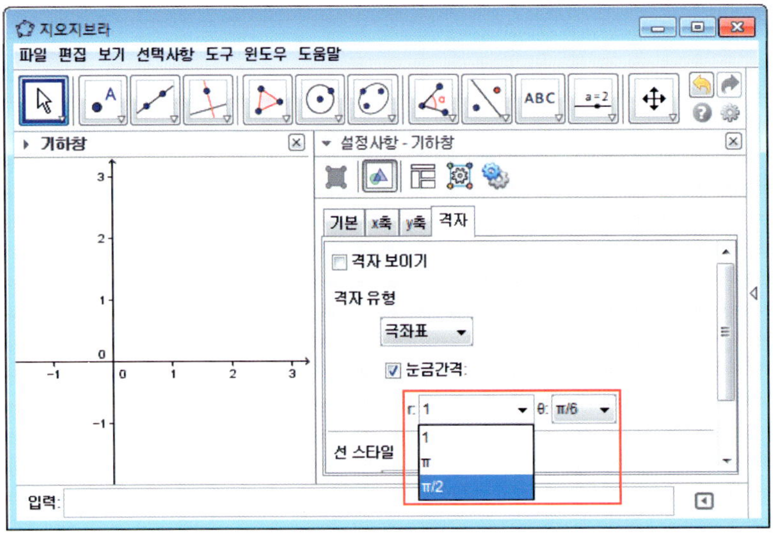

③ 스타일바에서 격자를 선택하면 극좌표 격자가 나타나며 x축 탭과 y축 탭에서 눈금간격을 선택한 후 1, π, $\frac{\pi}{2}$ 가운데 하나를 선택한다.

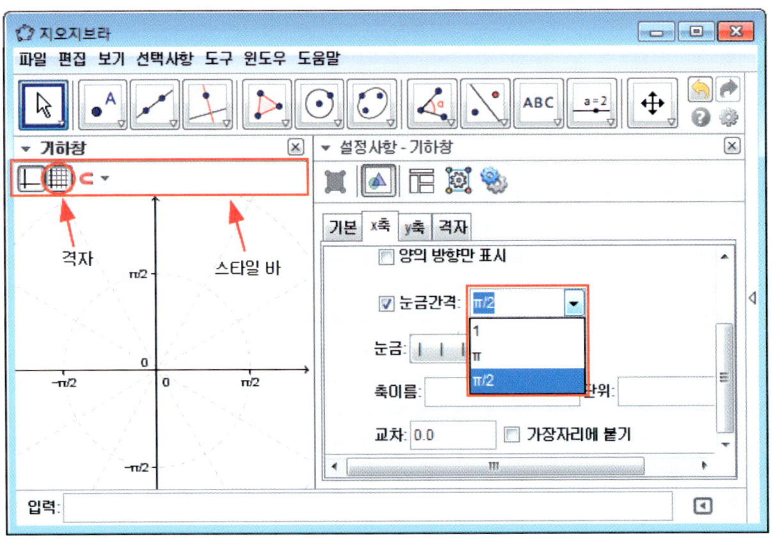

순서쌍

지오지브라에서 극좌표로 점을 나타내려면 ; (세미콜론)으로 r과 θ를 구분하면 된다.[1] 예를 들어 $r = 1$, $\theta = \frac{\pi}{2}$ 인 점을 기하창에 나타내려면 입력창에 다음과 같이 입력한다.

```
( 1 ; pi / 2 )
```

이 때 그림 4.1과 같이 기하창에 좌표가 $r = 1$, $\theta = \frac{\pi}{2}$ 인 점이 나타난다. 일반적으로 각도는 360분법으로 표시되는데 이를 라디안(Radian)으로 표시하려면 설정사항 - 고급기능에서 각도 단위를 라디안으로 설정한다(그림 4.2).

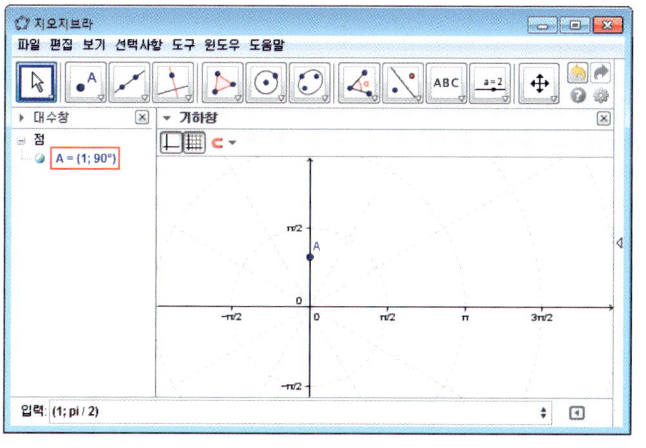

그림 4.1: (1 ; pi / 2) 를 입력창에 입력한 결과

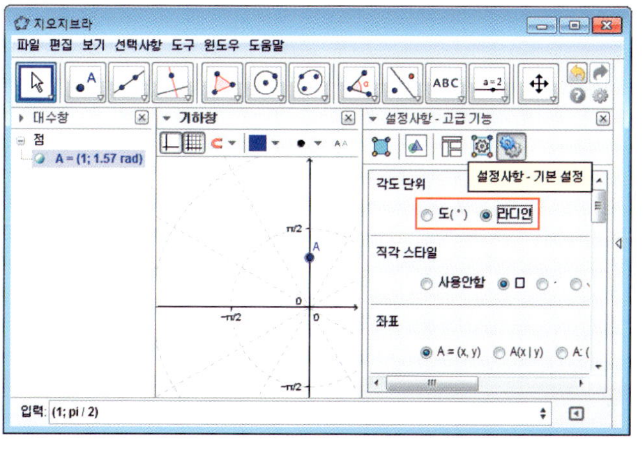

그림 4.2: 설정사항 - 고급기능에서 각도 단위를 라디안으로 설정한 모습

---

[1] $(r\ ;\ \theta) = (r\cos\theta\ ,\ r\sin\theta)$

극좌표 방정식의 그래프

극좌표 방정식

극좌표를 이용하여 곡선을 나타내는 방정식을 **극좌표 방정식** 또는 **극방정식**이라고 하며 θ에 관한 함수인 $r(\theta)$로 정의한다. 다음 예제에서는 극좌표의 방정식이 주어졌을 때 기하창에 그래프를 그리는 방법에 대하여 알아볼 것이다.[2]

극좌표 방정식의 그래프 예제

극좌표 방정식 $r(\theta) = \sin(2\theta)$의 그래프를 그리시오.

1 슬라이더 a=2 도구를 선택하고 기하창을 클릭하면 슬라이더 대화상자가 나타난다. 이 때 슬라이더 대화상자에서 수를 선택한 후 적용 을 클릭한다.[3]

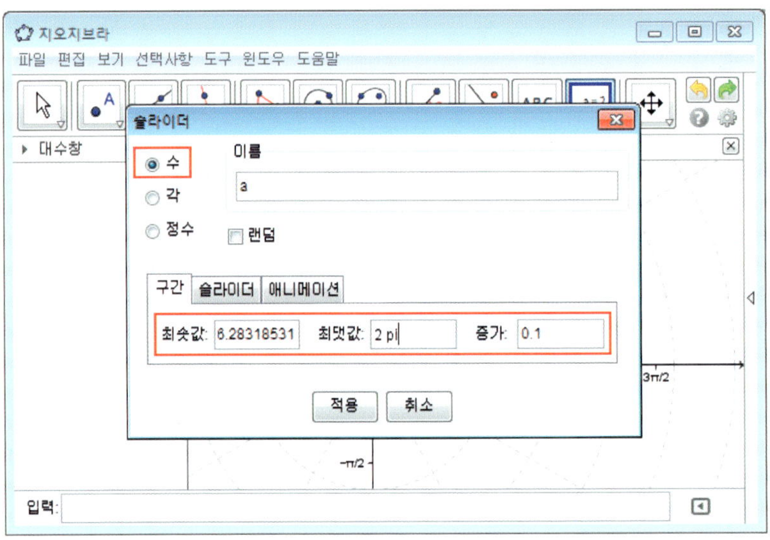

[2]이 예제는 이제 이전 버전을 위한 것이 되어버렸다. 현재 버전에서는 $r = f(\theta)$와 같이 θ의 함수를 입력하면 지오지브라는 극함수로 인식하여 그래프를 그린다. θ를 입력하려면 Alt + T 를 누르면 된다. 아래의 예제에 대하여는 입력창에 $\sin(2\theta)$를 입력한 후 엔터키를 누르면 그래프를 그릴 수 있다.

[3]슬라이더 대화상자에서 이름 : a, 최솟값 : - 2 pi, 최댓값 : 2 pi, 증가 : 0.1 인지 확인한다.

[2] 입력창에 (sin(2 a) ; a) 를 입력한다.[4]

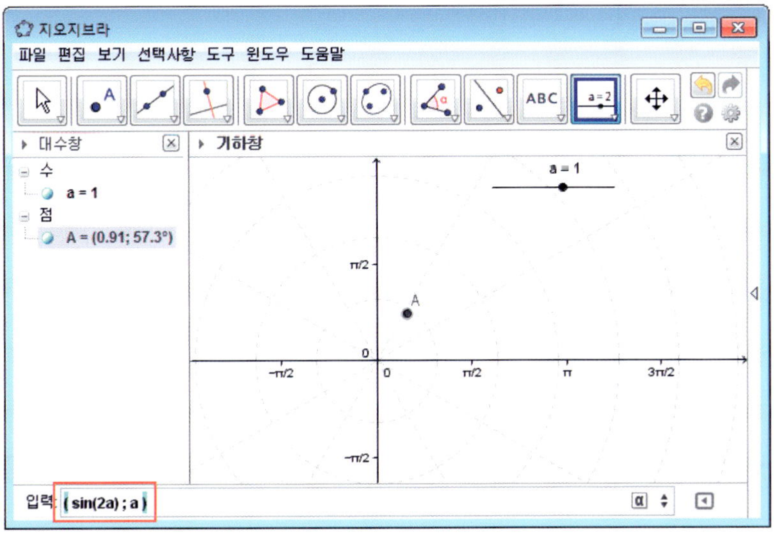

[3] 자취 그리기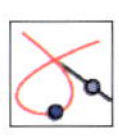도구를 선택한 후 점 A와 슬라이더 a를 차례로 클릭하면 $r(\theta) = \sin(2\theta)$ 의 그래프가 기하창에 나타난다.

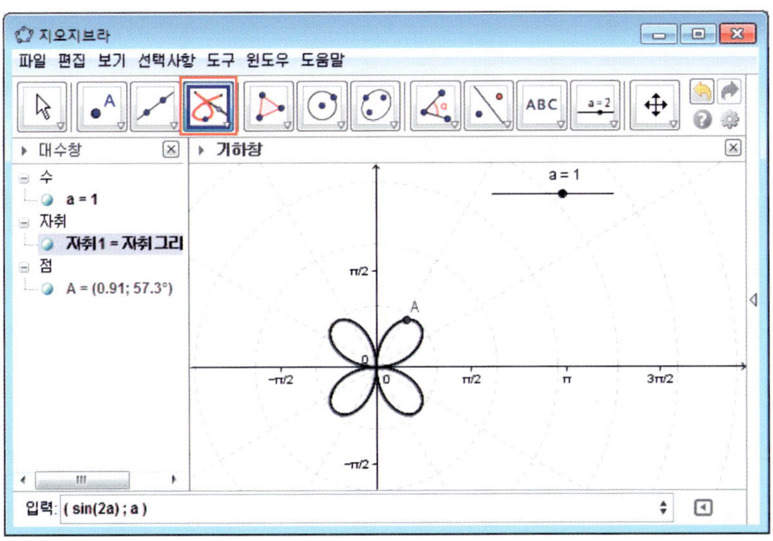

[4]이 때 점의 이름을 A라 하자. 지오지브라에서의 극좌표는 (r ; θ) 로 입력한다. 이 예제에서와 같이 각을 슬라이더 a로 놓은 경우 극좌표 관계식은 $r(a) = \sin(2a)$ 이다. 따라서 입력창에는 (sin(2 a) ; a) 로 입력한다.

극좌표 방정식의 그래프 환경

앞 절에서는 극좌표 방정식의 그래프를 기하창에 그리는 방법에 대해 알아보았다. 그러나 매번 그래프를 그릴 때마다 그 방법을 반복해야 하는 것은 상당히 번거로운 일이다. 이 절에서는 그와 같은 불편함을 해소하고자 필자가 구성한 **극좌표 방정식의 그래프를 그리는 환경**을 소개하고자 한다.[5] 이 환경에서는 입력의 번거로움을 피하고자 θ 대신 t를 사용하였다.

식

극좌표 방정식 $r(t) = \sin(2t)$의 그래프를 그리려면 `r(t) =` 옆의 텍스트필드에 다음과 같이 입력한다.

```
sin( 2 t )
```

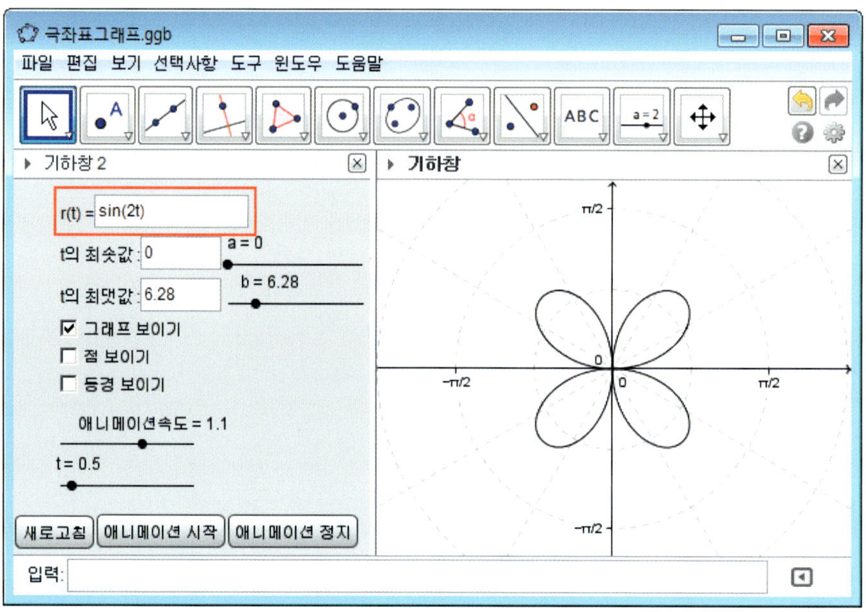

그림 4.3: `sin( 2 t )`를 텍스트필드에 입력한 모습

최댓값과 최솟값

변수 `t`의 최댓값과 최솟값은 슬라이더로 조절할 수 있다. 슬라이더 `a`와 `b`의 범위는 설정사항 창에서 변경할 수 있다.

[5] 이 예제는 `https://ggbm.at/DQCQYn4e`에서 조작하고 다운로드 받을 수 있다.

대상 보이기

대상 보이기를 선택할 수 있는 3개의 체크상자가 있다. 이 체크상자의 기능은 다음과 같다.

1. 그래프 보이기 : 극좌표 방정식의 그래프가 나타남(그림 4.4a)
2. 점 보이기 : t값이 변화함에 따라 이동하는 점이 나타남(그림 4.4b)
3. 동경 보이기 : (0 , 0)과 이동하는 점을 연결하는 선분이 나타남(그림 4.4c)

애니메이션

점 보이기 체크상자가 선택되어 있는 경우 애니메이션 시작 을 클릭하면 t값이 변화하면서 점이 움직이기 시작한다. 애니메이션 정지 를 클릭하면 애니메이션을 멈춘다(그림 4.4d).

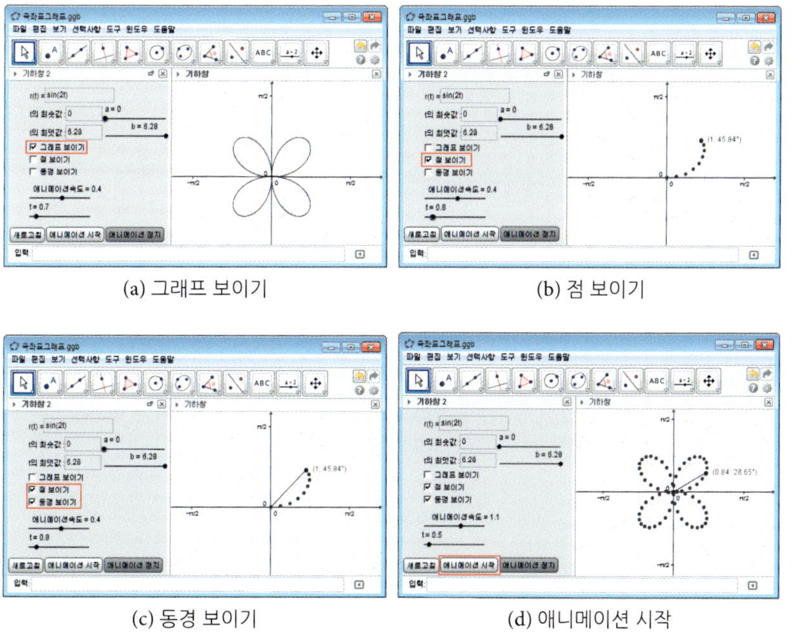

(a) 그래프 보이기 (b) 점 보이기

(c) 동경 보이기 (d) 애니메이션 시작

그림 4.4: 극좌표 방정식의 그래프 환경

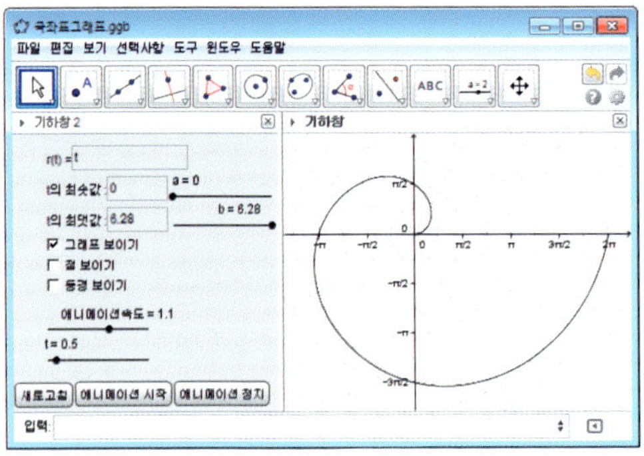

(a) $r(t) = t$

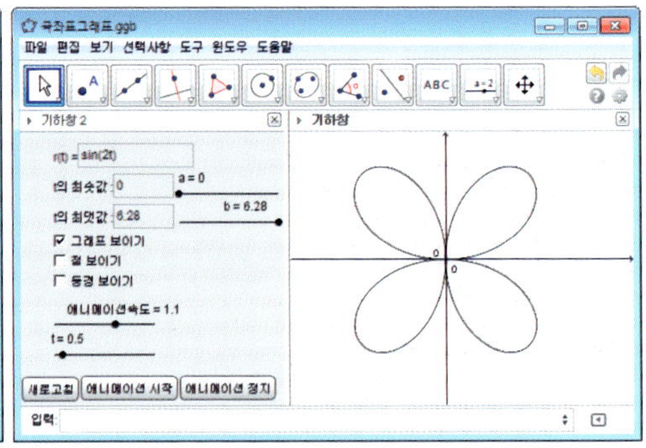

(b) $r(t) = \sin(2t)$

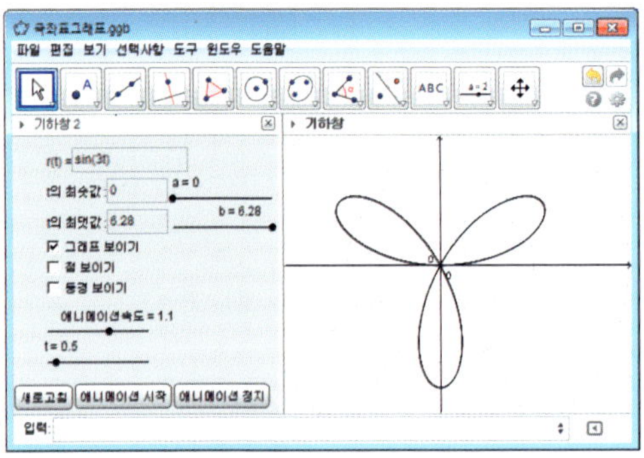

(c) $r(t) = \sin(3t)$

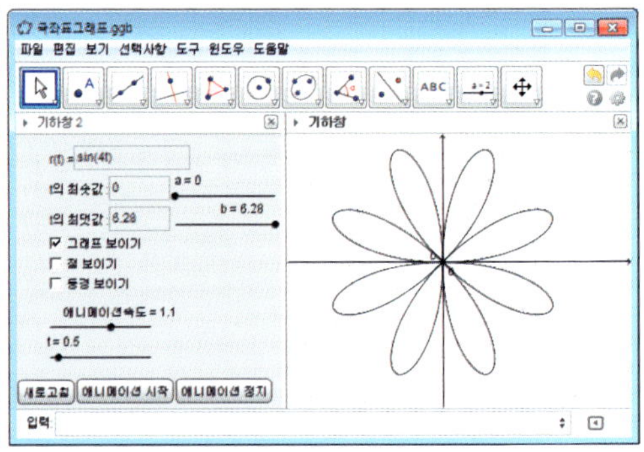

(d) $r(t) = \sin(4t)$

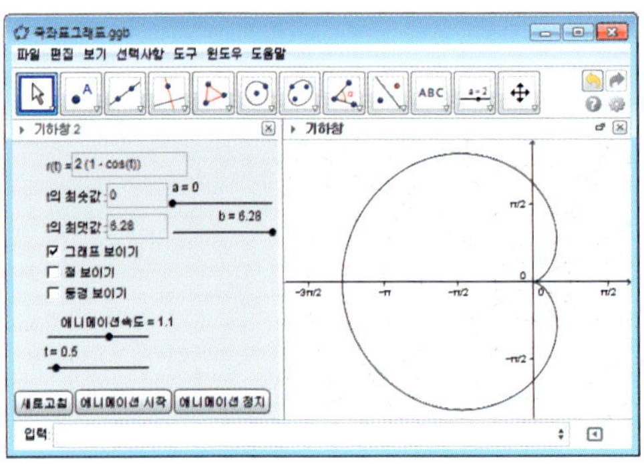

(e) $r(t) = 2(1 - \cos(t))$

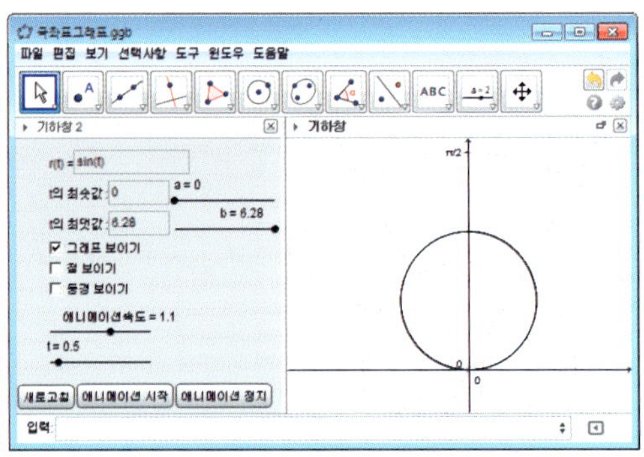

(f) $r(t) = \sin(t)$

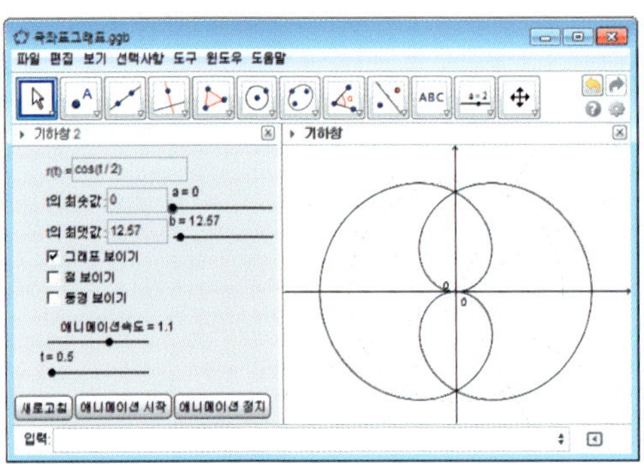

(g) $r(t) = \cos(\frac{t}{2})$

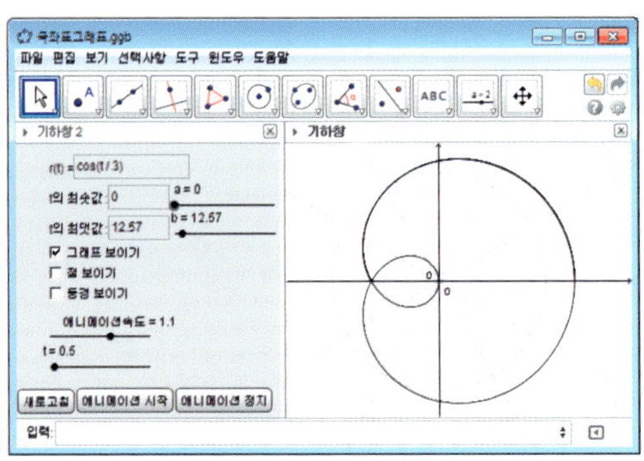

(h) $r(t) = \cos(\frac{t}{3})$

그림 4.5: 극좌표 방정식 그래프의 예

제 Ⅲ 편

간단한 애플릿의 설계

CHAPTER 5

예제 : 좌표 알아맞히기 게임 애플릿

요 약

이장은 지오지브라 애플릿 개발을 설명하기 위하여 '전국수학교사모임'의 저널인 '수학과 교육'에 게제된 글이다. 본문의 내용을 변형하지 않기 위해 수정하지 않고 그대로 실었음을 일러둔다.

5.1 들어가기

지오지브라 홈페이지의 **자료**(Resource)에는 전 세계의 수많은 지오지브라 자료가 매일 올라오고 있습니다. 이 자료 가운데에는 학생의 활동에 반응하여 피드백을 제공하는 지오지브라 **애플릿**도 있습니다. 사실 이와 같은 반응이 있어야 학생이 스스로 지오지브라 애플릿을 활용하여 안내된 방식의 탐구[1]를 할 수 있을 것입니다.

이장에서는 학생의 활동에 반응하는 지오지브라 애플릿을 만들어 볼 것입니다. 사실 학생의 반응에 대하여 피드백을 제공하는 방법은 상당히 복잡한 내용을 포함할 수 있으나 이번에는 최대한 간단하게 만들 수 있는 예제를 소개하도록 하겠습니다.

5.2 점의 좌표 알아맞히기 활동

점의 좌표를 알아맞히기 활동은 중학교 교과서에서 제시됩니다. 지오지브라 애플릿에서 점의 위치가 계속 변화될 수 있도록 하여 학생이 반복적으로 학습할 수 있도록 하겠습니다.

① "기하창"은 점이나 그래프를 나타내도록 하며, "기하창 2"는 버튼, 입력상자 등을 배치할 수 있습니다. [보기 - 기하창 2]를 선택하여 기하창 2가 나타나도록 합니다.

[1]필요한 경우에는 지식에 대한 안내된 탐구를 할 필요가 있다.

② 스타일바를 이용하여 "기하창"에서는 격자를 나타내고, "기하창 2"에서는 좌표축을 숨깁니다.

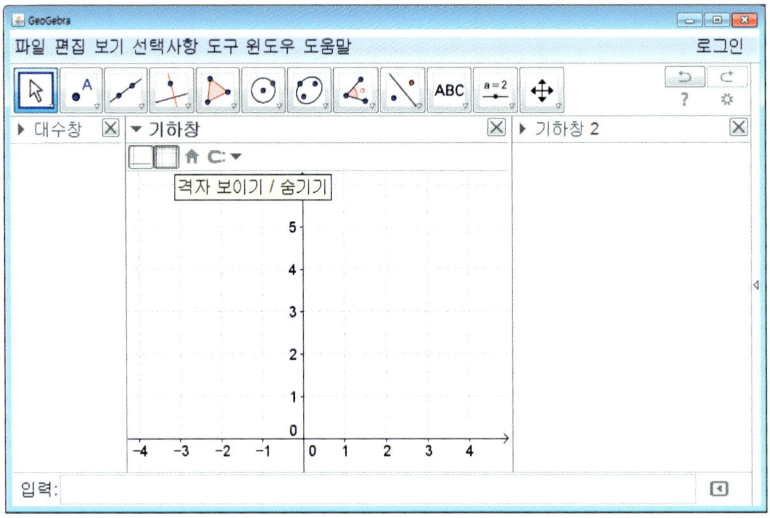

③ 자동으로 위치를 변경하는 점을 만들려면 입력창에 다음과 같이 입력합니다. 점 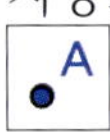 도구를 이용하여 점 B를 만듭니다.

```
A = ( 랜덤[ -1 , 4 ] , 랜덤[ -1 , 4 ] )
```

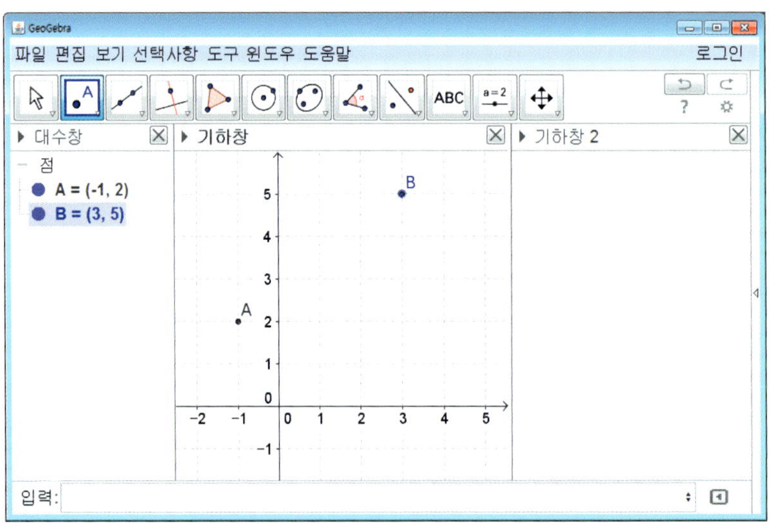

④ 입력상자 [a=1] 도구를 선택한 후 "기하창 2"를 클릭합니다.

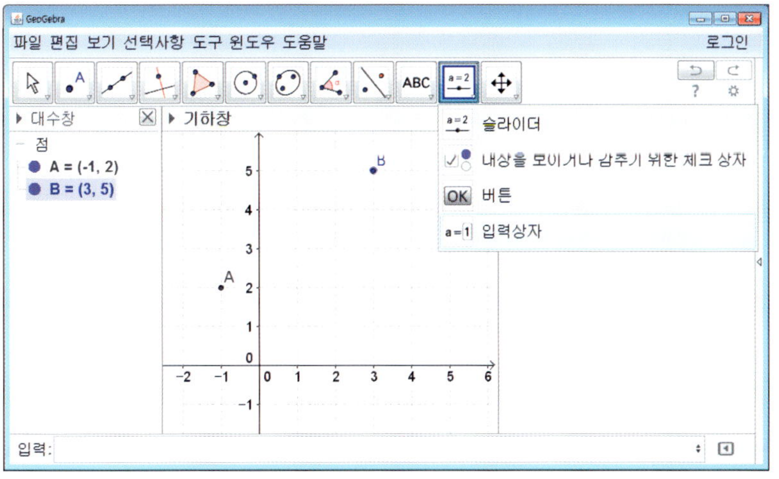

⑤ 캡션에 "A = "를 입력하고 연결된 대상은 점 B를 선택하고 [적용] 버튼을 누릅니다.

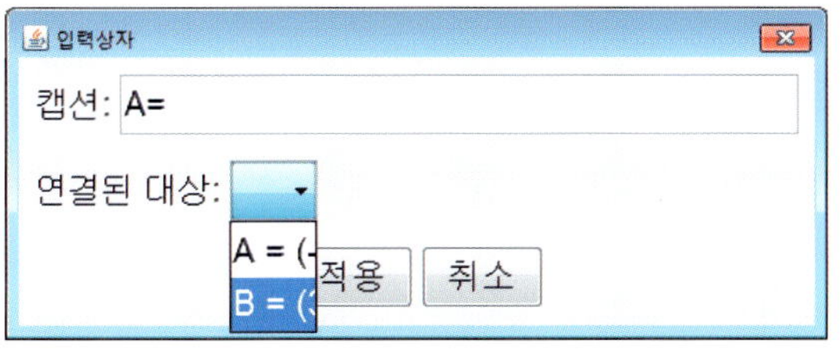

⑥ 텍스트 [ABC] 도구를 선택한 후 "기하창 2"를 클릭합니다. 편집창에 "true"를 입력한 후 [확인] 버튼을 누릅니다.

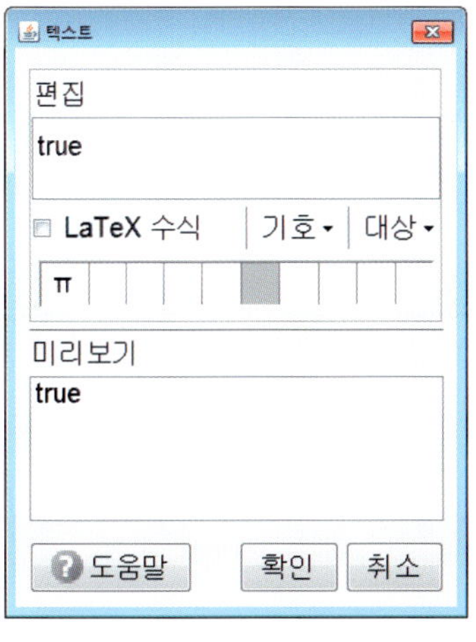

⑦ “기하창 2”에 나타난 “true” 글자 위에서 마우스 오른쪽 버튼을 클릭하여 “설정사항...”을 선택하면 설정사항 대화상자가 그림과 같이 나타납니다. 이때 “고급 기능” 탭의 대상이 나타나기 위한 조건 부분에 다음과 같이 입력합니다.

```
A == B
```

이 조건에 의해 점 A와 점 B가 동일할 경우에만 텍스트가 나타납니다.

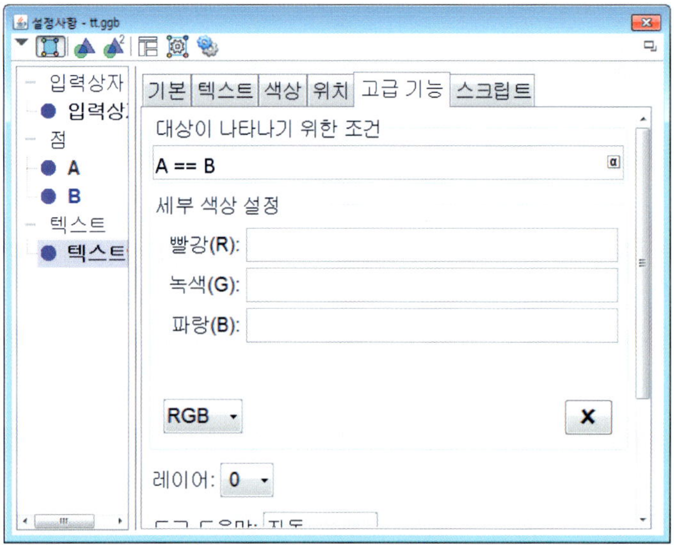

⑧ 대수창에서 점 B의 보이기 버튼을 클릭하여 점 B가 나타나지 않도록 합니다. 점 B의 좌표가 점 A의 좌표와 다르기 때문에 “true” 텍스트도 나타나지 않습니다.

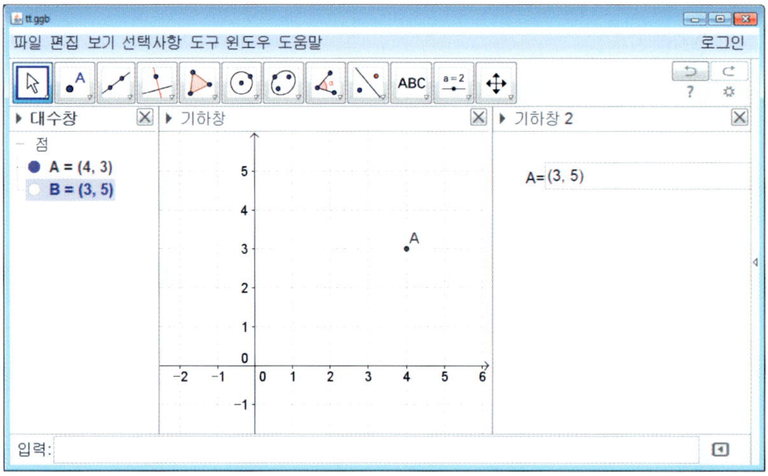

⑨ "기하창 2"의 입력상자에 "기하창"의 점 A의 좌표를 그림과 같이 (4,3)으로 입력하면 점 A의 좌표와 점 B의 좌표가 일치하면서 텍스트 "true"가 나타납니다.

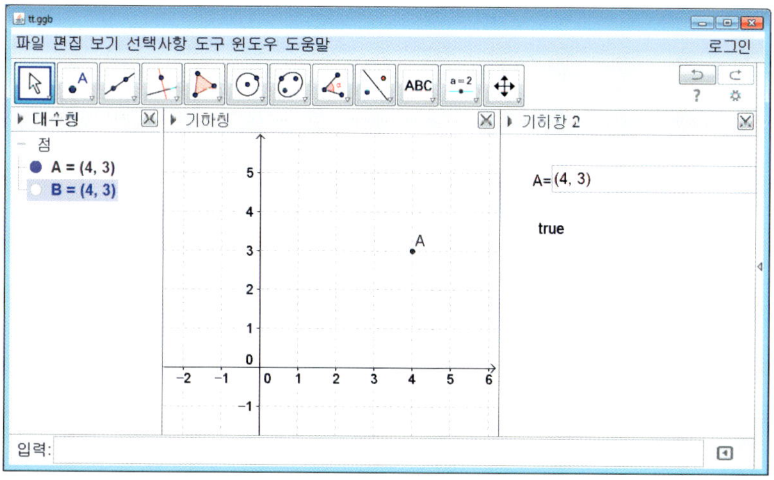

⑩ 버튼 OK 도구를 선택한 후 "기하창 2"를 클릭하면 버튼 대화상자가 나타납니다. 캡션에는 "새로운 문제", 지오지브라 스크립트에는 다음과 같이 입력한 후 적용 버튼을 누릅니다.

```
구성새로고침[]
```

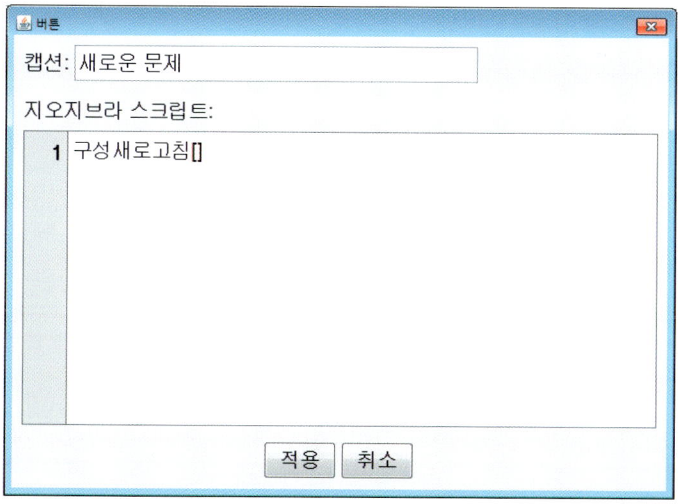

⑪ 새로운 문제 버튼을 클릭하면 문제가 계속 나타납니다.

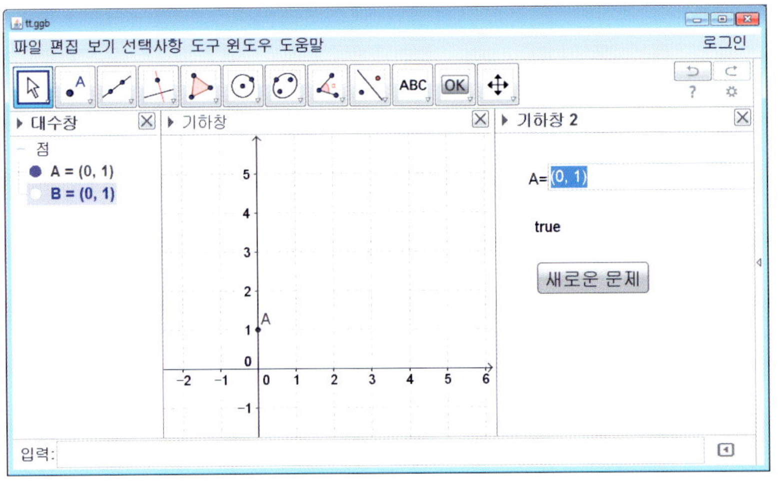

5.3 맺음말

이장에서는 학생의 조작에 따라 지오지브라에서 피드백을 제공하는 애플릿을 설계해 보았습니다. 학생에게 피드백을 제공하는 동적 자료를 잘 설계하면 학생의 학습에 도움이 될 것입니다.

CHAPTER 6

예제 : 함수 알아맞히기 게임 애플릿

요 약

이장은 지오지브라 애플릿 개발을 설명하기 위하여 '전국수학교사모임'의 저널인 '수학과 교육'에 게제된 글이다. 본문의 내용을 변형하지 않기 위해 수정하지 않고 그대로 실었음을 일러둔다.

6.1 들어가기

5장에서는 랜덤으로 점의 위치를 생성하고 학생이 그 점의 순서쌍 좌표를 입력하면 "true"라고 나타나는 애플릿을 만들어 보았습니다. 이장에서는 랜덤으로 이차함수를 생성하고 그 이차함수의 식을 입력하면 "true"라고 반응하는 애플릿을 만들어 보도록 하겠습니다. 이 예제를 응용하면 학생들의 반응에 적절하게 대응하는 다양한 애플릿을 만들 수 있을 것입니다.

6.2 이차함수식 알아맞히기 활동

이차함수는 중학교 및 고등학교 교과서에서 제시됩니다. 지오지브라 애플릿에서 함수의 그래프가 계속 변화될 수 있도록 하여 학생이 반복적으로 학습할 수 있도록 해 보도록 하겠습니다.

① "기하창"은 점이나 그래프를 나타내도록 하며, "기하창 2"는 버튼, 입력상자 등을 배치할 수 있습니다. [보기 - 기하창 2]를 선택하여 기하창 2가 나타나도록 합니다.

② 랜덤으로 이차식 또는 일차식이 나타나도록 다음과 같이 입력창에 입력합니다.

문법 : 랜덤다항식[차수 , 계수의 최솟값 , 계수의 최댓값]

랜덤다항식[2 , -3 , 3]

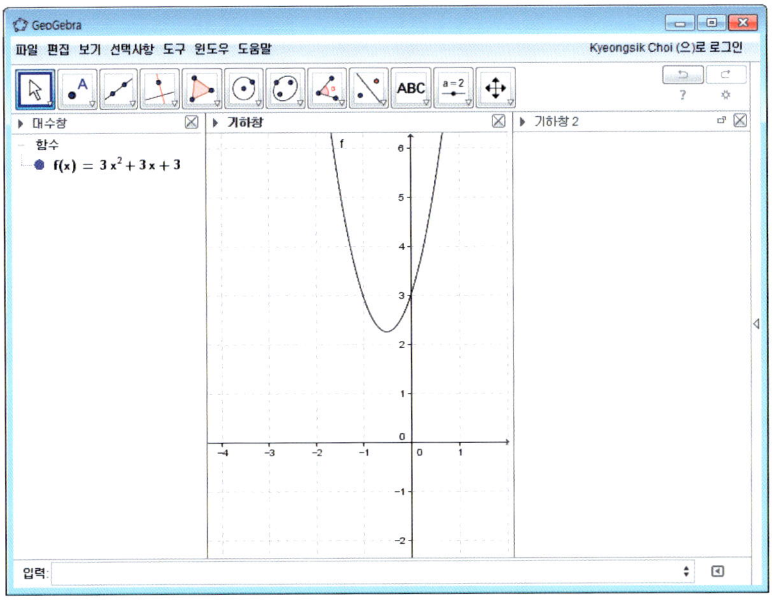

③ 버튼 OK 도구를 선택한 후 "기하창 2"를 클릭하면, 버튼 대화상자가 나타납니다.

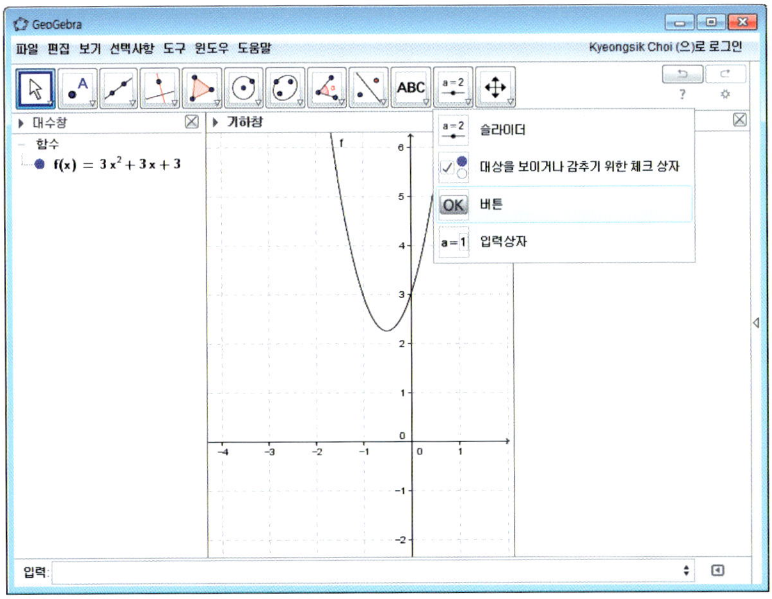

④ 버튼 대화상자의 지오지브라 스크립트에 다음과 같이 입력합니다.

캡션: 새로고침
지오지브라 스크립트: 구성새로고침[ ]

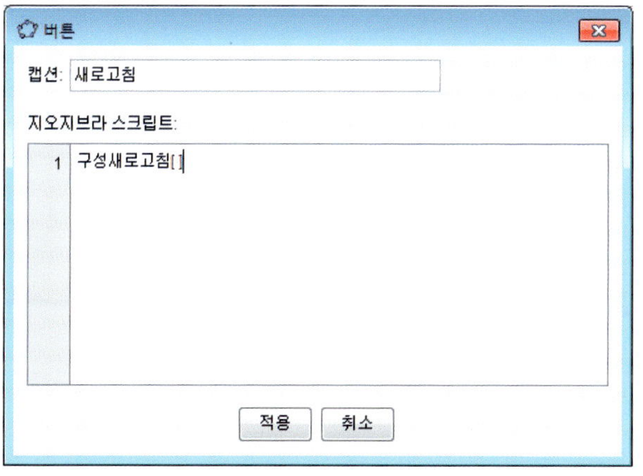

⑤ "기하창 2"에 새로고침 버튼이 나타납니다. 버튼을 클릭하면 다항식이 랜덤으로 나타납니다.

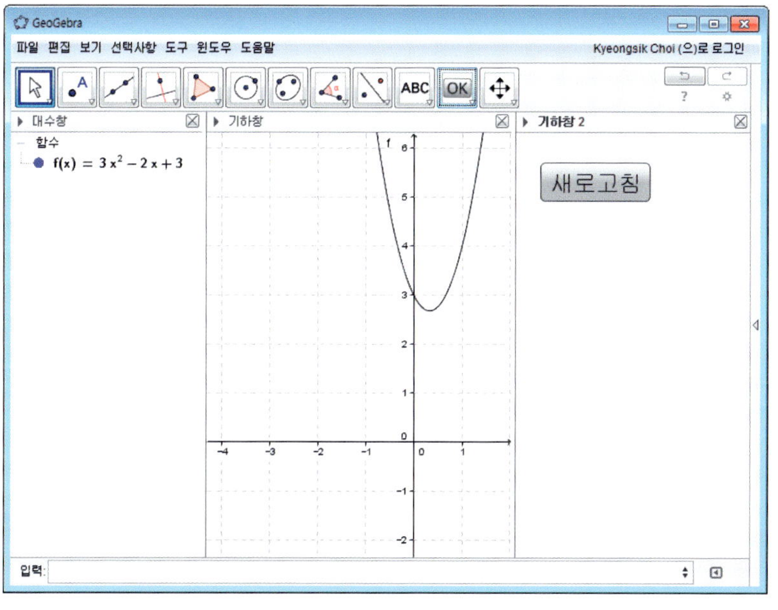

⑥ 학생 입력을 반영할 함수식인 g(x)를 만들기 위해 입력창에 다음과 같이 입력합니다.

```
g( x ) = x^2
```

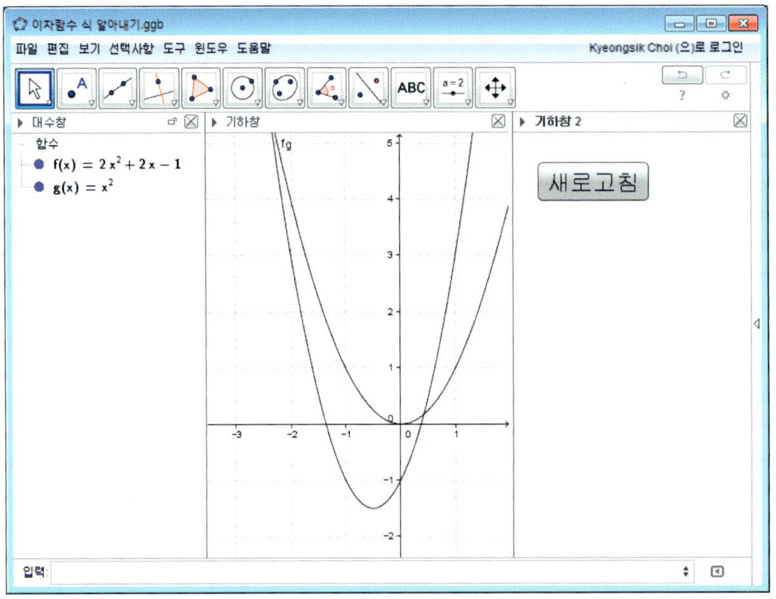

⑦ 입력상자 도구를 선택한 후 “기하창 2”를 클릭합니다. 입력상자 대화상자가 나타납니다.

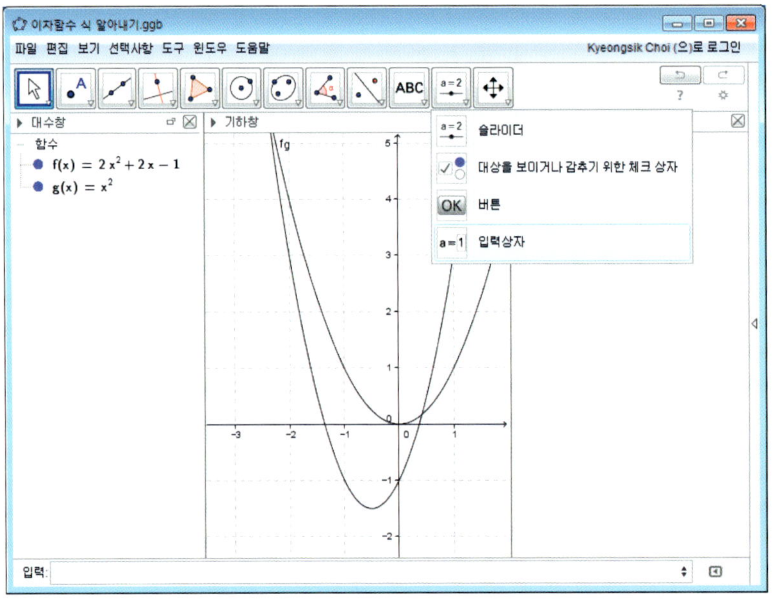

⑧ 입력상자의 대화상자에 다음과 같이 입력합니다.

캡션: 함수식 :
대상: g(x)

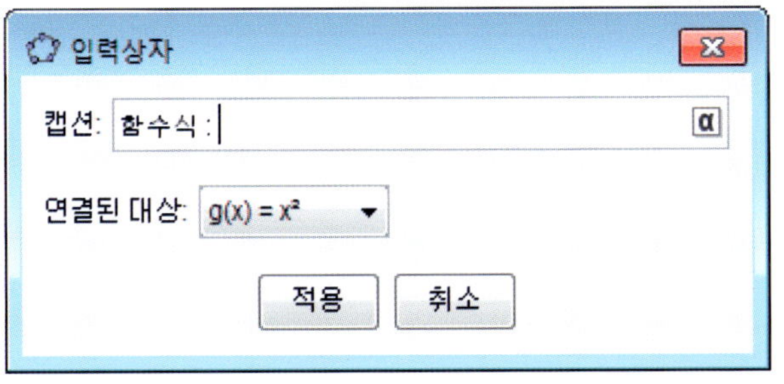

⑨ “기하창 2”에 입력상자가 나타납니다. 입력상자에 다른 식을 입력하면 g(x)의 그래프가 변화됩니다.

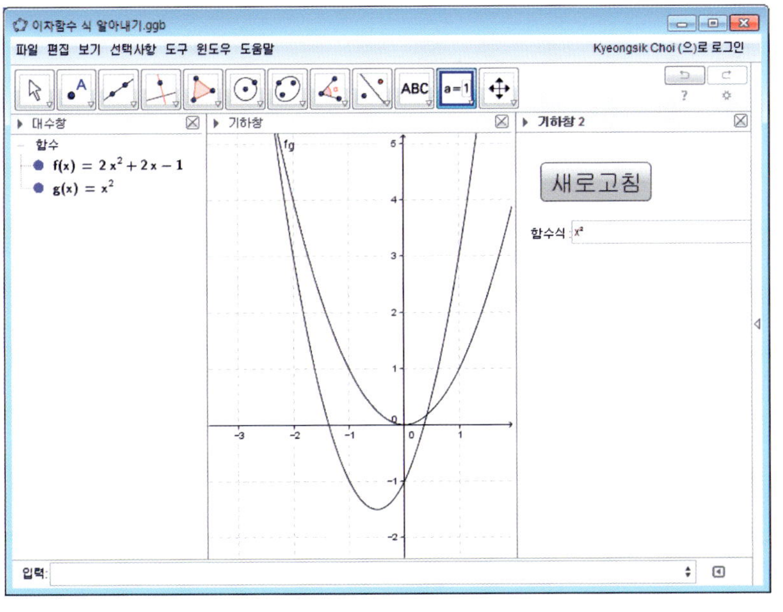

⑩ 대수창에서 g(x) 의 보이기 버튼● 을 클릭하여 g(x) 의 그래프가 나타나지 않도록 합니다.

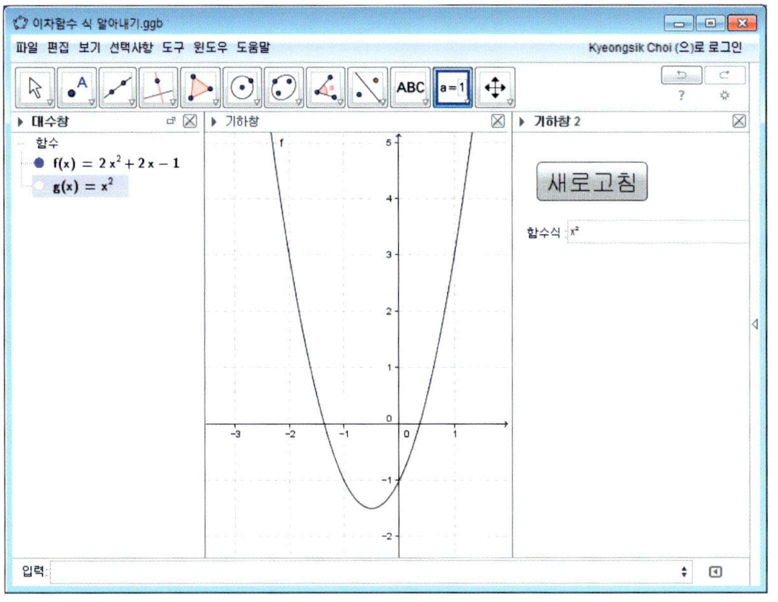

⑪ 텍스트 ABC 도구를 선택한 후 기하창 2를 클릭합니다. 텍스트 대화상자가 나타납니다.

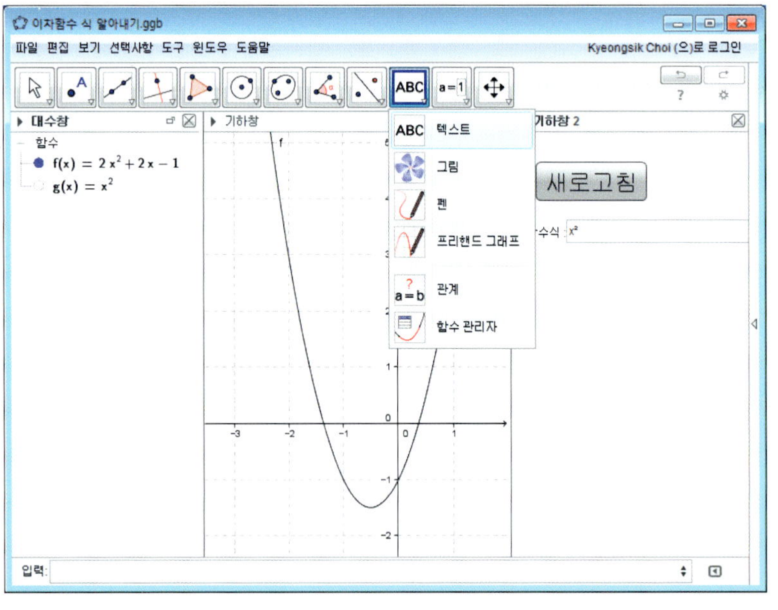

⑫ 텍스트 대화상자에 “true” 라고 입력한 후 확인 을 클릭하면 기하창 2에 “true”가 나타납니다.

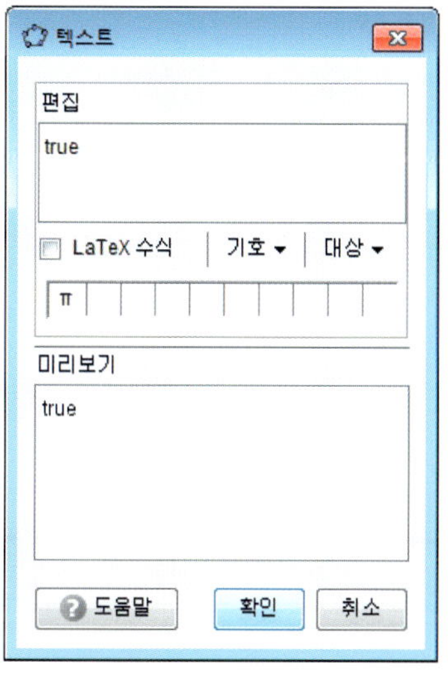

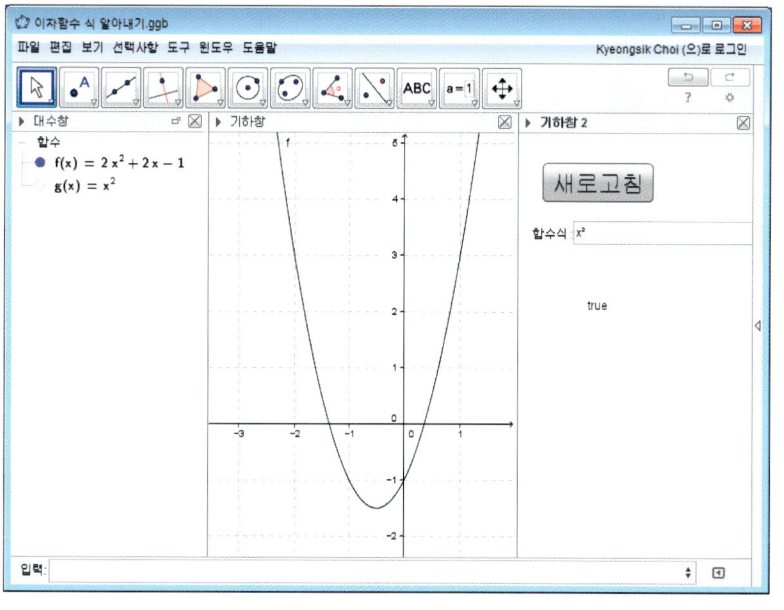

⑬ "true" 텍스트 위에서 마우스 오른쪽 버튼을 클릭하여 설정사항을 클릭하면 설정사항 대화상자가 나타납니다.

고급 기능 탭에서 대상이 나타나기 위한 조건에 다음과 같이 입력합니다.

```
f == g
```

이렇게 입력하면 함수 f와 g가 같을 때만 텍스트가 나타납니다.

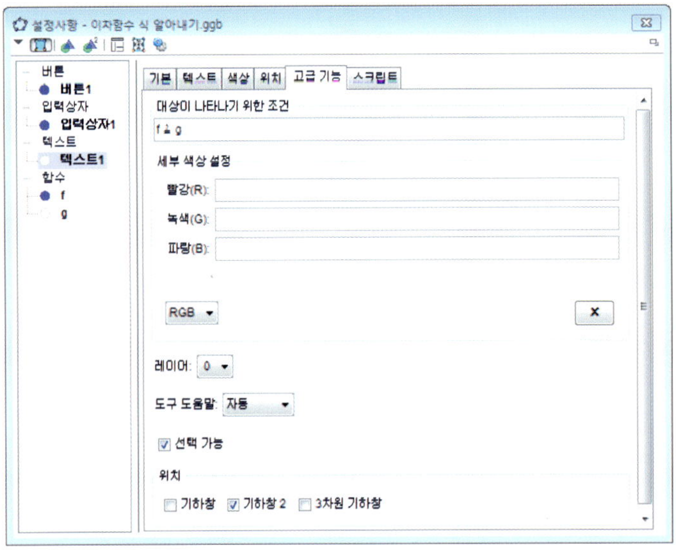

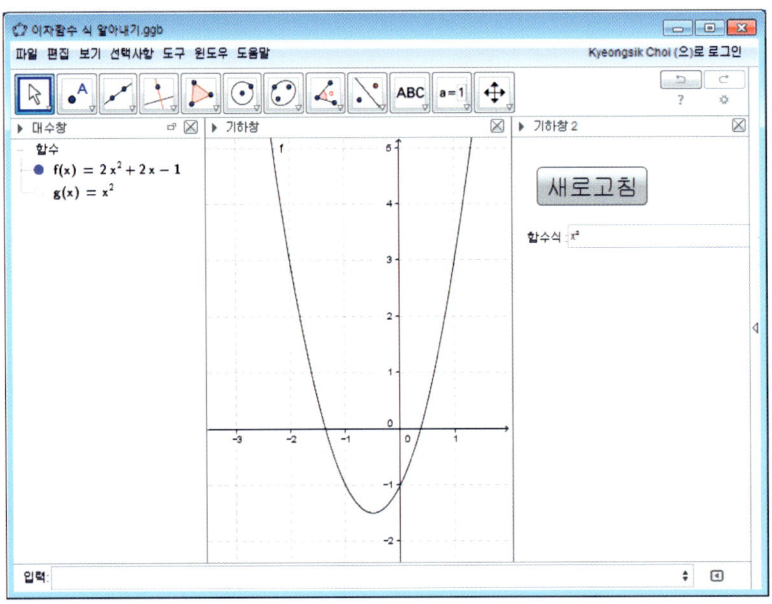

⑭ 대수창을 끄면 예제가 완성됩니다.

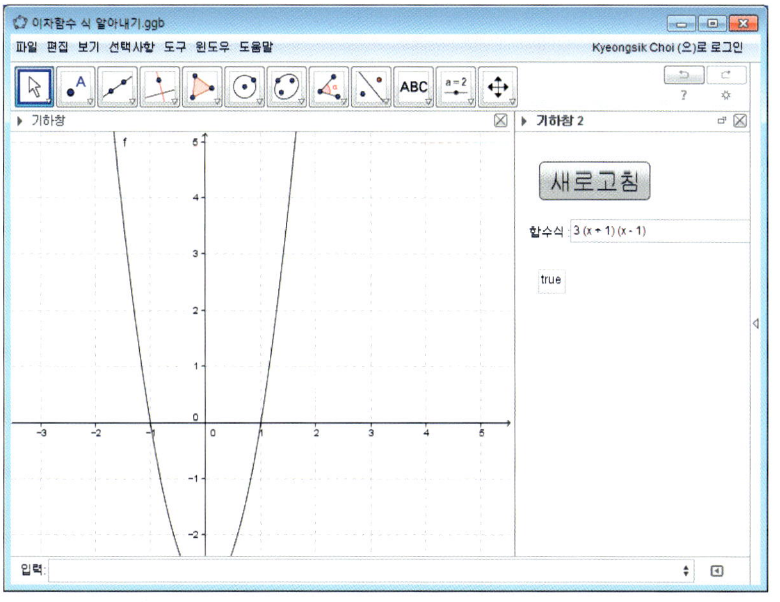

6.3 맺음말

이장에서는 학생의 반응에 따라 지오지브라에서 피드백을 제공하는 애플릿을 설계해 보았습니다. 이 예제를 잘 활용하면 학생이 함수에 대한 자기주도적 학습을 수행하는데 도움이 될 것입니다.

CHAPTER 7

예제 : 피아노 건반 애플릿

요 약

이장은 지오지브라 애플릿 개발을 설명하기 위하여 '전국수학교사모임'의 저널인 '수학과 교육'에 게제된 글이다. 본문의 내용을 변형하지 않기 위해 수정하지 않고 그대로 실었음을 일러둔다.

7.1 들어가기

음악과 수학은 관련이 많지 않아 보이지만 사실 매우 가까운 영역입니다. 이 둘을 연결할 수 있는 이유는 소리를 **파동함수**로 이해할 수 있기 때문입니다. 예를 들어 **진폭**이 A이고 **진동수**가 p인 **사인함수**는 $y = A\sin(2\pi px)$이며 이 함수의 진폭과 주파수를 적절히 조절하여 **음계**를 구성할 수도 있습니다. 이장에서는 지오지브라를 활용하여 음악과 수학을 연결하고자 합니다. 즉 지오지브라에서 음악을 연주할 수 있는 **피아노 건반**을 만들어 보겠습니다.

7.2 음계

음계는 C(도)-D(레)-E(미)-F(파)-G(솔)-A(라)-B(시) 로 이루어져 있으며 그 사이에 반음이 있습니다. **반음**을 포함하여 음계를 나타내면 다음과 같습니다.

```
A-A#-B-C-C#-D-D#-E-F-F#-G-G#-A
```

이 때 A의 진동수는 440이며 한 옥타브가 높은 A의 진동수는 880입니다. 그리고 각 음계는 일정한 비율로 진동수가 증가합니다. 각 음에 대한 진동수는 다음과 같이 나타낼 수 있습니다.

$$440 \cdot 2^0,\ 440 \cdot 2^{\frac{1}{12}},\ 440 \cdot 2^{\frac{2}{12}},\ \cdots,\ 440 \cdot 2^{\frac{12}{12}}$$

예를 들어 A음에 대한 사인함수는 $\sin(440 \cdot 2\pi x)$ 입니다. 각 음에 대한 사인함수는 다음과 같이 나타낼 수 있습니다.

음이름 : 사인함수

A	:	$\sin(440 \cdot 2\pi)$
A#	:	$\sin(440 \cdot 2^{\frac{1}{12}} \cdot 2\pi x)$
B	:	$\sin(440 \cdot 2^{\frac{2}{12}} \cdot 2\pi x)$
C	:	$\sin(440 \cdot 2^{\frac{3}{12}} \cdot 2\pi x)$
C#	:	$\sin(440 \cdot 2^{\frac{4}{12}} \cdot 2\pi x)$
D	:	$\sin(440 \cdot 2^{\frac{5}{12}} \cdot 2\pi x)$
D#	:	$\sin(440 \cdot 2^{\frac{6}{12}} \cdot 2\pi x)$
E	:	$\sin(440 \cdot 2^{\frac{7}{12}} \cdot 2\pi x)$
F	:	$\sin(440 \cdot 2^{\frac{8}{12}} \cdot 2\pi x)$
F#	:	$\sin(440 \cdot 2^{\frac{9}{12}} \cdot 2\pi x)$
G	:	$\sin(440 \cdot 2^{\frac{10}{12}} \cdot 2\pi x)$
G#	:	$\sin(440 \cdot 2^{\frac{11}{12}} \cdot 2\pi x)$

7.3 음악연주[ ] 명령

A음을 지오지브라에서 연주하기 위해 입력창에 다음과 같이 입력합니다. 이와 같이 입력하면 지오지브라에서 A(라)음이 1초가 연주될 것입니다.

```
음악연주[ sin( 440 2 pi x ) , 0 , 1 ]
```

7.4 화음 연주하기

예를 들어 지오지브라에서 으뜸화음(C-E-G)을 연주하려면 어떻게 해야 할까요? C, E, G의 음에 대한 사인함수의 합을 음악연주[] 명령으로 연주하면 됩니다.

```
c(x) = sin( 440 2^(3/12) 2 pi x )
e(x) = sin( 440 2^(7/12) 2 pi x )
g(x) = sin( 440 2^(10/12) 2 pi x )
음악연주[ c + e + g , 0 , 1 ]
```

7.5 버튼을 이용하여 피아노 건반 만들기

버튼을 이용하여 지오지브라에서 피아노 건반을 만들어 보겠습니다.

① 버튼 OK 도구를 선택한 후 기하창을 클릭하면 버튼 대화상자가 나타납니다.

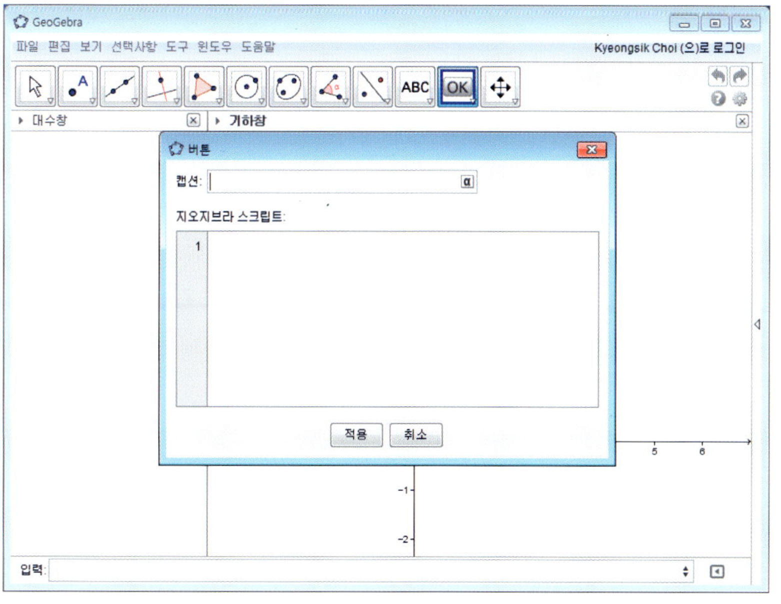

② 버튼 대화상자에 다음과 같이 입력하고 확인 버튼을 누르면 기하창에 C음을 연주하는 버튼이 만들어집니다.

```
음악연주[ sin( 440 2^(3/12) 2 pi x ) , 0 , 1 ]
```

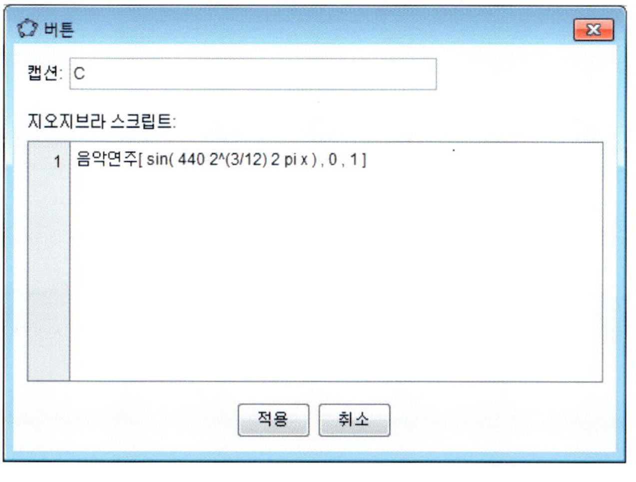

③ 이를 반복하여 모든 음에 대한 버튼을 다음과 같이 만들 수 있습니다.

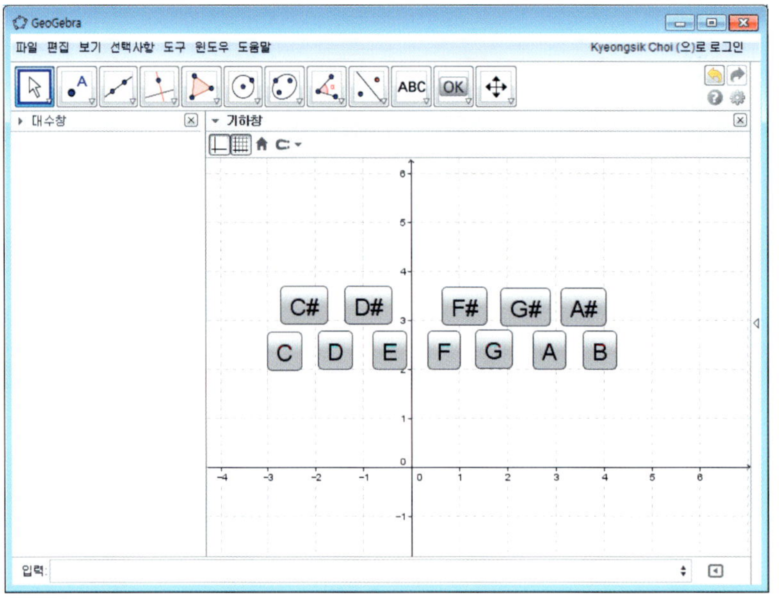

7.6 정리

이장에서는 지오지브라의 **음악연주[]** 명령을 활용하여 사인함수를 소리로 바꾸고 지오지브라에서 간단한 피아노를 만들어 보았습니다.

최근의 지오지브라의 방향은 수학 뿐 아니라 과학 전반에서 활용할 수 있는 자료를 개발하는 것으로 변화하고 있습니다. 이 예제는 이러한 추세에 대하여 하나의 사례가 될 수 있습니다.

7.7 참고문헌

GeoGebra (2014). http://wiki.geogebra.org/en/PlaySound_Command

제 Ⅳ 편

반복적 현상을 표현하는 방법

지오지브라 코딩 바이블

CHAPTER 8

사용자 도구 만들기

요 약

지오지브라는 사용자가 원하는 도구를 찾지 못할 경우 자신만의 도구를 만들 수 있는 기능을 제공하고 있다. 이장에서는 지오지브라에서 자신만의 도구를 만드는 방법에 대해 제시한다[1]

8.1 도구 만들기

도구 만들기 예제 1(수심)

지오지브라에서 삼각형의 **수심**을 만들 수 있는 도구를 만드시오.

1 다각형 도구를 선택한 후 기하창을 세 번 클릭한 후 다시 처음의 점을 클릭하여 삼각형을 만든다.

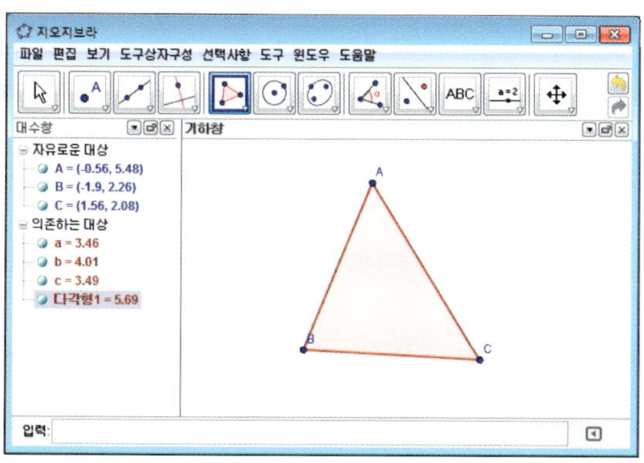

[1]이 내용은 코딩이라기 보다는 명령어들의 집합인 매크로에 가까운 것이다. 하지만 이를 잘 활용하면 원하는 애플릿을 쉽게 만들 수 있다는 측면에서 이 책의 내용으로 포함시켰다.

2 수직선 도구를 선택한 후 점 A와 마주보는 변, 점 C와 마주보는 변을 클릭하면 각각 수선이 생긴다.

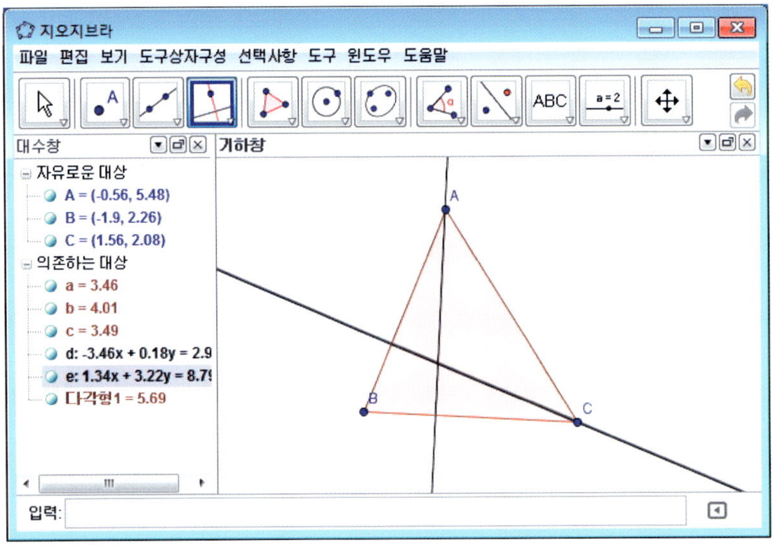

3 두 대상의 교점 도구를 선택한 후 두 수선의 교차 부분을 클릭하여 교점을 만든다.

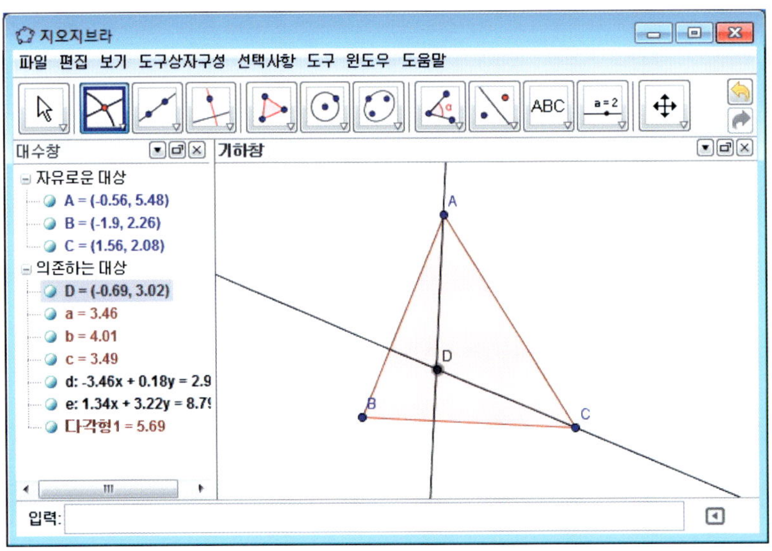

④ 메뉴에서 도구 - 새 도구 만들기를 선택하면 새 도구 만들기 대화상자가 나타난다. 이때 출력대상 탭을 선택하여 수심인 점 D를 선택한다.

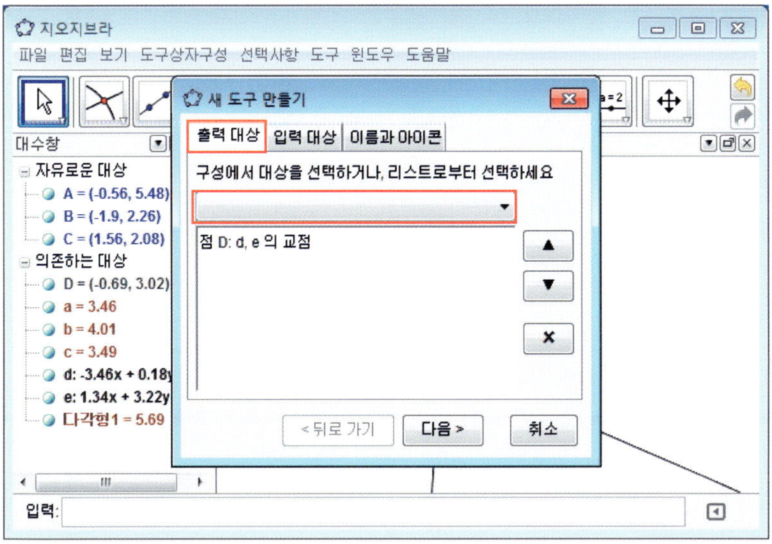

⑤ 입력대상 탭을 선택하면 자동으로 점 A, 점 B, 점 C가 나타난다.[2]

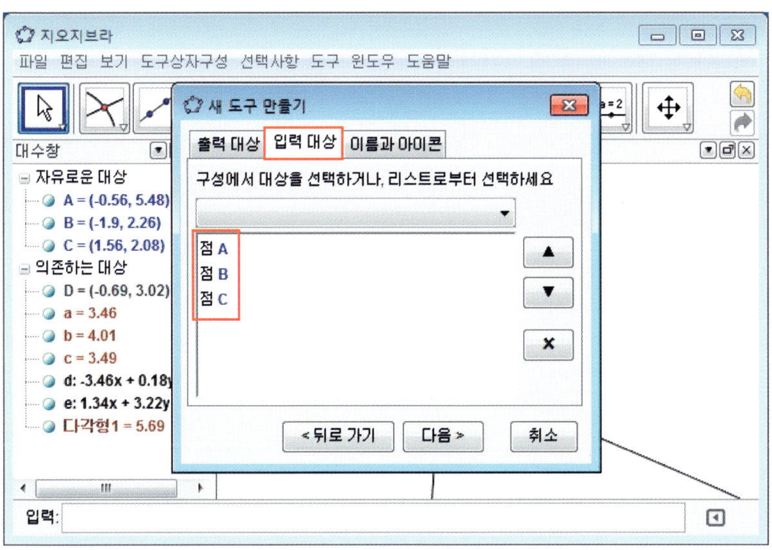

[2]출력대상이 지정되면 그와 연결된 입력대상이 자동으로 지정된다.

⑥ 이름과 아이콘 탭을 선택한 후 도구 이름에 수심, 도구 도움말에 세 점을 선택하세요 를 입력한 후 종료 를 클릭한다.

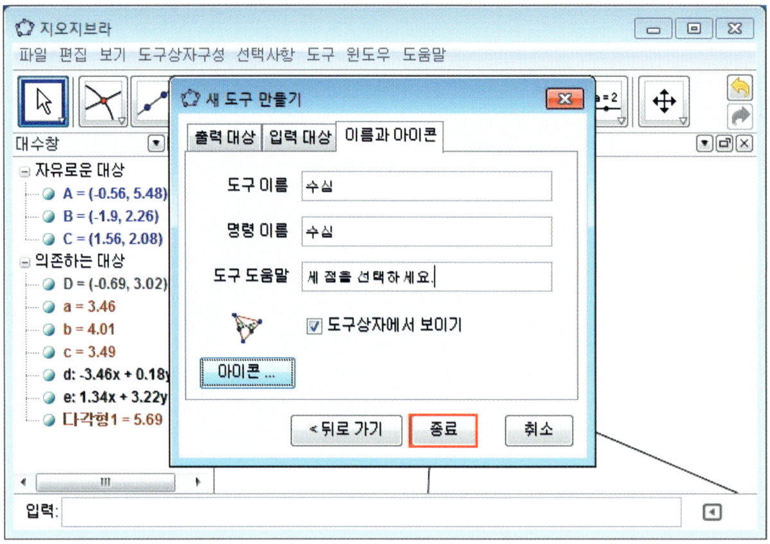

⑦ 새로 만들어진 도구를 선택한 후 기하창의 세 점을 클릭하면 삼각형의 수심이 나타난다.

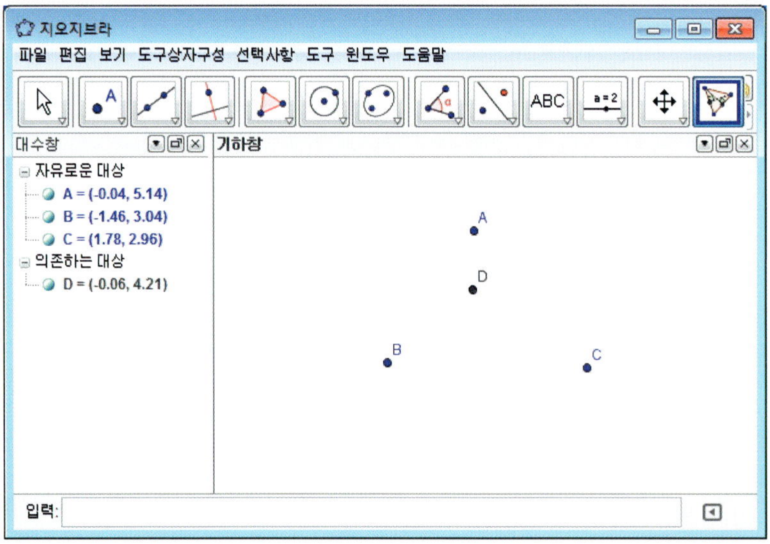

도구 만들기 예제 2

지오지브라에서 세 개의 점을 연결하는 곡선을 만드는 도구를 만드시오.

세 점을 부드럽게 곡선으로 연결하는 방법으로 **라그랑즈 보간다항식**(Lagrange Interpolation)을 사용할 수 있다. 세 점 `A`, `B`, `C`가 정의되었을 때 **라그랑즈 보간다항식**은 다음과 같다.[3]

$$\begin{aligned} f(x) &= \frac{(x-x(B))(x-x(C))}{(x(A)-x(B))(x(A)-x(C))}y(A)+ \\ &\quad \frac{(x-x(A))(x-x(C))}{(x(B)-x(A))(x(B)-x(C))}y(B)+ \\ &\quad \frac{(x-x(A))(x-x(B))}{(x(C)-x(A))(x(C)-x(B))}y(C) \end{aligned}$$

1. 세 점을 지나는 라그랑즈 보간 다항식을 정의하려면 입력창에 다음과 같이 입력한다.[4]

```
f(x) = ( (x-x(B))(x-x(C)) ) / ( (x(A)-x(B))(x(A)-x(C)) ) y(A) +
( (x-x(A))(x-x(C)) ) / ( (x(B)-x(A))(x(B)-x(C)) ) y(B) +
( (x-x(A))(x-x(B)) ) / ( (x(C)-x(A))(x(C)-x(B)) ) y(C)
```

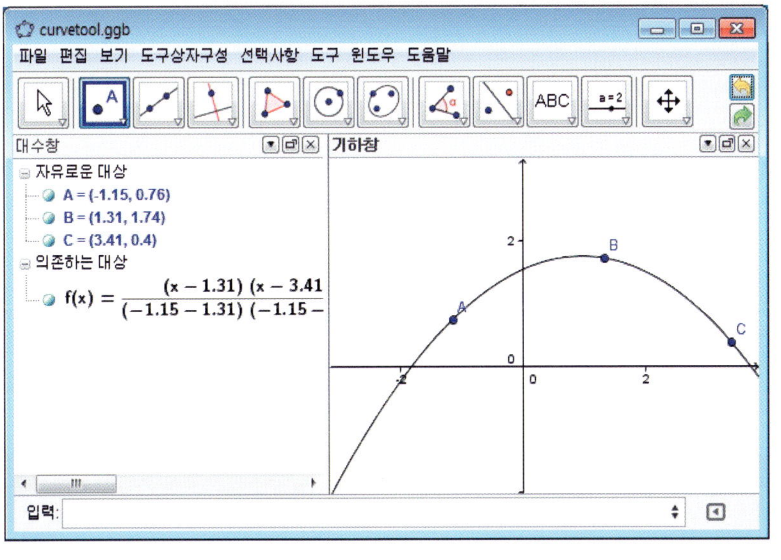

[3]점 A의 x좌표는 `x(A)`, y좌표는 `y(A)`이다.
[4]세 점 `A`, `B`, `C`가 기하창에 이미 정의되어 있다고 가정한다.

2 메뉴에서 도구 - 새 도구 만들기를 선택하고 출력대상 탭을 선택한 후 함수 f를 선택한다.

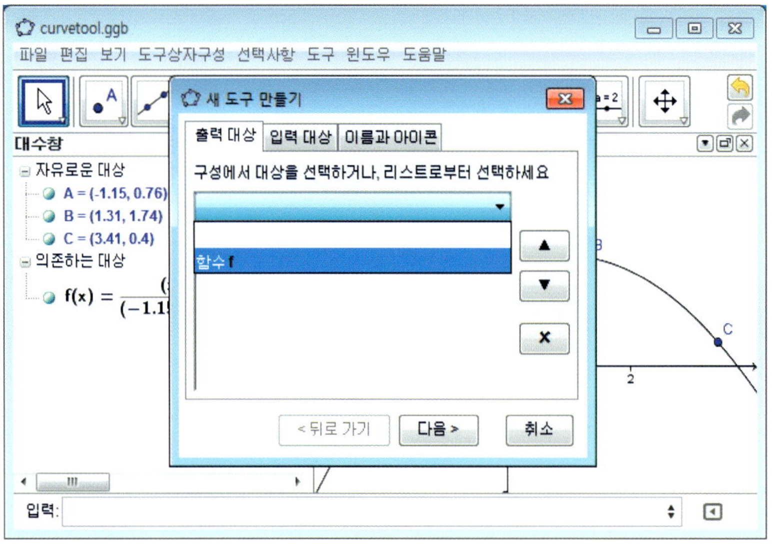

3 입력대상 탭을 선택하면, 자동으로 점 A, 점 B, 점 C가 나타난다.[5]

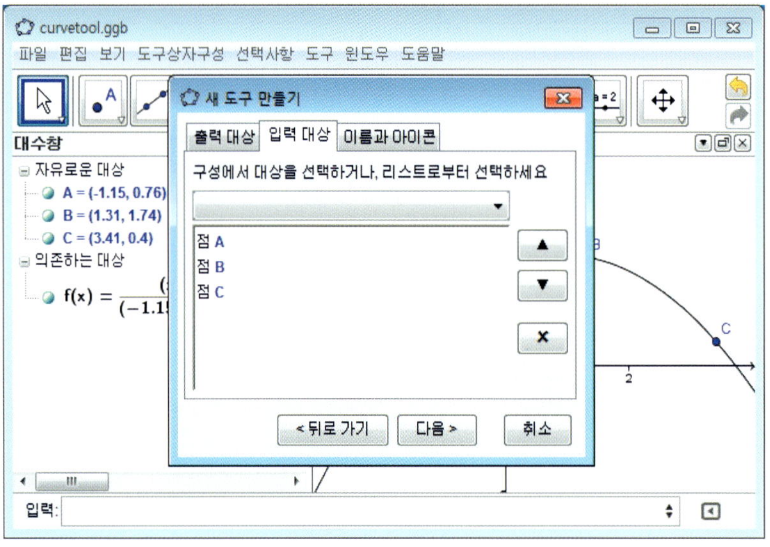

[5]출력대상이 지정되면 그와 연결된 입력대상이 자동으로 지정된다.

④ 이름과 아이콘 탭을 선택한 후 도구 이름에 세 점을 지나는 곡선, 도구 도움말에 세 점을 선택하세요.를 입력하고 종료 를 클릭한다.

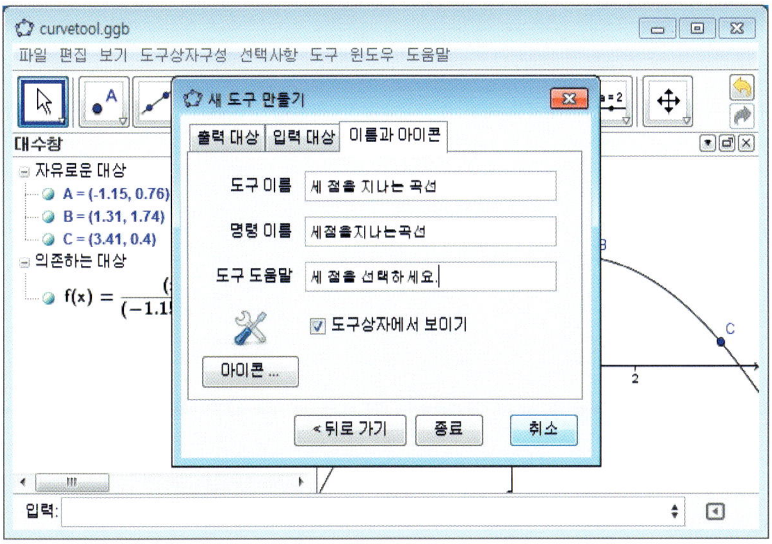

⑤ 새로 만들어진 도구를 선택한 후 기하창의 세 점을 클릭하면 세 점을 지나는 곡선이 만들어진다.

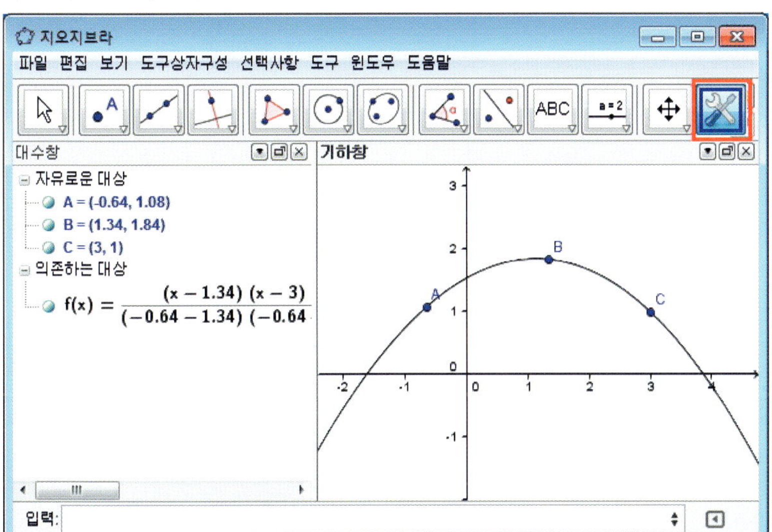

도구 만들기 예제 3(나무만들기)

두 점을 클릭하면 두 점을 이은 선분의 길이가 $\frac{1}{2}$로 줄어든 선분이 120°, 240° 만큼 회전하여 나타나도록 하는 도구를 만드시오.

1 선분 도구를 선택한 후 기하창을 두 번 클릭하여 선분 AB를 만든다.[6]

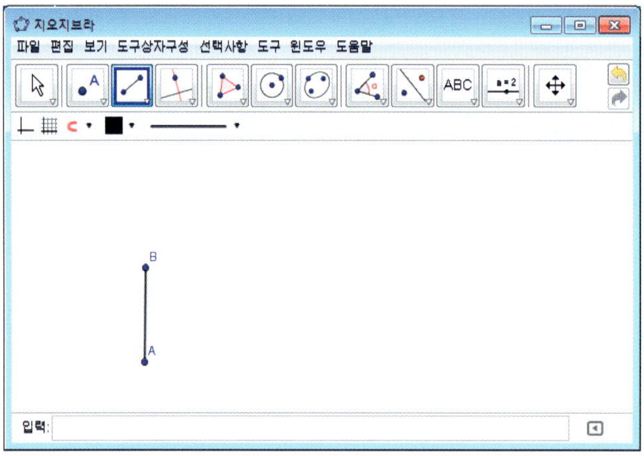

2 점 주위로 회전 도구를 선택한 후 회전시킬 점(점 A), 중심점(점 B)을 클릭하면 점 주위로 회전 대화상자가 나타난다.

점 주위로 회전 대화상자에 반시계 방향으로 120°를 입력하고 확인 을 클릭한다.

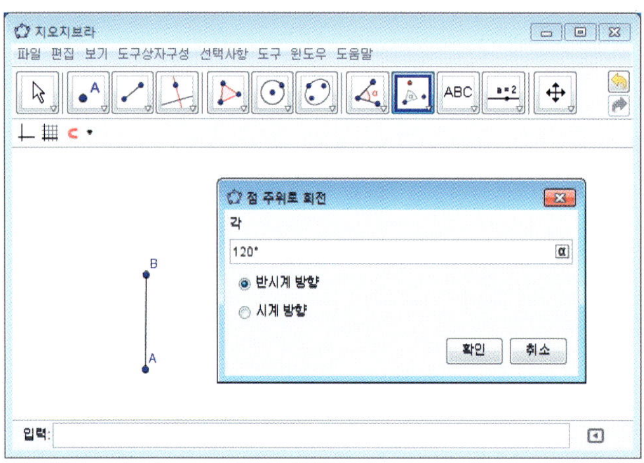

[6] 이때 선분을 아래에서 위로 클릭하여 만드는 것에 주의한다.

③ 점 B를 중심으로 점 A가 반시계 방향으로 회전된 점 A'이 나타난 것을 볼 수 있다.

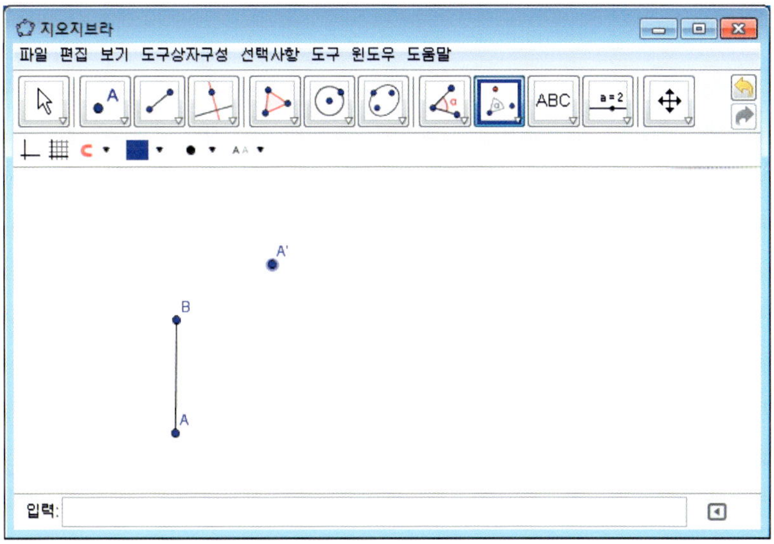

④ 점 주위로 회전 도구를 선택한 후 회전시킬 점(점 A'), 중심점(점 B)을 클릭하면 점 주위로 회전 대화상자가 나타난다.

점 주위로 회전 대화상자에 반시계 방향으로 120°를 입력하고 확인 을 클릭하면 점 A''를 볼 수 있다.

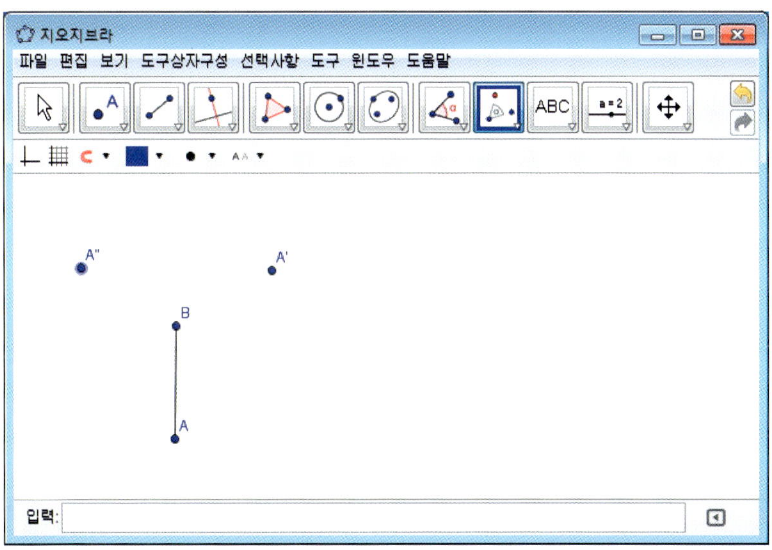

⑤ 중점 또는 중심 도구를 선택한 후 점 B와 점 A', 점 B와 점 A''을 클릭하면 중점인 점 C와 점 D가 나타난다.

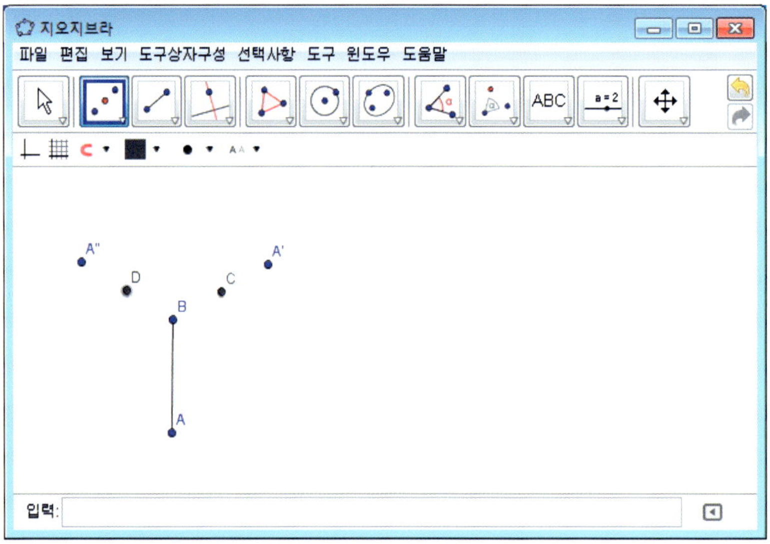

⑥ 선분 도구를 선택한 후 선분 BC, 선분 BD를 만든다.[7]

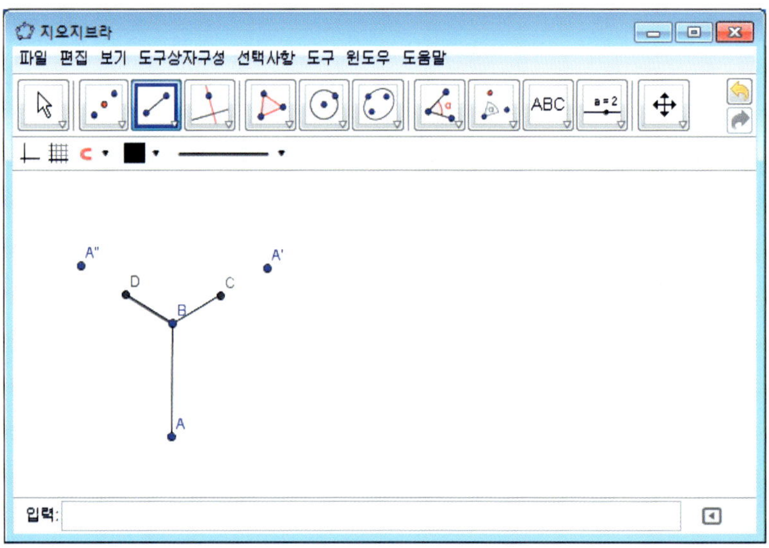

[7] 점의 순서가 중요하다.

⑦ 메뉴에서 도구 - 새 도구 만들기...를 선택하여 출력 대상 탭에서 다음 항목을 선택한다.

```
선분 b:  선분[B, C]
선분 c:  선분[B, D]
점 C:  A', B의 중점
점 D:  A'', B의 중점
```

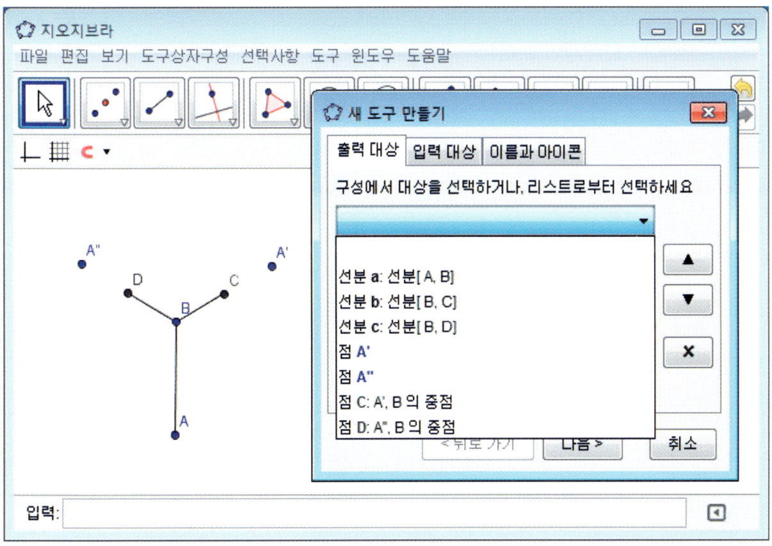

⑧ 입력 대상 탭에는 자동으로 점 A , 점 B가 나타난다.

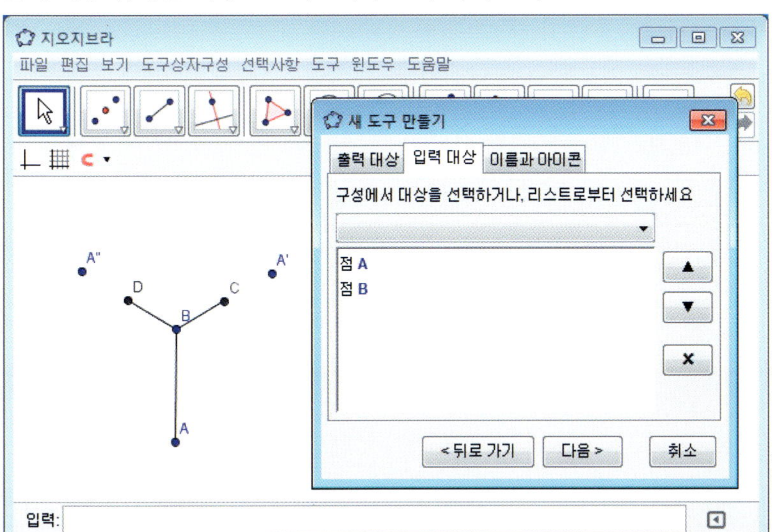

⑨ 이름과 아이콘 탭의 도구 이름에 나무만들기, 도구 도움말에 두 점을 선택하세요 를 입력한 후 종료 를 클릭한다.

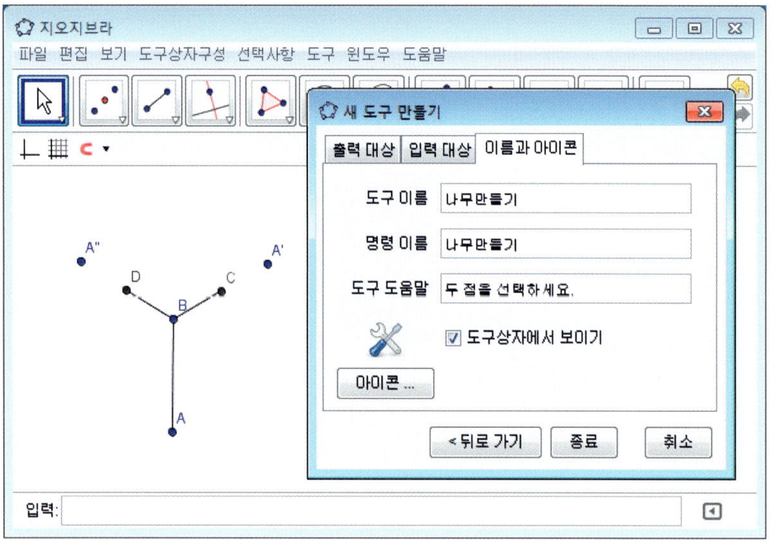

⑩ 새 도구가 성공적으로 만들어졌습니다 라는 메시지와 함께 나무만들기 도구가 도구상자에 나타난다.

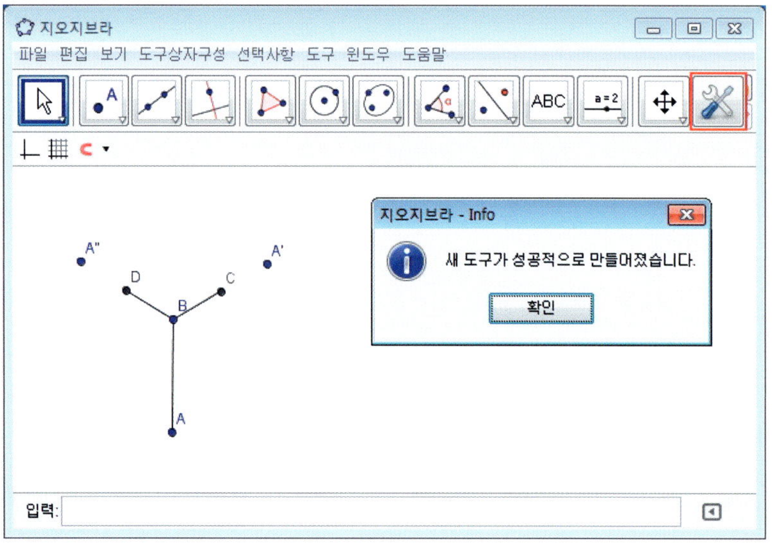

CHAPTER 9

슬라이더와 애니메이션

요 약

지오지브라에서 대상의 움직임을 모델링하기 위해 슬라이더 도구를 사용할 수 있다. 슬라이더(slider) 도구는 코딩에서의 변수를 나타낸다. 이장에서는 **슬라이더**의 이용방법과 이를 이용하여 그래프의 변화나 **애니메이션**을 만드는 방법을 제시한다[1]

9.1 슬라이더

도구상자에서 슬라이더 [a=2] 도구를 선택한 후 기하창을 클릭하면 슬라이더 대화상자가 나타난다. 슬라이더 대화상자에서 슬라이더에 대한 자세한 설정을 할 수 있다(그림 9.1).

1. 구간 탭 : 최솟값 , 최댓값 , 증가분을 설정
2. 슬라이더 탭 : 고정 여부, 수평 또는 수직 여부, 폭을 설정
3. 애니메이션 탭 : 애니메이션 속도 , 반복 방법을 설정

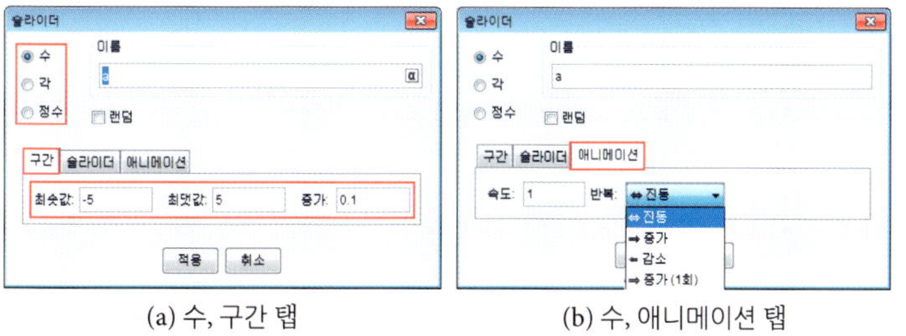

(a) 수, 구간 탭 (b) 수, 애니메이션 탭

그림 9.1: 슬라이더 대화상자

[1]이후에도 언급이 되겠지만 슬라이더를 이용하기 위해서는 슬라이더 이름을 입력하면 된다(예. a).

9.2 애니메이션 예제

애니메이션 예제 1

$a \in [-5, 5]$일 때 점 $(a+1, a^2)$의 위치가 변하는 애니메이션을 만드시오.

1 지오지브라의 입력창에 다음과 같이 입력한 후 엔터키 ⏎ 를 누른다.

```
( a + 1 , a^2 )
```

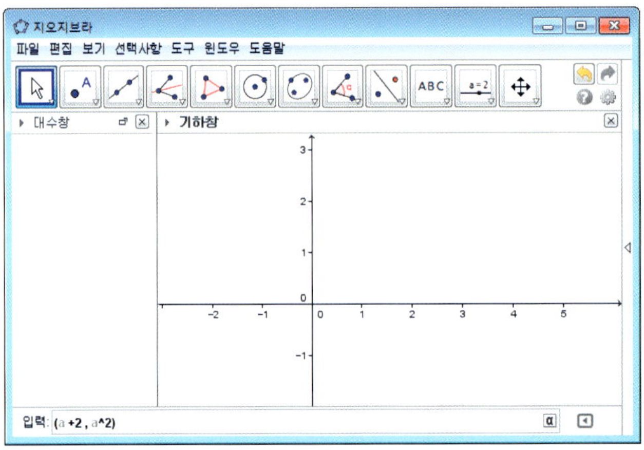

2 슬라이더 만들기 대화상자가 자동으로 나타난다.[2] 슬라이더 만들기 를 클릭하면 슬라이더가 만들어진다.

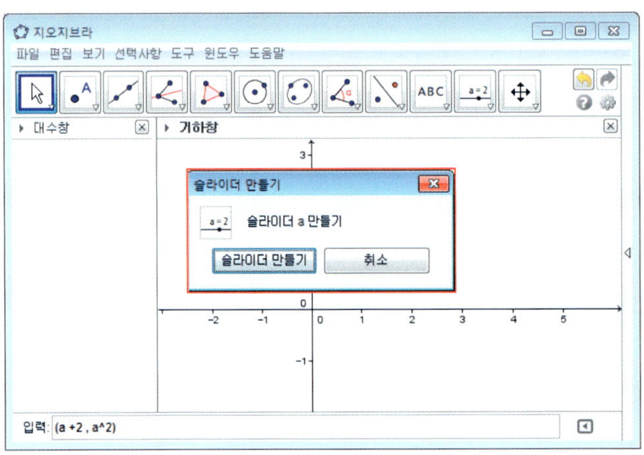

[2] 지오지브라는 입력된 수식에서 매개변수를 자동으로 감지하여 슬라이더로 만들어준다.

③ 점 위에서 마우스 오른쪽 버튼을 클릭하여 자취 보이기를 선택하면 점의 자취를 남길 수 있다.

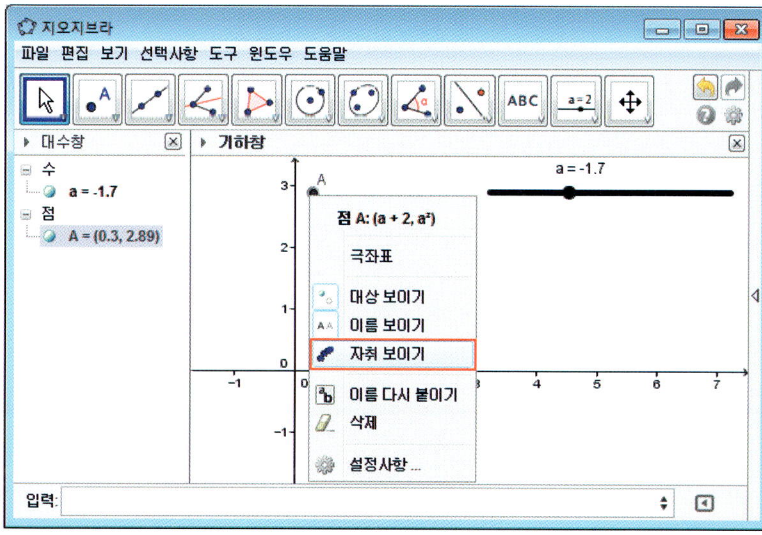

④ 슬라이더 a 위에서 마우스 오른쪽 버튼을 클릭하여 애니메이션 시작을 선택하면 애니메이션을 만들 수 있다.

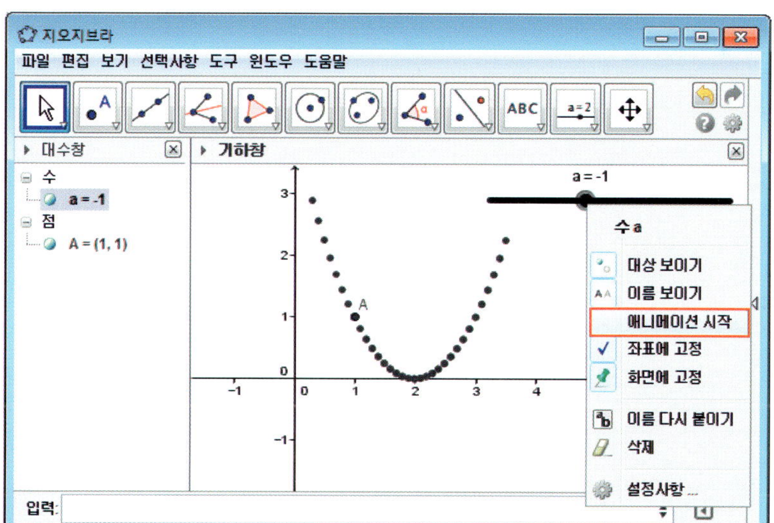

애니메이션 예제 2

$f(x) = ax + b$의 계수인 a와 b가 변화할 때 그래프가 어떻게 변화하는지 관찰하시오.

1 지오지브라의 입력창에 다음과 같이 입력하고 엔터키 ⏎ 를 누르면 슬라이더 만들기 대화상자가 나타난다. 슬라이더 만들기 를 클릭 한다.

```
a x + b
```

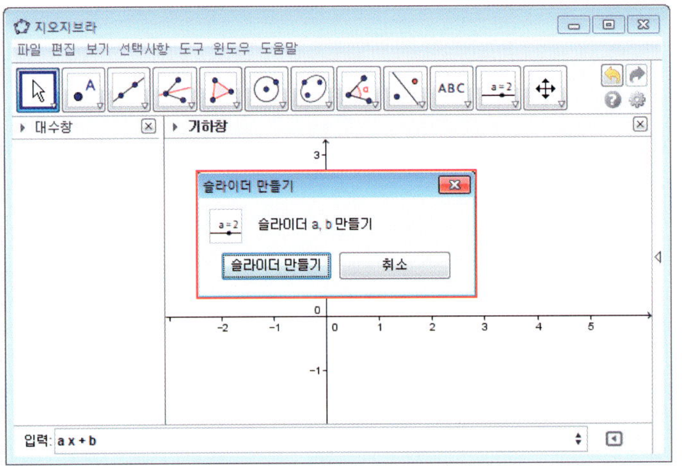

2 슬라이더의 값이 변경되면 그에 따라 직선의 모양도 변화하는 것을 볼 수 있다.

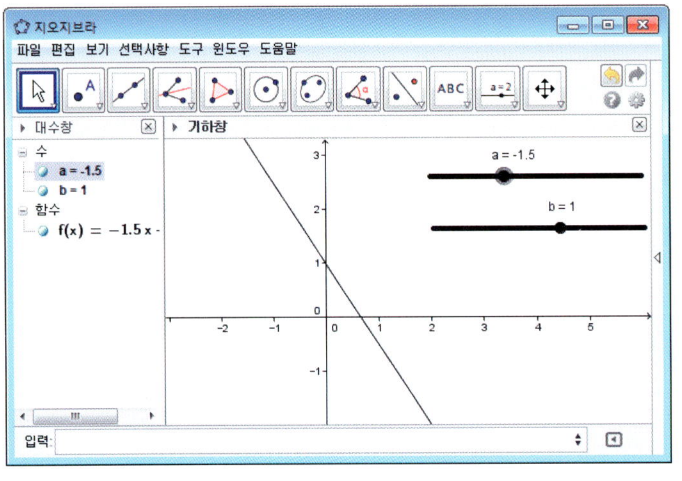

9.3 경로 위의 점과 애니메이션

경로 위의 점

지오지브라의 기하창에 경로[3] 위의 점[4] 이 있는 경우 그 점 위에서 마우스 오른쪽 버튼을 클릭한 후 애니메이션 시작을 선택하면 **경로 위의 점**이 경로를 따라 움직인다(그림 9.2).

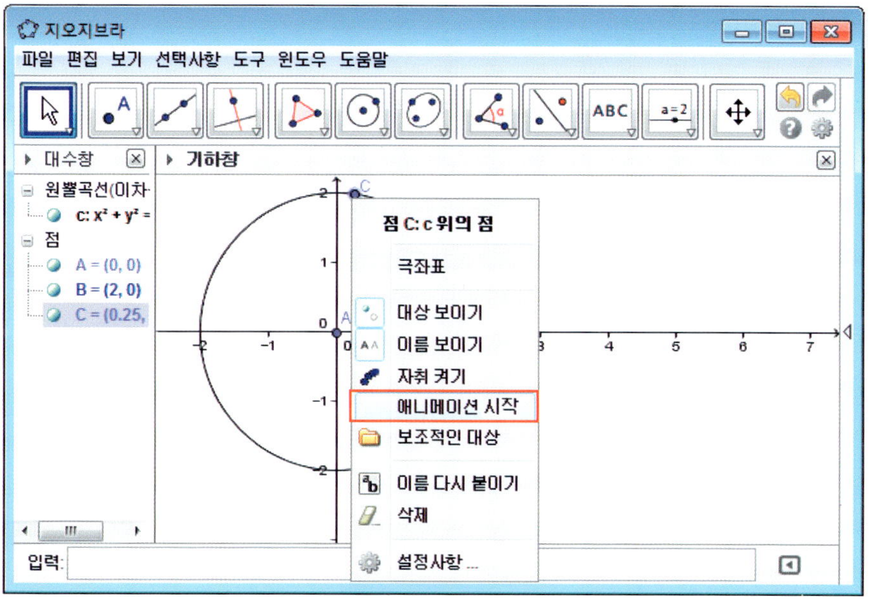

그림 9.2: 경로 위의 점의 애니메이션

경로매개변수 명령

지오지브라에서 **경로매개변수** 명령을 활용하면 경로 위의 점이 경로 상에서 어떤 위치에 있는지 0부터 1 사이의 수로 알 수 있다. 지오지브라에서 제공하는 경로매개변수 명령의 문법은 다음과 같다.[5]

```
경로매개변수[ 경로 위의 점 ]
```

예를 들어 기하창에 원을 하나 만들고 점 도구를 선택한 다음 원을 마우스로 클릭하여 경로 위의 점 C를 만들었다고 하자. 이 때 점 C의 경로 매개변수를 구하려면

[3]지오지브라에서는 그래프나 선분, 직선 등이며 수학적으로는 연속 사상 $\alpha(t) : [\,0\,,\,1\,] \to R$ 이라고 할 수 있다.

[4]경로 위의 점을 만드는 방법은 간단하다. 점 도구를 선택하고 경로를 클릭하거나 점[경로 대상 이름]을 입력하면 된다. 지오지브라에서는 경로(대상) 위의 점은 밝은파랑색으로 표시된다.

[5]우리말 명령어인 `경로매개변수[]` 대신 영어 명령어인 `PathParameter[]`를 사용하는 것도 가능하다.

입력창에 다음과 같이 입력한다.

```
경로매개변수[ C ]
```

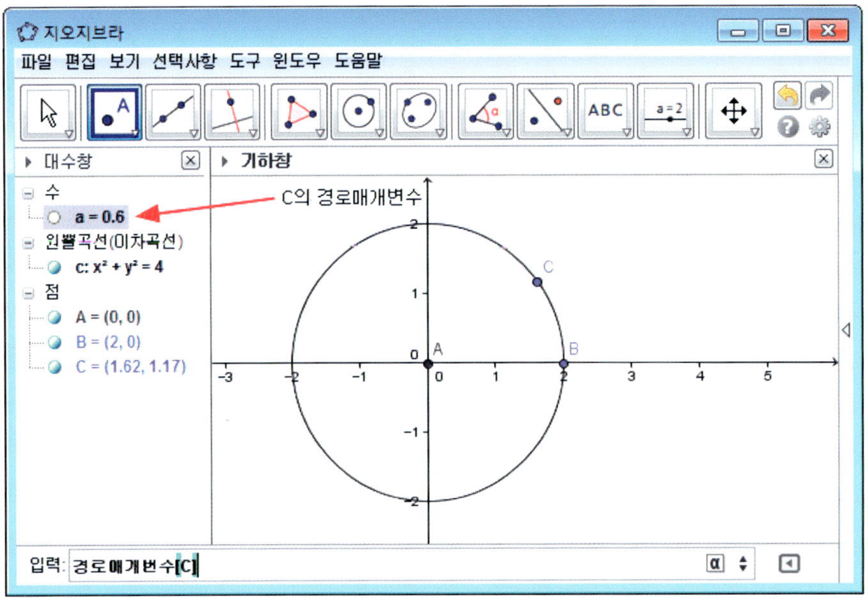

그림 9.3: 경로 위의 점 C 의 경로 매개변수

점 명령

지오지브라에서 점 명령을 활용하면 대상에 경로 위의 점을 만들 수 있다. 지오지브라에서 제공하는 점 명령의 문법은 다음과 같다.[6]

```
점[ 대상 , 경로매개변수 ]
```

예를 들어 기하창에 원 c를 만들고 경로 매개변수가 0.3 인 경로 위의 점을 만들려면 입력창에 다음과 같이 입력한다.[7]

```
점[ c , 0.3 ]
```

[6]우리말 명령어인 점[] 대신 영어 명령어인 Point[]를 사용하는 것도 가능하다.

[7]슬라이더를 0과 1 사이에 정의하여 경로 매개변수 위치에 입력하면 슬라이더와 연결된 애니메이션을 만들 수 있다.

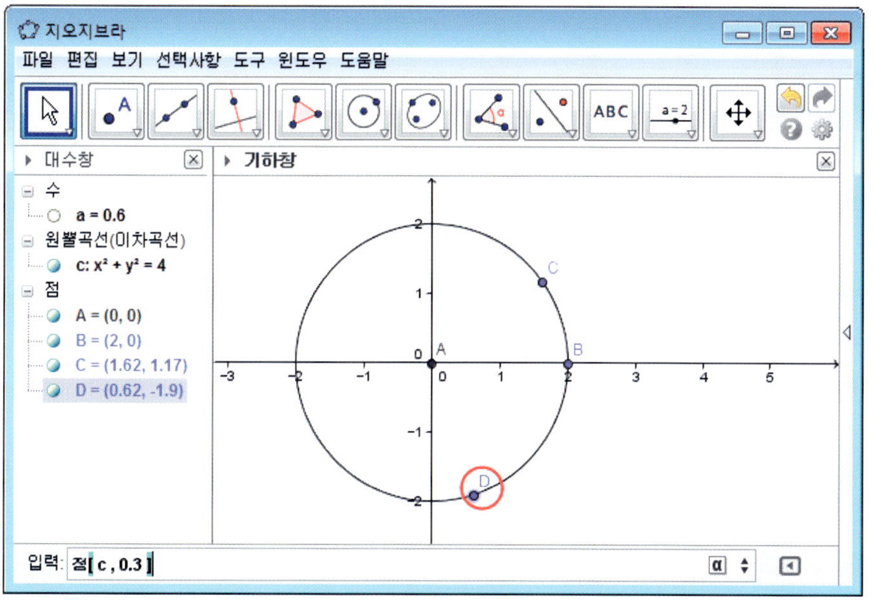

그림 9.4: 원 c 위의 경로 매개변수 0.3 인 점 D

CHAPTER 10

수열과 리스트

요 약

수학에서는 동일하지는 않지만 유사한 현상의 반복에 대해서 수열(sequence)이라는 개념을 다루며 관심을 갖는다. 유사하다는 말은 결과가 동일하지는 않지만 특정 조작(operation)이 반복적으로 적용된다는 것을 의미한다. 조작은 산술적 계산부터 상당히 복잡한 정신적 조작까지 다양한 것을 포함한다. 지오지브라에서는 수학에서의 수열(sequence)을 리스트(list)라는 대상으로 다룬다. 이장에서 소개하는 리스트는 수학에서의 집합과 수열의 속성을 절반 정도 물려받은 대상으로 애플릿을 개발하는 데 상당히 유용하다.

10.1 수열과 리스트

특정한 순서로 놓인 대상의 열을 **수열**(數列; sequence)이라고 한다. 지오지브라에서 수열에 해당되는 대상은 **리스트**이다. 이 절에서는 지오지브라에서 리스트 대상과 관련된 내용을 알아보기로 하자.

입력창에서 정의

지오지브라에서 리스트를 정의하려면, 중괄호({ })안에 대상을 입력하고 쉼표(,)로 구분하면 된다.

예를 들어 입력창에 다음과 같이 입력하면 수(數)로 이루어진 리스트가 만들어진다.

```
1 , 2 , 3
```

수열이 점으로도 정의되듯 리스트도 점으로 정의될 수 있다. 예를 들어 입력창에 다음과 같이 입력하면 점으로 이루어진 리스트가 만들어진다.

```
{ ( 0 , 0 ) , ( 1 , 0 ) , ( 2 , 0 ) }
```

스프레드시트 창에서 정의

리스트를 스프레드시트 창에서 정의할 수도 있다.[1] 예를 들어 스프레드시트 창의 A1셀부터 A4셀까지 수를 입력하였다고 하자(그림 10.1).

1. 마우스로 A1셀부터 A4셀까지 선택한 후 리스트만들기 {1,2} 도구를 클릭하면 리스트가 만들어진다.

2. 리스트를 만들지 않더라도 지오지브라 명령에 A1:A4를 직접 입력하면 지오지브라는 이를 리스트로 인식한다.

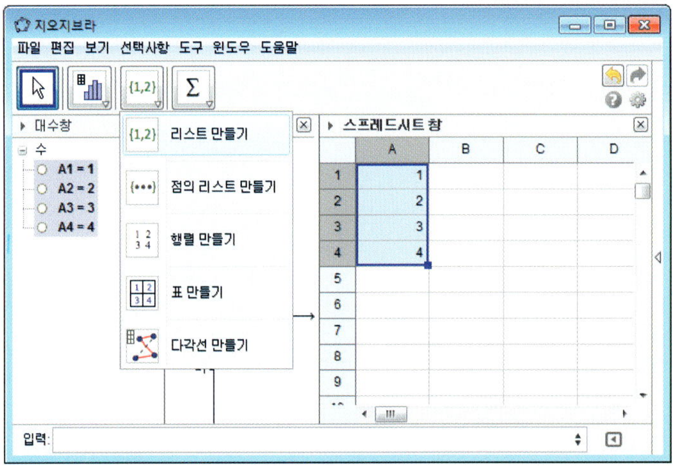

그림 10.1: 스프레드시트 창의 셀에 수를 입력한 모습

수열 명령

지오지브라에서 **수열** 명령을 활용하면 수열을 리스트로 정의할 수 있다. 지오지브라에서 제공하는 **수열** 명령의 문법은 다음과 같다.[2]

```
수열[ 끝값 ]
수열[ 표현식 , 변수 , 시작값 , 끝값 ]
수열[ 표현식 , 변수 , 시작값 , 끝값 , 증가분 ]
```

[1] 스프레드시트 창의 사용법에 대해서는 '최경식(2017). 지오지브라 바이블. 서울: 지오북스'를 참고하시오.

[2] 우리말 명령어인 수열[] 대신 영어 명령어인 Sequence[]를 사용하는 것도 가능하다. 수열[30] 을 입력하면 1부터 30까지의 자연수 수열이 만들어진다.

예를 들어 { 1 , $\frac{1}{2}$, $\frac{1}{3}$, … , $\frac{1}{10}$ }로 정의되는 유한수열을 리스트로 만들려면 입력창에 다음과 같이 입력한다.

```
수열[ 1 / n , n , 1 , 10 ]
```

(실행결과)
$\{1, \frac{1}{2}, \frac{1}{3}, \frac{1}{4}, \frac{1}{5}, \frac{1}{6}, \frac{1}{7}, \frac{1}{8}, \frac{1}{9}, \frac{1}{10}\}$

사상 명령

지오지브라에서 **사상** 명령을 활용하면 기존 리스트를 이용하여 또 다른 리스트를 정의할 수 있다. 지오지브라에서 제공하는 **사상** 명령의 문법은 다음과 같다.[3]

```
사상[ 표현식 , 변수 1 , 리스트 1 , 변수 2 , 리스트 2 , ... ]
```

예를 들어 { (1 , 1) , (2 , $\frac{1}{2}$) , (3 , $\frac{1}{3}$) , … , (10 , $\frac{1}{10}$) }인 유한수열을 정의하려면 입력창에 다음과 같이 차례로 입력한다.[4]

```
P = 수열[ 10 ]
Q = 수열[ 1 / n , n , 1 , 10 ]
사상[ ( a , b ) , a , P , b , Q ]
```

(실행결과)
$\{(1,1),(2,\frac{1}{2}),(3,\frac{1}{3}),(4,\frac{1}{4}),(5,\frac{1}{5}),(6,\frac{1}{6}),(7,\frac{1}{7}),(8,\frac{1}{8}),(9,\frac{1}{9}),(10,\frac{1}{10})\}$

반복리스트 명령

지오지브라에서 **반복리스트** 명령을 활용하면 주어진 x 값에 대하여 동일한 함수의 합성을 반복적으로 수행한 결과를 리스트로 정의할 수 있다. 지오지브라에서 제공하는 **반복리스트** 명령의 문법은 다음과 같다.[5]

```
반복리스트[ 함수 , 초기값 , 반복 횟수 ]
```

---

[3]우리말 명령어인 사상[] 대신 영어 명령어인 `Zip[]`을 사용하는 것도 가능하다. 사상 명령은 집합에서의 조건 제시법과 유사하다고 할 수 있다. 즉 표현식이 조건제시법에서의 대표원소에 해당되며 변수와 리스트는 조건에 해당된다.

[4]`수열[ ( n , 1 / n ) , n , 1 , 10 ]`과 같이 입력해도 같은 결과를 얻는다.

[5]우리말 명령어인 반복리스트[] 대신 영어 명령어인 `IterationList[]`를 사용하는 것도 가능하다.

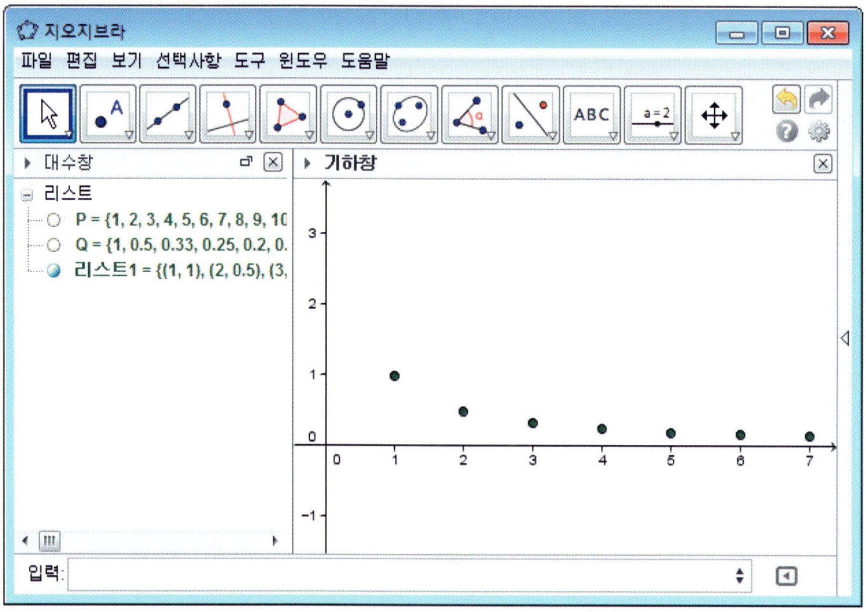

그림 10.2: $\{(n\ ,\ \frac{1}{n})\}\ ,\ n \in \{1, 2, \ldots, 10\}$ 인 유한점열

예를 들어 $f(x) = \frac{1}{x}$ 이고 $\{\ 2\ ,\ f(2)\ ,\ f(f(2))\ ,\ f^{(3)}(2)\ ,\ f^{(4)}(2)\ \}$ 로 정의되는 리스트를 만들려면 입력창에 다음과 같이 입력한다.

```
반복리스트[ f , 2 , 4 ]


(실행결과)
{2, 0.5, 2, 0.5, 2}
```

교집합 명령

지오지브라에서 교집합 명령을 활용하면 두 리스트의 공통원소로 이루어진 새로운 리스트를 정의할 수 있다. 지오지브라에서 제공하는 교집합 명령의 문법은 다음과 같다.[6]

```
교집합[ 리스트 1 , 리스트 2 ]
```

[6]우리말 명령어인 교집합[] 대신 영어 명령어인 `Intersection[]`을 사용하는 것도 가능하다.

예를 들어 두 리스트 `P = { 1 , 2 , 3 }`, `Q = { 2 , 3 , 4 , 5 }` 를 정의한 후 두 리스트의 공통원소로 이루어진 새로운 리스트를 정의하려면 입력창에 다음과 같이 차례로 입력한다.

```
P = { 1 , 2 , 3 }
Q = { 2 , 3 , 4 , 5 }
교집합[ P , Q ]

(실행결과)
{2,3}
```

합집합 명령

지오지브라에서 **합집합** 명령을 활용하면 두 리스트의 원소로 이루어진 새로운 리스트를 정의할 수 있다. 지오지브라에서 제공하는 **합집합** 명령의 문법은 다음과 같다.[7]

```
합집합[ 리스트 1 , 리스트 2 ]
```

예를 들어 두 리스트 `P = { 1 , 2 , 3 }`, `Q = { 2 , 3 , 4 , 5 }` 를 정의한 후 두 리스트의 공통원소로 이루어진 새로운 리스트를 정의하려면 입력창에 다음과 같이 차례로 입력한다.[8]

```
P = { 1 , 2 , 3 }
Q = { 2 , 3 , 4 , 5 }
합집합[ P , Q ]

(실행결과)
{1,2,3,4,5}
```

[7] 우리말 명령어인 합집합[] 대신 영어 명령어인 `Union[]`을 사용하는 것도 가능하다.

[8] 합집합[] 명령은 집합에서의 합집합과 같이 중복된 원소를 표시하지 않는다.

연결 명령

지오지브라에서 **연결** 명령을 활용하면 한 리스트에 다른 리스트를 연결한 새로운 리스트를 정의할 수 있다. 지오지브라에서 제공하는 **연결** 명령의 문법은 다음과 같다.[9]

```
연결[ 리스트1 , 리스트2 ]
```

예를 들어 두 리스트 `P = { 1 , 2 , 3 }`, `Q = { 2 , 3 , 4 , 5 }` 를 정의한 후 리스트 `P`에 `Q`를 연결한 새로운 리스트를 정의하려면 입력창에 다음과 같이 차례로 입력한다.

```
P = { 1 , 2 , 3 }
Q = { 2 , 3 , 4 , 5 }
연결[ P , Q ]
```

(실행결과)
$\{1, 2, 3, 2, 3, 4, 5\}$

정렬 명령

지오지브라에서 **정렬** 명령을 활용하면 리스트의 원소를 일정한 규칙에 따라 재배열한 새로운 리스트를 정의할 수 있다. 지오지브라에서 제공하는 **정렬** 명령의 문법은 다음과 같다.[10]

```
정렬[ 리스트 ]
정렬[ 값 , 정렬기준 리스트 ]
```

예를 들어 리스트 `P = { 3 , 2 , 4 , 7 , 1 }` 의 원소를 수의 크기가 작은 수부터 나열한 새로운 리스트를 정의하려면 입력창에 다음과 같이 차례로 입력한다.

```
P = { 3 , 2 , 4 , 7 , 1 }
정렬[ P ]
```

(실행결과)
$\{1, 2, 3, 4, 7\}$

---

[9] 우리말 명령어인 `연결[]` 대신 영어 명령어인 `Join[]`을 사용하는 것도 가능하다.
[10] 우리말 명령어인 `정렬[]` 대신 영어 명령어인 `Sort[]`를 사용하는 것도 가능하다.

만일 리스트 `Q = { x^2 , 3x^4 , x }` 의 원소를 차수에 따라 오름차순으로 정렬하려면 입력창에 다음과 같이 입력한다.[11]

```
Q =  x^2 , 3x^4 , x
R = 사상[ 차수[a] , a , Q ]
정렬[ Q , R ]
```

(실행결과)
$\{x, x^2, 3x^4\}$

역순 명령

지오지브라에서 **역순** 명령을 활용하면 리스트의 원소를 역순으로 배열한 새로운 리스트를 정의할 수 있다. 지오지브라에서 제공하는 **역순** 명령의 문법은 다음과 같다.[12]

```
역순[ 리스트 ]
```

예를 들어 리스트 `P = { 3 , 2 , 4 , 7 , 1 }` 의 원소를 역순으로 배열한 새로운 리스트를 정의하려면 입력창에 다음과 같이 차례로 입력한다.

```
P = { 3 , 2 , 4 , 7 , 1 }
역순[ P ]
```

(실행결과)
$\{1, 7, 4, 2, 3\}$

원소 명령

지오지브라에서 **원소** 명령을 활용하면 리스트에서 특정 인덱스의 원소를 얻을 수 있다. 지오지브라에서 제공하는 **원소** 명령의 문법은 다음과 같다.[13]

```
원소[ 리스트 , 인덱스 ]
```

예를 들어 리스트 `P = { 3 , 2 , 4 , 7 , 1 }` 를 정의한 후 리스트 P 에서 3번째 원소를 얻으려면 입력창에 다음과 같이 차례로 입력한다.

---

[11] 차수[] 명령의 결과는 다항식의 차수이다.

[12] 우리말 명령어인 역순[] 대신 영어 명령어인 `Reverse[]`를 사용하는 것도 가능하다.

[13] 우리말 명령어인 원소[] 대신 영어 명령어인 `Element[]`를 사용하는 것도 가능하다.

```
P = { 3 , 2 , 4 , 7 , 1 }
원소[ P , 3 ]

(실행결과)
4
```

인덱스 명령

지오지브라에서 인덱스 명령을 활용하면 특정 원소의 인덱스를 얻을 수 있다. 지오지브라에서 제공하는 인덱스 명령의 문법은 다음과 같다.[14]

```
인덱스[ 대상 , 리스트 ]
인덱스[ 대상 , 리스트 , 시작 인덱스 ]
```

예를 들어 리스트 `P = { 3 , 2 , 4 , 2 , 1 }` 에서 2가 어디에 위치하고 있는지 알려면 입력창에 다음과 같이 차례로 입력한다.

```
P = { 3 , 2 , 4 , 2 , 1 }
인덱스[ 2 , P ]

(실행결과)
2
```

이 때 얻게되는 결과는 2가 될 것이다. 즉 리스트 P의 2번째 원소가 2라는 뜻이다. 인덱스 명령은 리스트 P의 4번째 원소 2가 있지만 맨 처음 나타나는 원소의 인덱스만 알려준다.[15]

만일 리스트 P의 3번째 원소 이후로 2가 어디에서 나타나는지 알려면 입력창에 다음과 같이 입력한다.

```
인덱스[ 2 , P , 3 ]

(실행결과)
4
```

[14] 우리말 명령어인 인덱스[] 대신 영어 명령어인 IndexOf[]를 사용하는 것도 가능하다.

[15] 조건에 적합한 원소가 없는 경우 대수창에 정의되지않음으로 나타난다.

추가 명령

지오지브라에서 **추가** 명령을 활용하면 대상을 리스트에 추가할 수 있다. 지오지브라에서 제공하는 **추가** 명령의 문법은 다음과 같다.[16]

```
추가[ 리스트 , 대상 ]
추가[ 대상 , 리스트 ]
```

예를 들어 리스트 `P = { 3 , 2 , 4 , 7 , 1 }` 에 10을 마지막 원소로 추가하려면 입력창에 다음과 같이 차례로 입력한다.

```
P = { 3 , 2 , 4 , 2 , 1 }
추가[ P , 10 ]
```

(실행결과)
$\{3, 2, 4, 2, 1, 10\}$

만일 리스트 P에 10을 첫번째 원소로 추가하려면 입력창에 다음과 같이 입력한다.

```
추가[ 10 , P ]
```

(실행결과)
$\{10, 3, 2, 4, 2, 1\}$

추출 명령

지오지브라에서 **추출** 명령을 활용하면 기존의 리스트에서 일부 원소를 추출하여 새로운 리스트를 만들 수 있다. 지오지브라에서 제공하는 **추출** 명령의 문법은 다음과 같다.[17]

```
추출[ 리스트 , 시작 인덱스 ]
추출[ 리스트 , 시작 인덱스 , 끝 인덱스 ]
```

예를 들어 리스트 `P = { 3 , 2 , 4 , 7 , 1 }` 에서 2, 3, 4번째 원소로 새로운 리스트를 정의하려면 입력창에 다음과 같이 차례로 입력한다.

---

[16] 우리말 명령어인 추가[] 대신 영어 명령어인 `Append[]`를 사용하는 것도 가능하다.
[17] 우리말 명령어인 추출[] 대신 영어 명령어인 `Take[]`를 사용하는 것도 가능하다.

```
P = { 3 , 2 , 4 , 2 , 1 }
추출[ P , 2 , 4 ]
```

(실행결과)
$\{2,4,2\}$

포함 명령

지오지브라에서 **포함** 명령을 활용하면 기존의 리스트에 원소나 다른 리스트를 포함시킬 수 있다. 지오지브라에서 제공하는 **포함** 명령의 문법은 다음과 같다.[18]

```
포함[ 리스트 , 리스트 , 인덱스 ]
포함[ 대상 , 리스트 , 인덱스 ]
```

예를 들어 리스트 `P = { 3 , 2 , 4 , 7 , 1 }` 에서 10을 3번째 위치에 포함시키려면 입력창에 다음과 같이 차례로 입력한다.

```
P = { 3 , 2 , 4 , 2 , 1 }
포함[ 10 , P , 3 ]
```

(실행결과)
$\{3,2,10,4,2,1\}$

만일 리스트 `{ 10 , 11 , 12 }` 를 리스트 `P` 의 3번째 위치부터 포함시키려면 입력창에 다음과 같이 차례로 입력한다.

```
포함[ { 10 , 11 , 12 } , P , 3 ]
```

(실행결과)
$\{3,2,10,11,12,4,2,1\}$

[18] 우리말 명령어인 `포함[]` 대신 영어 명령어인 `Insert[]`를 사용하는 것도 가능하다.

합 명령

지오지브라에서 합 명령을 활용하면 리스트의 원소를 모두 더한 값을 구할 수 있다. 지오지브라에서 제공하는 합 명령의 문법은 다음과 같다.[19]

```
합[ 수의 리스트 ]
합[ 수의 리스트 , 원소의 갯수 ]
합[ 수 , 수 , 수 , 수 , ... ]
합[ 식 , 변수 , 처음값 , 마지막값 ]
합[ 스프레드시트셀 범위 ]
```

예를 들어 리스트 `{ 1 , 2 , 3 }` 의 모든 원소를 더한 값을 구하려면 입력창에 다음과 같이 입력한다.

```
합[ { 1 , 2 , 3 } ]

(실행결과)
6
```

만일 리스트 `{ 1 , 2 , 3 }` 의 원소 가운데 처음 2 항을 더한 값을 구하려면 입력창에 다음과 같이 입력한다.

```
합[ { 1 , 2 , 3 } , 2 ]

(실행결과)
3
```

[19] 우리말 명령어인 `합[]` 대신 영어 명령어인 `Sum[]`을 사용하는 것도 가능하다. 예를 들어 $\sum_{n=1}^{10} \frac{1}{n}$ 은 `합[ 1/n , n , 1 , 10 ]`을 입력창에 입력하면 계산할 수 있다. 스프레드시트 셀 A1, A2, A3, A4의 합인 경우 `합[ A1:A4 ]`를 입력창에 입력하면 계산할 수 있다. 1부터 5까지의 합은 `합[ 1 , 2 , 3 , 4 , 5 ]`를 입력창에 입력하면 계산할 수 있다.

곱 명령

지오지브라에서 곱 명령을 활용하면 리스트의 원소를 모두 곱한 값을 구할 수 있다. 지오지브라에서 제공하는 곱 명령의 문법은 다음과 같다.[20]

```
곱[ 리스트 ]
곱[ 리스트 , 원소의 갯수 ]
```

예를 들어 리스트 `{ 1 , 2 , 3 }` 의 모든 원소를 곱한 값을 구하려면 입력창에 다음과 같이 입력한다.

```
곱[ { 1 , 2 , 3 } ]

(실행결과)
6
```

만일 리스트 `{ 1 , 2 , 3 }` 의 원소 가운데 처음 2 항을 곱한 값을 구하려면 입력창에 다음과 같이 입력한다.

```
곱[ { 1 , 2 , 3 } , 2 ]

(실행결과)
2
```

첫항 명령

지오지브라에서 첫항 명령을 활용하면 리스트의 처음 원소를 구할 수 있다. 지오지브라에서 제공하는 첫항 명령의 문법은 다음과 같다.[21]

```
첫항[ 리스트 ]
첫항[ 리스트 , 원소의 수 ]
```

예를 들어 리스트 `P = { 3 , 2 , 4 , 7 , 1 }` 를 정의한 후 리스트 `P` 의 첫번째 원소를 구하려면 입력창에 다음과 같이 차례로 입력한다.

[20] 우리말 명령어인 곱[] 대신 영어 명령어인 `Product[]`를 사용하는 것도 가능하다.

[21] 우리말 명령어인 첫항[] 대신 영어 명령어인 `First[]`를 사용하는 것도 가능하다.

```
P = { 3 , 2 , 4 , 2 , 1 }
첫항[ P ]

(실행결과)
{3}
```

만일 리스트 P의 처음 두 원소로 이루어진 새로운 리스트를 정의하려면 입력창에 다음과 같이 입력한다.

```
첫항[ P , 2 ]

(실행결과)
{3,2}
```

마지막항 명령

지오지브라에서 **마지막항** 명령을 활용하면 리스트의 마지막 원소를 구할 수 있다. 지오지브라에서 제공하는 **마지막항** 명령의 문법은 다음과 같다.[22]

```
마지막항[ 리스트 ]
마지막항[ 리스트 , 원소의 수 ]
```

예를 들어 리스트 `P = { 3 , 2 , 4 , 7 , 1 }` 의 마지막 원소를 구하려면 입력창에 다음과 같이 차례로 입력한다.

```
P = { 3 , 2 , 4 , 2 , 1 }
마지막항[ P ]

(실행결과)
{1}
```

[22]우리말 명령어인 마지막항[] 대신 영어 명령어인 Last[]를 사용하는 것도 가능하다.

만일 리스트 P의 마지막 두 원소로 이루어진 새로운 리스트를 정의하려면 입력창에 다음과 같이 입력한다.

```
마지막항[ P , 2 ]
```

(실행결과)
$\{2, 1\}$

리스트 활용 예제

리스트를 활용할 수 있는 몇 가지 예제를 소개하고자 한다.

리스트 활용 예제 1

구간 $[\,0\,,\,1\,)$에서 정의된 **함수열** $\{x, x^2, x^3, \ldots, x^n\}$을 지오지브라에서 정의하시오.

제시된 함수열을 지오지브라에서 정의하려면 입력창에 다음과 같이 입력한다.

```
수열[ 조건[ 0 <= x < 1 , x^n ] , n , 1 , 30 ]
```

구간 $[\,0\,,\,1\,)$에서 정의된 함수열 $\{f_n(x) = x^n\}_{x \in N}$은 n이 증가함에 따라 식 10.1에 수렴한다.

$$\lim_{n \to \infty} f_n(x) = \begin{cases} 0, & n \in [\,0\,,\,1\,) \\ 1, & x = 1 \end{cases} \tag{10.1}$$

다음은 앞에서 제시된 함수열의 원소가 차례로 나타나는 애니메이션을 구현하는 방법이다.

1 슬라이더 [a=2] 도구를 선택하고 기하창을 클릭하면 슬라이더 대화상자가 나타난다. 이 때 슬라이더 대화상자에서 정수를 선택한 후 [적용] 을 클릭한다.[23]

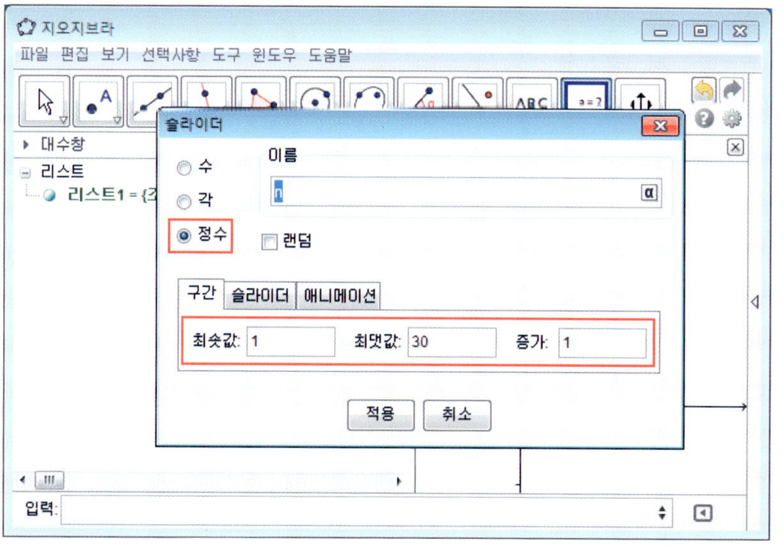

2 대수창에서 리스트1 앞의 보이기 버튼 을 마우스로 클릭하여 리스트1이 보이지 않게 한다.

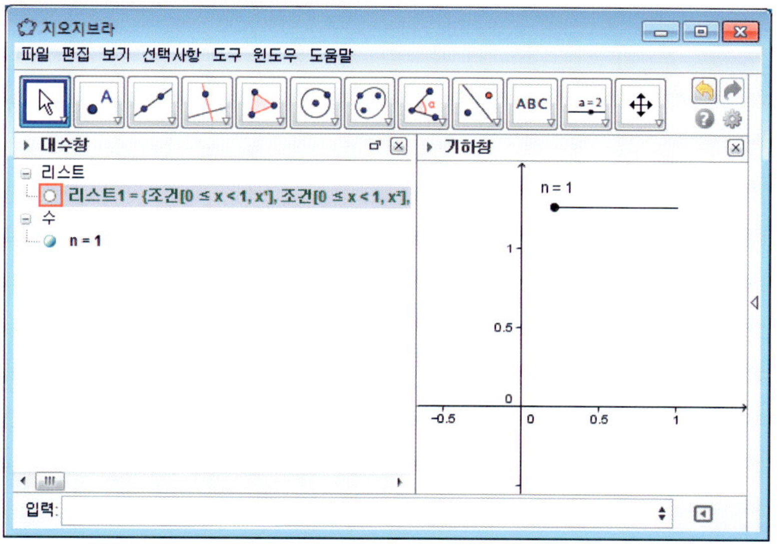

[23]슬라이더 대화상자에서 이름 : n, 최솟값 : 1, 최댓값 : 30, 증가 : 1인지 확인한다.

③ 입력창에 원소[리스트1 , n]을 입력한다.

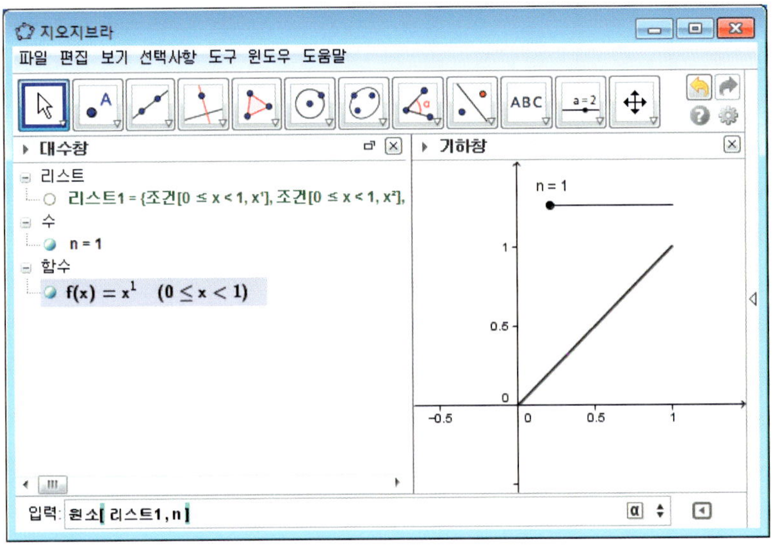

④ 이동 도구를 선택한 후 슬라이더 위에서 마우스 오른쪽 버튼을 클릭하고 애니메이션 시작을 선택한다.

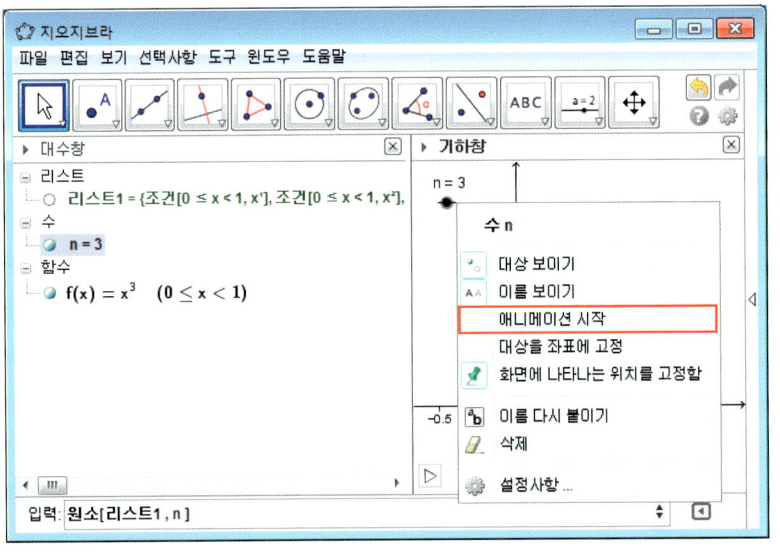

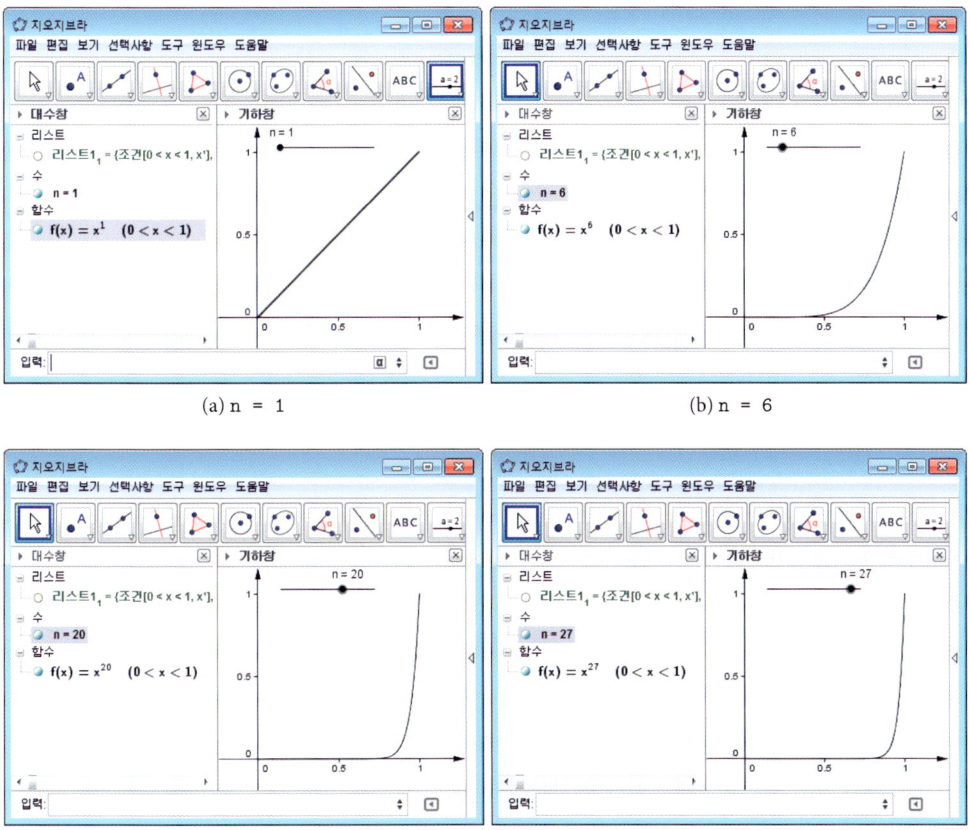

(a) n = 1 (b) n = 6

(c) n = 20 (d) n = 27

그림 10.3: n이 증가함에 따른 x^n 의 변화

리스트 활용 예제 2

$f(x) = 3\sin x$ 에 대하여 $x = x_0$ 을 초기값으로 하여
수열 $\{x_0, f(x_0), f(f(x_0)), \ldots, f^{(n)}(x_0)\}_{n \in N}$ 을 지오지브라에서 정의하고 **반복법의 원리**를 시각적으로 제시하는 자료를 작성하시오.

1 제시된 수열과 같은 원소를 갖는 리스트를 얻기 위해 지오지브라 도구로 다음과 같이 구성한다.

a) 점 도구를 선택한 후 x축을 클릭하여 x축 위의 점을 만든다.[24]

b) 슬라이더 도구를 선택하고 기하창을 클릭하면 슬라이더 대화상자가 나타난다. 이 때 슬라이더 대화상자에서 정수를 선택한 후 적용 을 클릭한다.[25]

c) 원소가 $\{x_0, f(x_0), f(f(x_0)), \ldots, f^{(n)}(x_0)\}_{n \in N}$ 인 리스트를 얻기 위하여 입력창에 다음과 같이 차례로 입력한다.[26]

```
f(x) = 3 sin(x)
리스트1 = 반복리스트[ f , x(A) , n ]
```

(실행결과)
$\{1, 2.52, 1.74, 2.96, 0.54, 1.55, 3, 0.42\}$

2 다음은 반복법의 원리를 시각적으로 제시하는 그림이다.

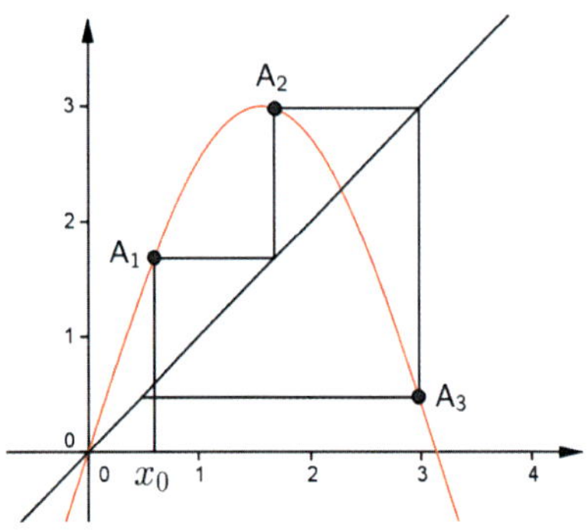

[24]만들어진 점의 이름이 A라고 가정하자.
[25]슬라이더 대화상자에서 이름 : n, 최솟값 : 1, 최댓값 : 30, 증가 : 1인지 확인한다.
[26]x(A) 는 점 A의 x좌표이다. 슬라이더 n = 7이며 A = (1 , 0)이라고 하자.

a) 그림에 나타난 것과 같이 점열 $\{A_1, A_2, \ldots, A_n\}$을 정의하자. 앞에서 정의한 리스트1 은 점열의 x좌표 리스트이다. 점열의 y좌표 리스트를 정의하기 위해 입력창에 다음과 같이 입력한다.

```
리스트2 = 추출[ 반복리스트[ f, x(A) , n + 1 ] , 2 ]
```

b) 점으로 이루어진 리스트를 정의하기 위해 입력창에 다음과 같이 입력한다.

```
사상[ ( A , B ) , A , 리스트1 , B , 리스트2 ]
```

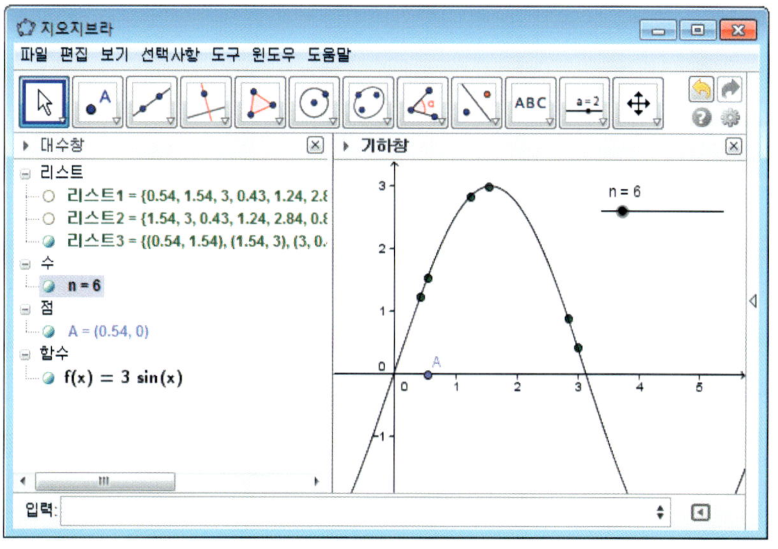

c) 반복법의 원리를 시각적으로 나타내기 위한 방법은 다음과 같다. 그림 10.4와 같이 점 $A_k = (\ x_k\ ,\ y_k\ )$에 대하여 점 $(\ x_k\ ,\ x_k\ )$와 점 A_k를 연결한 선분과 점 A_k와 점 $(\ y_k\ ,\ y_k\ )$를 연결한 선분을 그리는 것이다.

두 선분을 정의하려면 입력창에 다음과 같이 차례로 입력한다.[27]

```
g(x) = x
사상[ 선분[ ( A , A ) , ( A , B ) ] , A , 리스트1 , B , 리스트2 ]
사상[ 선분[ ( A , B ) , ( B , B ) ] , A , 리스트1 , B , 리스트2 ]
```

[27] g(x) = x는 단지 시각적인 이해를 돕기 위해 그린 것이다.

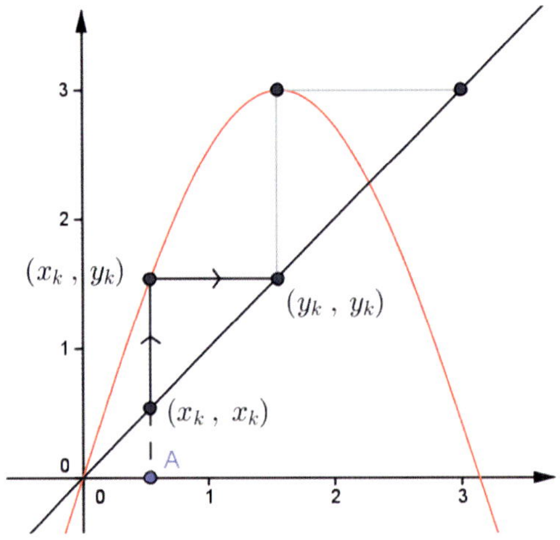

그림 10.4: 반복법을 시각적으로 나타내는 원리

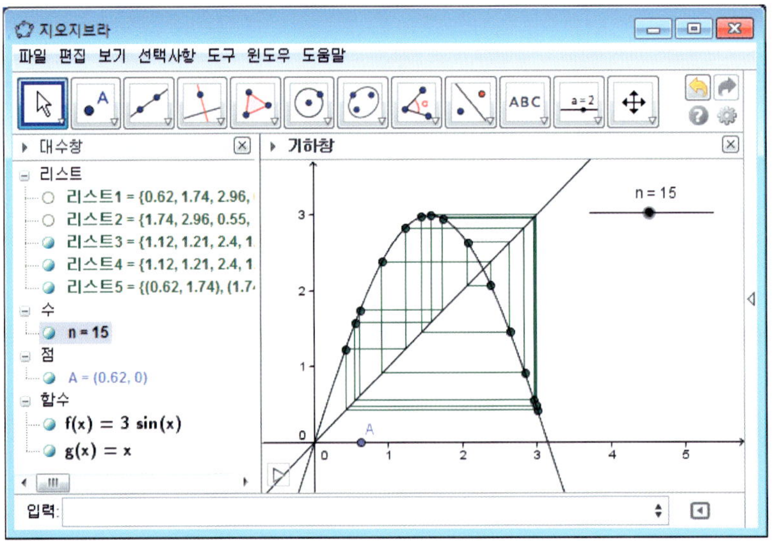

그림 10.5: n = 15일 때 반복법이 적용된 모습

제 Ⅴ 편

현상을 이해하기 위한 모델 설계

CHAPTER 11

예제 : 태양계 모델링

요 약

이장은 지오지브라에서 슬라이더를 활용하여 태양계의 각 행성을 모델링하는 내용을 담고 있다. 지오지브라에서는 다양한 수준의 도구를 제공하므로 동일한 주제에 대하여 중학교 저학년 학생부터 고등학교 고학년의 학생까지 수준에 맞게 프로젝트를 수행할 수 있다.[1]

11.1 도입

지오지브라를 우리나라 교육 현장에 이용하는 방법은 다음과 같이 4가지를 생각할 수 있다.

1. 학생에게 설명하기 위한 동적 자료를 만들어 수업시간에 제시
2. 교사가 교수학습 자료나 문항출제를 위한 수학 그림을 작도
3. 학생이 수학을 학습하면서 지오지브라를 보조도구로 사용
4. 학생이 지오지브라를 활용하여 프로젝트를 수행

물론 이 외에도 다양한 사례가 있을 것이다. 위의 4가지 분류는 사실 필자가 지오지브라를 활용한 경험으로부터 생각한 것이다.

그 동안 많은 사람들이 (1) – (3)에 대해서는 다양한 사례를 제시해 왔으나 (4)에 대해서는 많이 언급하지 않았다. 이는 우리나라의 교육 현장에서 (4)와 같은 형태의 수업을 진행하는 것은 쉽지 않았기 때문일 것이다.

---

[1]예를 들어 중학교 저학년 학생의 경우 회전이라는 개념을 표현하기 위해서 주어진 크기의 각 도구를 사용하지만 고등학생의 경우에는 입력창에 직접 `( cos( t ), sin( t ) )` 와 같은 삼각함수 매개화를 사용할 수 있다.

하지만 이제 시대가 점차적으로 변화하고 있다. 이미 중학교에서는 '**자유학기제**'를 실시하고 있고 조만간 고등학교에서도 이와 같은 변화의 영향을 받게 될 것이라고 생각된다. 이러한 시점에서 지오지브라를 활용한 프로젝트의 수행은 학생들에게 충분히 제시될 수 있을 것이라고 생각된다.

이 장에서는 지오지브라를 활용하여 태양계를 **모델링**하는 사례를 제시하고자 한다. 참고로 이 내용은 필자가 중학교 1학년 학생을 대상으로 수업을 했던 자료를 편집한 것이다.

11.2 태양계

태양계 행성의 공전운동은 **태양**이 **공전궤도**의 중심을 나타내는 점으로, 행성이 중심으로부터 일정한 거리를 유지하며 원운동하는 점으로 바꾸어 설명할 수 있다.[2]

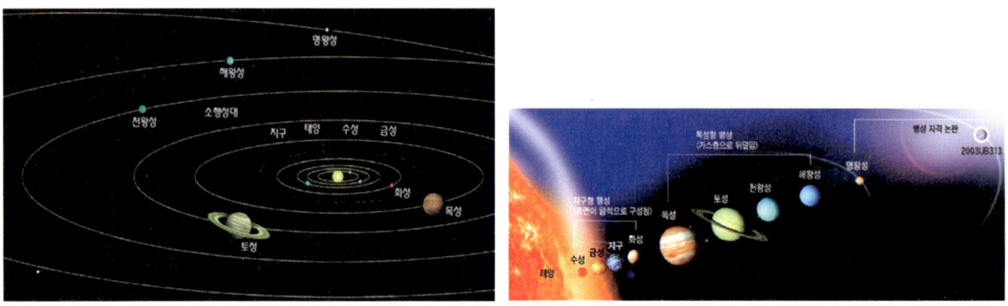

그림 11.1: 태양계 행성의 모습

그러면 우선 **태양계**에 대해서 자세히 살펴보자.

태양계는 태양 주변을 공전하고 있는 천체들을 한데 묶어 부르는 이름이다. 기존에는 태양계가 9개의 행성(수성, 금성, 지구, 화성, 목성, 토성, 천왕성, 해왕성, 명왕성)으로 구성되었다고 생각하였으나, 최근에는 명왕성이 소행성으로 분류되면서, 8개의 행성만 행성으로 인정되고 있다. 태양계의 행성들은 태양주변을 타원의 궤도를 이루며 공전하고 있다. 각 행성의 공전 주기와 공전 반지름은 모두 다르다. 그 값들은 위키백과에서 쉽게 얻을 수 있다.

[2]태양계 행성의 운동은 타원궤도를 그리고 있으나, 모델링을 간편하게 하기 위하여 원운동으로 제시하였다.

11.3 태양계 모델링

우선 수성부터 시작해 보자.

1. 지오지브라에 원점 (0, 0)을 표시한다.

방법 1 입력창 활용[3]

방법 2 점  도구 활용

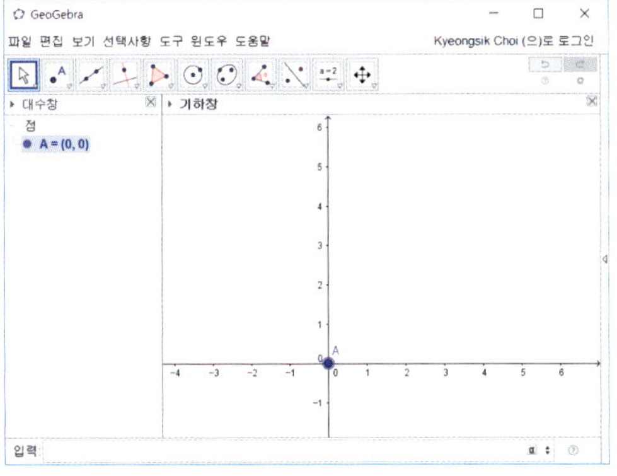

2. 수성의 공전 반지름만큼 x축에서 원점으로부터 거리가 떨어진 점을 잡는다.

   수성의 공전 반지름은 0.38 AU(천문학적 단위)이기에 0.38 또는 그 배수를 선택하면 된다. 여기에서는 0.38을 그 값으로 선택할 것이다.

3. (0.38 , 0)에 점을 표시한다.

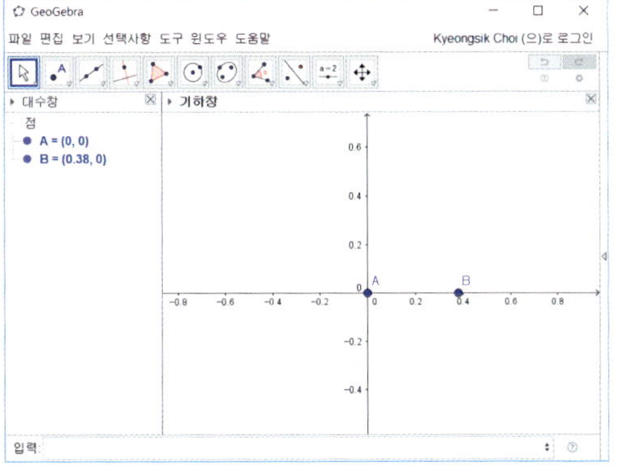

[3] 입력창에 (0,0) 을 입력하고 엔터키를 누른다.

④ 점을 중심으로 회전 도구를 사용하여 x축에 있는 수성을 나타내는 점을 각도에 따라 회전이동시킬 것이다.

⑤ 슬라이더의 이름이 day인 경우,

$$\text{이동 각도} = \frac{360}{\text{공전일수}} \times \text{day}\ (^\circ)$$

와 같이 생각할 수 있으므로, 대화상자에 다음과 같이 입력한다.

```
360 * 87.9 * day
```

⑥ 이와 유사한 방법으로 다른 행성들도 만들어 나간다.

⑦ 슬라이더의 설정사항 대화상자에서 애니메이션 시작을 선택한다.

그림 11.2: 완성된 지오지브라 태양계

11.4 논의 및 결론

이장에서는 슬라이더 도구를 사용하여 태양계를 모델링하였다. 사실 이 내용에는 오류가 존재한다. 행성의 궤도를 타원이 아닌 원으로 한 것과 여러 행성 관련 정보를 근삿값으로 사용한 것은 모델의 오류를 일으키는 데 원인이 될 수 있다. 또한 행성의 궤도는 한 평면 위에 놓여있지 않다. 각각의 행성마다 그 궤도는 서로 다른 평면에서 움직이고 있다.

이와 같이 오류가 많은 자료임에도 이 자료가 학습자에게 의미있게 작용한 것을 필자는 확인하였다. 학습자는 이 자료를 만들면서 외행성과 내행성의 공전 속도가 상당히 차이가

	이름	행성반지름	궤도반지름	공전일수
☿	수성	0.38	0.38 AU	87.9일
♀	금성	0.94	0.72 AU	224.7일
⊕	지구	1.00	1 AU	365.25일
♂	화성	0.53	1.52 AU	686.96일
♃	목성	11.21	5.20 AU	4333.3일
♄	토성	9.45	9.54 AU	10756.2일
⛢	천왕성	4.01	19.089 AU	30707일
♆	해왕성	3.83	30.06 AU	60223일

표 11.1: 위키백과에서 검색한 행성 정보

난다는 것을 눈으로 확인하였다. 행성의 공전 운동에 대해서 이해를 잘 하게 되었다는 말을 학습자로부터 여러 차례 들었다. 그래서 이 모델링 활동은 학습자로 하여금 현상을 수학적 관점으로 이해할 수 있도록 하는 하나의 사례가 됨을 확인하였다.

CHAPTER 12

예제 : 3차원 공간의 점, 곡선, 곡면의 시각적 표현

요 약

많은 교사들은 자신이 지도하는 학생들이 3차원 그래프를 쉽게 이해할 수 있기를 원한다. 이와 같은 측면에서 지오지브라는 학습자가 다루기 쉬운 수학, 과학 소프트웨어로 직관적인 아이콘과 명령을 입력하는 입력창을 갖추고 있으며 교사와 학생의 필요를 잘 채울 수 있는 소프트웨어이다. 이장에서는 3차원 공간상의 수학적 대상을 2차원 평면에 표현하는 방법에 대해 살펴보고자 한다.

먼저 선형 대수, 회전 변환, 사영에 대한 수학적 지식을 적용하여 3차원 공간을 2차원에 표현하도록 할 수 있다. 3차원의 기저를 정의하고 기저의 좌표 가운데 하나를 삭제(사영)하여 지오지브라의 기하창에 나타낼 수 있다.

2018년 현재, 지오지브라의 3차원 기하창은 구현되어 누구나 쉽게 사용할 수 있다. 이장에서 살펴보고자 하는 것은 3차원 도형을 2차원에 표현하려면 어떻게 해야 하는가에 대하여 방법을 고안하는 과정이다. 이를 통하여 학습자에게 자신이 알고 있는 수학적 지식을 현실에 적용해 보는 경험을 할 수 있다.

이장은 고등학생을 대상으로 R&E 활동을 한 결과물이다. 본문의 내용을 변형하지 않기 위해 '거의' 수정하지 않고 그대로 실었음을 일러둔다.

12.1 연구 동기와 목적

12.1.1 연구 동기

고등학교 2학년 수학 교육과정에는 공간도형에 대한 내용이 포함되어 있다.[1] 그러나 공간도형을 수식 위주로만 학습하기 때문에 처음 공간도형을 접하는 학습자는 3차원 상에

[1] 현재는 기하에 대한 내용이 대폭 축소되거나 삭제되고 있다.

존재하는 수학적 대상을 제대로 인식하지 못하는 경우가 많다. 이를 해결하기 위하여 다양한 교육용 소프트웨어가 개발되어 있다. Maple, Mathematica, Matlab 등의 computer algebra system(이하 CAS)을 적용하는 방안을 생각할 수 있다. 그러나 이 소프트웨어들을 잘 다루기 위해서는 상당한 학습이 필요하므로 수학 지식을 익히는 데 풍부한 컴퓨터 지식을 갖추어야 하는 경우가 생긴다. 이에 반하여 지오지브라는 사용법이 직관적이며 다양한 수학적 대상의 시각적 표현과 대수적 표현을 서로 연결하여 많은 사람들에게 도움을 주고 있다.

12.1.2 연구 목적

본 연구를 수행하기 위해 먼저 3차원 기저를 정의한다(만든다). 이때 정의된(만들어진) 기저는 3차원 기저이므로 2차원 평면에 사영시켜 나타낸다. 이는 인간의 시각이 2차원 평면을 감지하기 때문이다. 즉 대상을 관찰할 때에는 사영된 평면의 상을 보는 것이므로 이와 같은 방법을 이용하는 것이다. 이로서 곡면 및 곡선 상에서 점의 움직임을 표현할 수 있게 될 것이다.

12.2 이론적 배경 및 선행 연구 조사

12.2.1 지오지브라

지오지브라는 기하와 대수, 미적분을 모두 다룰 수 있는, 교육을 위한 수학 및 과학 소프트웨어이다. 또한 벡터, 선분, 직선, 원뿔 곡선(이차 곡선)과 함수를 직접 구성할 수 있고 슬라이더 기능을 사용하여 구성물을 직접 움직일 수도 있다. 지오지브라는 단순한 기하 소프트웨어가 아닌 방정식과 좌표를 직접 입력하여 그래프를 볼 수 있는 대수적인 소프트웨어이기도 하다. 지오지브라는 벡터, 수, 점에 대한 변수를 직접적으로 다룰 수 있으며 도함수와 적분값을 구할 수 있기도 하고 극값과 근의 값 같은 기능을 제공한다.

지오지브라의 가장 흥미로운 기능 중 하나는 바로 기하창의 상황이 대수창에 대수적으로 표현된다는 것이다. 반대로 대수창에서 식이나 값을 수정하면 기하창에 그래프로 나타내진다.

12.2.2 기저와 차원

1차 독립과 1차 종속

R^n 공간에 k개의 벡터가 존재 할 때 이 공간 안에 존재하는 벡터 $a_1,\ a_2,\ a_3\ ,\cdots,\ a_k$에 대하여

$$p_1a_1 + p_2a_2 + p_3a_3 + \ \cdots\ + p_ka_k = 0$$

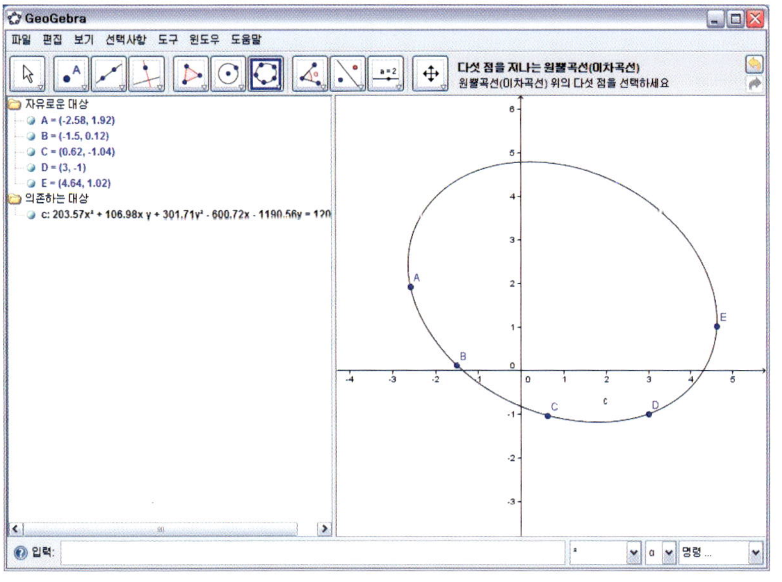

그림 12.1: 지오지브라 인터페이스

을 만족시키는 스칼라 p_i가 존재할 때 이 벡터들은 **1차 종속**이라 한다. 이 경우 벡터 a는 a_1, a_2, a_3, $\cdots$, a_k의 **1차 결합**이라고 한다. 또한 모든 스칼라 $p_i = 0$일 때만 성립하는 경우 위 벡터들은 **1차 독립**이라 한다.

기저

R^n에서

$$e_1 = \begin{pmatrix} 1 \\ 0 \\ 0 \\ \vdots \\ 0 \end{pmatrix}, e_2 = \begin{pmatrix} 0 \\ 1 \\ 0 \\ \vdots \\ 0 \end{pmatrix}, e_3 = \begin{pmatrix} 0 \\ 0 \\ 1 \\ \vdots \\ 0 \end{pmatrix}, \cdots, e_n = \begin{pmatrix} 0 \\ 0 \\ 0 \\ \vdots \\ 1 \end{pmatrix}$$

이라 하면 R_n의 임의의 원소는 $e_1, e_2, \cdots, e_n$의 **1차 결합**으로 나타난다.[2]

이제, n차원 공간 R^n에 존재하는 몇 개의 원소의 집합 $\{a, b, \cdots, c\}$가 있어, R^n의 존재하는 모든 원소를 $\{a, b, \cdots, c\}$의 1차 결합으로 나타낼 수 있고 원소의 수가 최소가 된다면 이를 n차원 공간 R^n의 **기저**라 한다.

일반적으로 n차원 공간에서 n개의 **1차 독립**인 벡터 a, b, $\cdots$, c로 R^n의 모든 벡터가 표시될 때, 이들을 **기저**라고 하며 이와 같은 R^n의 기저는 무수히 많이 존재한다.

---

[2] $e_1, e_2, \cdots, e_n$은 1차 독립이다.

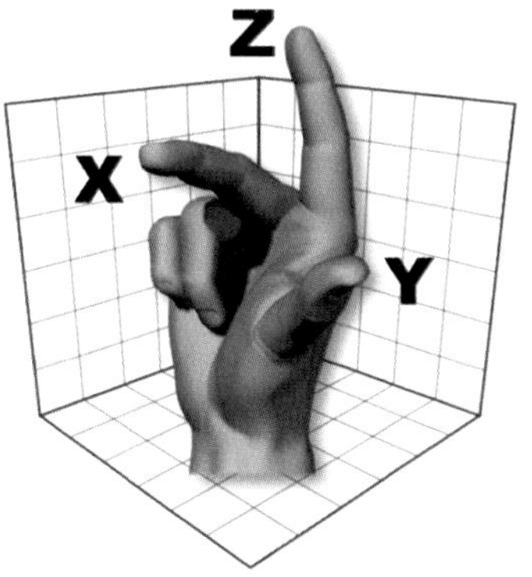

그림 12.2: 3차원 직교기저

정의: 기저 변환 행렬

n차원 공간 R_n에서 기저 $\{u_1, u_2, \cdots, u_n\}$을 취하면 R_n에 존재하는 임의의 벡터

$$k = x_1e_1 + x_2e_2 + \cdots + x_ne_n$$

은 기저 $u_1, u_2, \cdots, u_n$의 **1차 결합** $k = y_1u_1 + y_2u_2 + \cdots + y_nu_n$으로 나타낼 수 있다. 또한 계수 $y_1,\ y_2, \cdots, y_n$ 은

$$Q \begin{pmatrix} y_1 \\ y_2 \\ \vdots \\ y_n \end{pmatrix} = \begin{pmatrix} x_1 \\ x_2 \\ \vdots \\ x_n \end{pmatrix}$$

로 나타낼 수 있다. (이때 n차 정사각행렬 Q는 $Q = (u_1, u_2, \cdots, u_n)$이다. 즉 열벡터를 나열한 것이다.) 여기서 $P = Q^{-1}$ 이라 하면,

$$\begin{pmatrix} y_1 \\ y_2 \\ \vdots \\ y_n \end{pmatrix} = P \begin{pmatrix} x_1 \\ x_2 \\ \vdots \\ x_n \end{pmatrix}$$

이며 이 식에서 행렬 P 를 기저 $\{u_1, u_2, \cdots, u_n\}$의 **기저 변환 행렬**이라고 한다.

예제: 3차원 공간에서의 기저 변환 행렬

$n = 3$인 경우에 대하여 보이면 일반적인 경우에 대하여 쉽게 생각할 수 있다.

$B = \{u, v, w\}$를 공간 R^3의 기저로 정의하고 x를 R^3에서 임의로 취한 벡터라 하자. 이제, $a,\ b,\ c$를 미지수로 하는 방정식 $au + bv + cw = x$ 을 세우자. 이 방정식을 각각의

성분으로 나누면

$$\begin{cases} au_1 + bv_1 + cw_1 = x_1 \\ au_2 + bv_2 + cw_2 = x_2 \\ au_3 + bv_3 + cw_3 = x_3 \end{cases}$$

또는

$$\begin{pmatrix} u_1 & v_1 & w_1 \\ u_2 & v_2 & w_2 \\ u_3 & v_3 & w_3 \end{pmatrix} \begin{pmatrix} a \\ b \\ c \end{pmatrix} = \begin{pmatrix} x_1 \\ x_2 \\ x_3 \end{pmatrix}$$

로 나타낼 수 있다. 여기서,

$$u = \begin{pmatrix} u_1 \\ u_2 \\ u_3 \end{pmatrix}, v = \begin{pmatrix} v_1 \\ v_2 \\ v_3 \end{pmatrix}, w = \begin{pmatrix} w_1 \\ w_2 \\ w_3 \end{pmatrix}, x = \begin{pmatrix} x_1 \\ x_2 \\ x_3 \end{pmatrix}$$

이다. 그런데, $\{u,\ v,\ w\}$ 는 R^3 의 기저이므로 $\{u,\ v,\ w\}$ 는 1차 독립이다. 따라서

$$\det(u,\ v,\ w) = \det \begin{pmatrix} u_1 & v_1 & w_1 \\ u_2 & v_2 & w_2 \\ u_3 & v_3 & w_3 \end{pmatrix} \neq 0$$

이다. 해 $a,\ b,\ c$ 는 주어진 해 x에 대해 유일하게 정해진다. 그런데

$$\begin{pmatrix} u_1 & v_1 & w_1 \\ u_2 & v_2 & w_2 \\ u_3 & v_3 & w_3 \end{pmatrix} \begin{pmatrix} a \\ b \\ c \end{pmatrix} = \begin{pmatrix} x_1 \\ x_2 \\ x_3 \end{pmatrix}$$

의 계수가 만드는 행렬 $Q = (u,\ v,\ w)$의 역행렬은 0이 아니므로, 위 식은

$$Q \begin{pmatrix} a \\ b \\ c \end{pmatrix} = \begin{pmatrix} x_1 \\ x_2 \\ x_3 \end{pmatrix}$$

$$\therefore \begin{pmatrix} a \\ b \\ c \end{pmatrix} = P \begin{pmatrix} x_1 \\ x_2 \\ x_3 \end{pmatrix},\ P = Q^{-1}$$

이다.

12.2.3 직교행렬과 직교기저

직교

임의의 n차원 벡터 $m = (m_1\ , m_2\ , \cdots\ ,\ m_n)$, $n = (n_1\ , n_2\ , \cdots\ ,\ n_n)$ 에서 $m_1 n_1 + m_2 n_2 + \ \cdots + \ m_n n_n = mn^t$ 를 벡터 $m,\ n$의 내적이라고 하고, $m \cdot n$ 이라고 하자.[3] 이는 m , n이 열벡터인 경우 역시 마찬가지이다. 이때, $m \cdot n = 0$ 이면 벡터 $m,\ n$은 직교한다고 한다. 또한, $\sqrt{m \cdot m} = \sqrt{{m_1}^2 + {m_2}^2 + \ \cdots \ + {m_n}^2}$ 을 벡터 m의 길이라 한다.

[3] 여기서 n^t 는 n의 전치행렬이다.

직교행렬

$A^tA = E$ 이 되는 정사각행렬 A를 **직교행렬**이라 한다. 또한 정규직교기저[4] 사이의 변환행렬은 직교행렬이다. 행렬 A가 직교행렬이라면 $\det(A) = \pm 1$ 을 만족해야 한다. 또한 두 직교행렬의 곱은 항상 직교행렬이다.

직교행렬의 성질에 대한 증명

위의 정의에서

$$A^tA = E, \ \ XA = E$$

를 만족하는 행렬 X는 A의 역행렬이다.

$$\therefore A^t = A^{-1}$$

이다. 또한

$$\det(A^tA) = \det(E\ )$$

에서

$$\det(A^t)\ \ \det(A) = 1$$

이고,

$$\det(A^t) = \det(A)$$

이므로

$$(\det(A))^2 = 1, \ \therefore \det(A) = \pm 1$$

이다. 이때 $\det(A) = 1$인 직교 행렬을 **양의 직교행렬**이라 하고, $\det(A) = -1$인 행렬을 **음의 직교행렬**이라 한다. 마지막으로, A, B 를 직교 행렬이라 하면 $A^tA = E$, $B^tB = E$ $\therefore (AB)^t(AB) = B^tA^tAB = B^tEB = B^tB = E$ 이다. 따라서 두 직교행렬의 곱은 항상 직교행렬 이다.

직교변환

n차원 공간 R^n의 원소 x, y에 대하여 일차 변환 $I : R^n \to R^n$이 R^n에 존재하는 모든 벡터의 내적을 유지시킬 때, 즉 R^n에 존재하는 모든 벡터가 $(I(x)\ , I(y)) = (x\ , y)$ 를 만족시킬 때, I를 **직교변환**이라 한다.

직교변환 I에 대응하는 n차의 정사각행렬을 A라 하면, $I = I_A$이고, $I(x) = I_A(x) = Ax$가 R^n에 존재하는 모든 벡터에 대해 성립한다. 이 경우 위 식에 따르면 $A_x \cdot A_y = x \cdot y$가 R^n의 모든 벡터에 대해 성립한다. 이러한 성질을 갖는 행렬 A는 직교행렬이다.

[4] 길이가 1인 단위 기저

회전변환

회전변환이란 특정 벡터에 회전변환 행렬을 곱하여 특정 각도만큼 벡터를 돌리는 변환이다. 2차원에서의 회전변환 행렬은

$$\begin{pmatrix} \cos\theta & -\sin\theta \\ \sin\theta & \cos\theta \end{pmatrix}$$

로 나타내어진다. 즉,

$$\begin{pmatrix} \cos\theta & -\sin\theta \\ \sin\theta & \cos\theta \end{pmatrix} \begin{pmatrix} x \\ y \end{pmatrix} = \begin{pmatrix} x\prime \\ y\prime \end{pmatrix}$$

과 같은 식이 있을 때, 벡터 $x\prime e_1 + y\prime e_2$ 는 벡터 $xe_1 + ye_2$ 를 반시계 방향으로 θ 만큼 돌린 벡터가 된다.[5] 이를 **벡터의 회전변환**이라 한다. 본 연구에서는 이를 지오지브라의 슬라이더 기능과 접목하여 기저를 회전시키는 데 활용하였다.

12.3 연구 방법 및 과정

12.3.1 지오지브라에서 기저 설정

3차원 직교 좌표계에서의 정규 직교기저 B는 B ={(1,0,0), (0,1,0), (0,0,1)} 로 정의한다. 이때 3차원 공간상에 표현된 기저는 공간상에서 회전시킬 수 있다. 이 3차원 직교기저를 회전시키기 위해 행렬을 이용하였다. 우선 3차원 직교좌표계의 기본 기저를 열벡터로 나타내면

$$\begin{pmatrix} 1 \\ 0 \\ 0 \end{pmatrix}, \begin{pmatrix} 0 \\ 1 \\ 0 \end{pmatrix}, \begin{pmatrix} 0 \\ 0 \\ 1 \end{pmatrix}$$

이다. 지오지브라에서는 열벡터를 입력창에 다음과 같이 입력한다.

```
기본기저행렬 = {{1},{0},{0}} {{0},{1},{0}} {{0},{0},{1}}
```

그리고 행렬을 통한 기저 변환 중에서

$$\begin{pmatrix} 1 & 0 & 0 \\ 0 & \cos\alpha & -\sin\alpha \\ 0 & \sin\alpha & \cos\alpha \end{pmatrix}, \begin{pmatrix} \cos\beta & 0 & -\sin\beta \\ 0 & 1 & 0 \\ \sin\beta & 0 & \cos\beta \end{pmatrix}, \begin{pmatrix} \cos\alpha & -\sin\alpha & 0 \\ \sin\alpha & \cos\alpha & 0 \\ 0 & 0 & 1 \end{pmatrix}$$

인 회전변환 행렬을 이용해서 기저를 회전할 수 있도록 하였다. 기저를 x, y, z축에 대하여 회전시키면 그 3차원 도형을 여러 시선에서 볼 수 있다. 지오지브라의 입력창에 이 행렬을 다음과 같이 나타낸다.

---

[5]여기서 e_1 , e_2 는 각각 x축 y축 방향 단위 벡터이다.

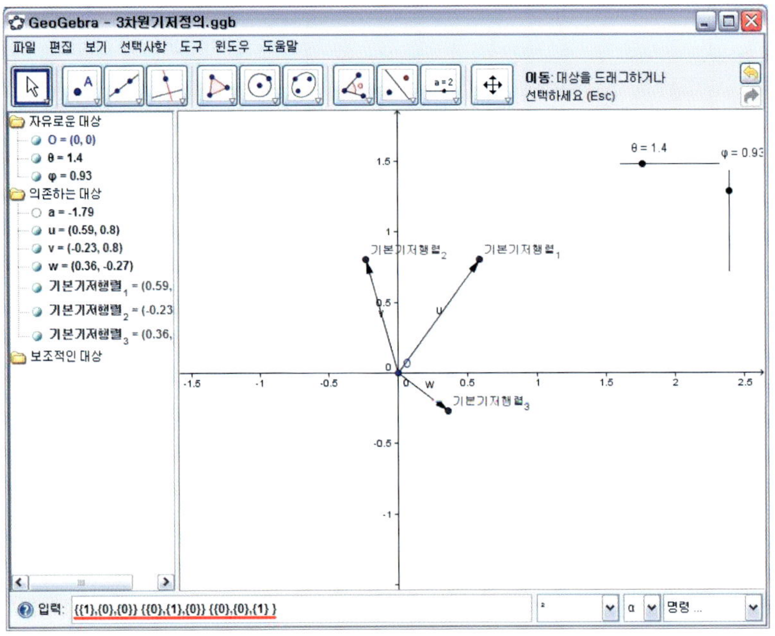

그림 12.3: 지오지브라 대수창에서 구현한 기저행렬

```
회전변환행렬_x = {{1, 0, 0} , {0, cos α, − sin α} , {0, sin α, cos α}}
회전변환행렬_y = {{cos β, 0, − sin β} , {0, 1, 0} , {sin β, 0, cos β}}
회전변환행렬_z = {{cos γ, − sin γ, 0} , {sin γ, cos γ, 0} , {0, 0, 1}}
```

회전변환 행렬을 모두 곱한 뒤에 그 행렬을 기본 기저행렬에 각각 곱한다. 그러면 새로운 기저행렬이 생성되고 그것은 3차원 직교기저가 x축으로 α만큼, y축으로 β만큼, z축으로 γ만큼 회전시킨 것이 된다.

지오지브라에서는 회전변환 행렬과 기본 기저행렬을 곱한 행렬을 입력창에 다음과 같이 나타낸다.

```
기저_1 = 회전변환행렬_{xyz} * 기본기저행렬_1
기저_2 = 회전변환행렬_{xyz} * 기본기저행렬_2
기저_3 = 회전변환행렬_{xyz} * 기본기저행렬_3
```

기저행렬 1, 2, 3 에서 y, z좌표를 골라서 점들을 만들면 그 점들이 y, z 평면에 대응되어 나타난다. 결국 이것은 3차원의 입체도형을 y, z 평면에 사영시킨 것이다. 인간의 시각적 인식은 3차원 공간상의 도형을 2차원으로 인식하기 때문에 3차원 입체도형을 2차원 평면에

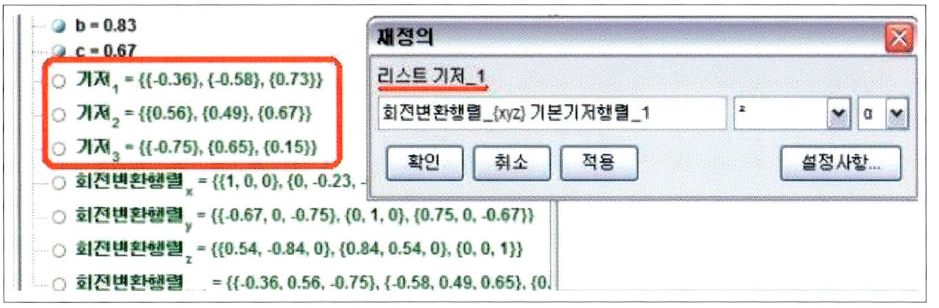

그림 12.4: 지오지브라에서 회전변환행렬과 기본 기저 행렬을 곱하는 과정

사영시켜도 우리 눈은 3차원의 입체도형같이 인식을 한다. 지오지브라에서는 다음과 같이 나타낸다.

```
E_1=(원소[원소[기저_1, 2], 1], 원소[원소[기저_1, 3], 1])
E_2=(원소[원소[기저_2, 2], 1], 원소[원소[기저_2, 3], 1])
E_3=(원소[원소[기저_3, 2], 1], 원소[원소[기저_3, 3], 1])
```

기저를 완성한 후 α, β, γ를 변화하여 그림과 같이 기저를 변화시킬 수 있다.

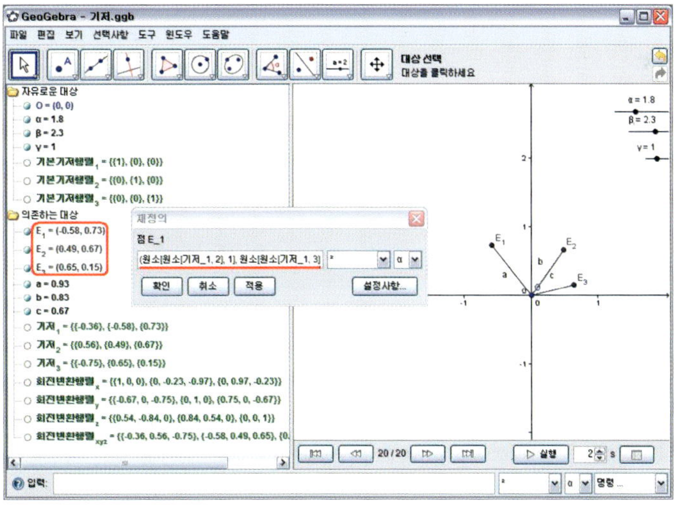

그림 12.5: 지오지브라 대수창에서 3차원 기저를 2차원에 사영시키는 과정

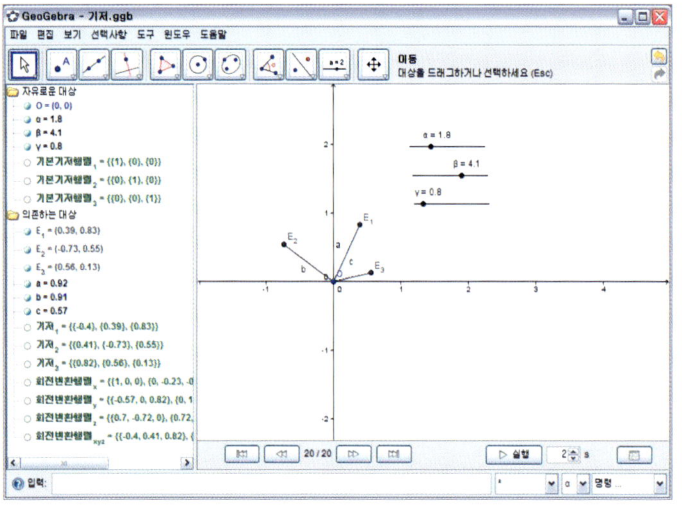

그림 12.6: 지오지브라에서 구현한 3차원 기저

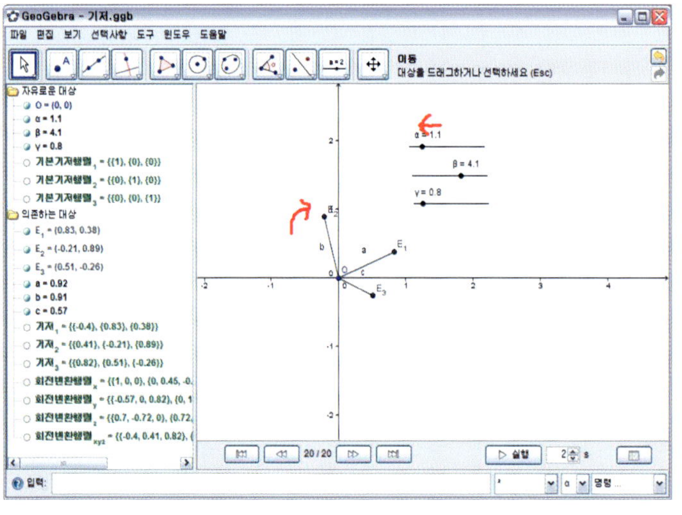

그림 12.7: 변수를 변환하여 기저를 회전시키는 과정

12.4 연구 결과

12.4.1 점의 자취를 이용한 3차원 그래프

연구 결과에서는 앞에서 정의했던 E_1, E_2, E_3 을 그대로 사용하기로 하자. 지오지브라에서 슬라이더를 사용해 변수를 설정한 뒤, 그 변수를 이용해 점을 나타내고 그 점의 자취로 공간상의 도형을 구현하였다.

원기둥 위를 움직이는 나선

다음의 식을 이용하여 점을 나타내고 자취를 나타내면 원기둥 위를 움직이는 나선을 나타낼 수 있다.

```
cos(7t)E_1 + sin(7t)E_2 + t E_3
```

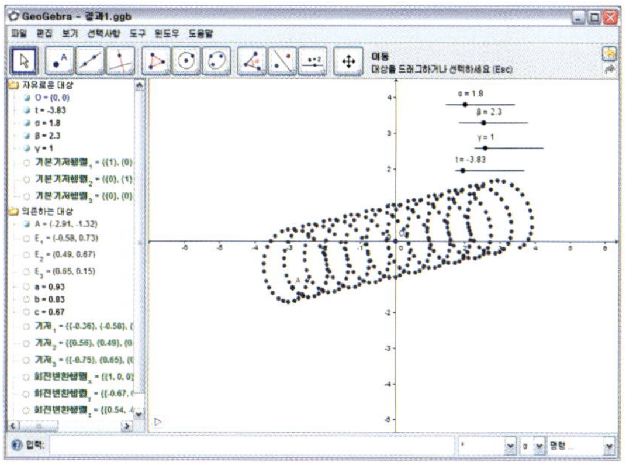

그림 12.8: 지오지브라에서 구현한 Helix

원뿔 위를 움직이는 나선

다음의 식을 이용하여 점을 나타내어 자취를 나타내면 원뿔 위를 움직이는 나선을 나타낼 수 있다.

```
cos(d)0.2dE_1 + sin(d)0.2dE_2 + 0.3d E_3
```

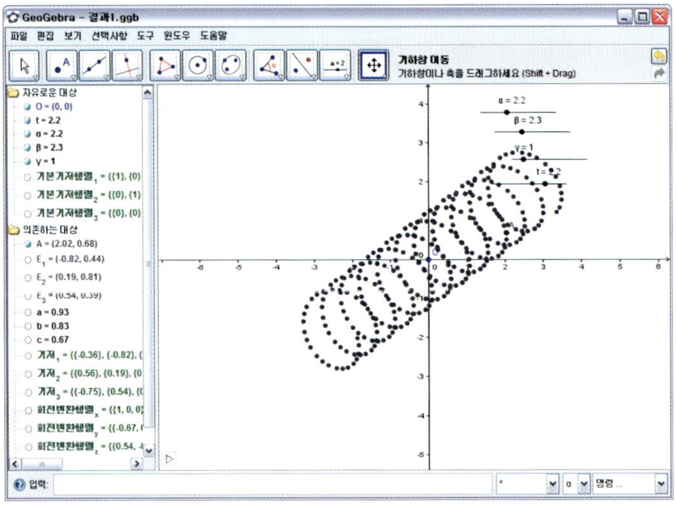

그림 12.9: 시선 각도를 다르게 한 Helix

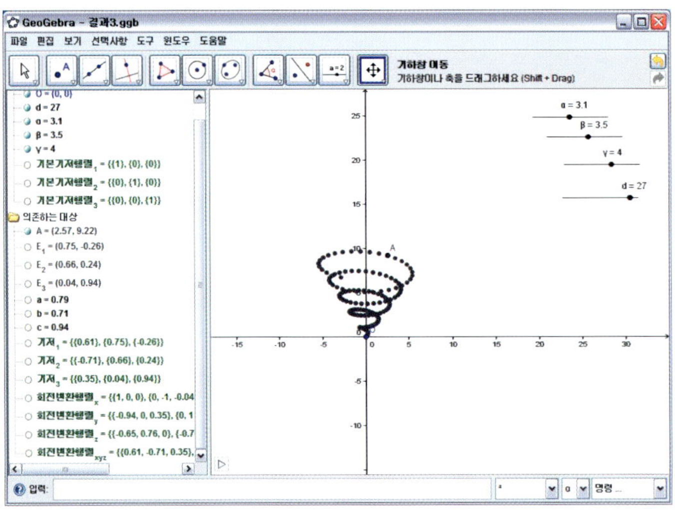

그림 12.10: 지오지브라에서 구현한 원뿔 위를 움직이는 나선

12.4.2 공간도형

정육면체

이 입체는 다음과 같은 점을 설정한 뒤 면을 설정하는 기능으로 입체를 나타낼 수 있다.

```
2 E_3
2 E_1+2 E_3
2 E_2+2 E_3
2 E_1+2 E_2+2 E_3
2 E_1
(0,0)
2 E_2, 2E_1 + 2 E_2
```

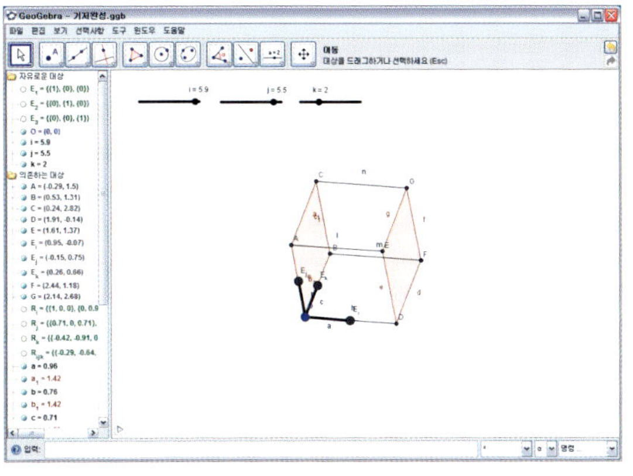

그림 12.11: 지오지브라에서 구현한 정육면체

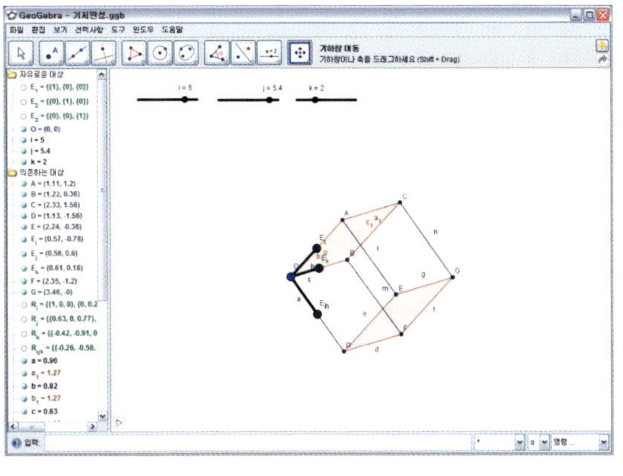

그림 12.12: 각도를 다르게 한 정육면체

정사면체

이 입체를 구성하기위해서는 다음과 같은 네 점을 정한 뒤 면을 구성해서 입체를 만든다.

```
E_1+sqrt(2)E_2
2E_1
(0, 0)
E_1+sqrt(3)/3E_2+2/3sqrt(6)E_3
```

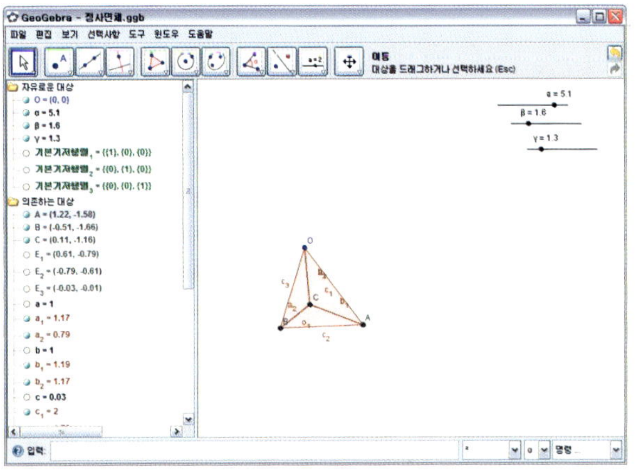

그림 12.13: 지오지브라에서 구현한 정사면체

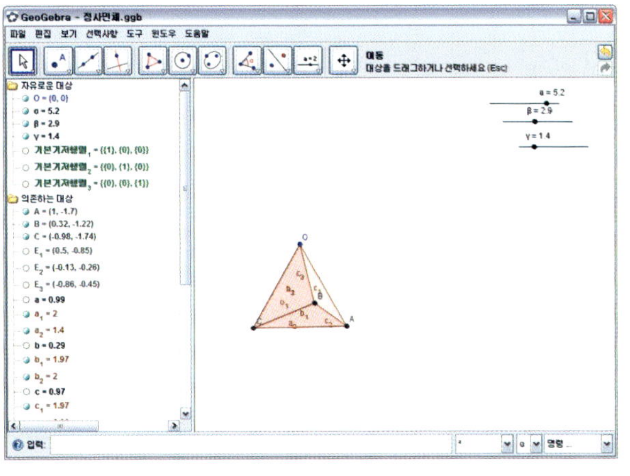

그림 12.14: 각도를 다르게 한 정사면체

12.4.3 다섯 점을 이용한 곡면 그래프

다섯 점이 결정되면 하나의 이차곡선을 그릴 수 있다. 이는 이차곡선 방정식의 기본형이

$$ax^2 + by^2 + cx + dy + e = 0$$

이기 때문이다. 즉 다섯 개의 점의 x, y 값이 있으면 a, b, c, d, e를 결정할 수 있다. 시오시브라의 도구 가운데 다섯 점을 정하면 하나의 이차곡선을 그리는 기능이 있다. 이 도구를 사용하여 다섯 개의 점을 표시한 후 이차곡선을 구성하였다. 이차곡선에 변수를 주어서 이차곡선의 크기와 위치를 변형시키고, 자취를 남겨서 3차원 곡면를 구현하였다.

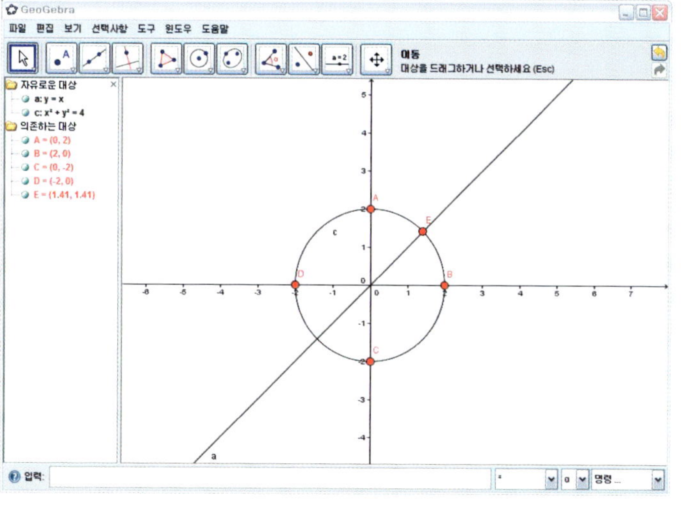

그림 12.15: 이차곡선(원)을 이루는 다섯 점

그림 12.15와 같이 원을 나타내는 다섯 점을 정하였다. 3차원 공간상에서의 원을 회전시킨 후, 사영시켜 2차원 평면상에서는 타원으로 나타났다.

이차함수 회전체

이 입체도형은 $y = x^2/20 \ \ (x > 0)$인 그래프를 x축을 중심으로 회전시킨 것이다. 우리는 이 입체를 구성하는 타원의 다섯 점을 다음과 같이 설정하였다. 하지만 우리가 원하는 타원위의 다섯 점만 주어지면 되므로 이 다섯 점은 변해도 무관 하다.

```
(a^2 / 20 E_1 + a^2 / 20 E_2 )/ sqrt(2)+aE_3
a^2 / 20E_1 + aE_3
a^2 / 20E_2 + aE_3
-a^2 / 20E_2 + aE_3
-a^2 / 20E_1 + aE_3
```

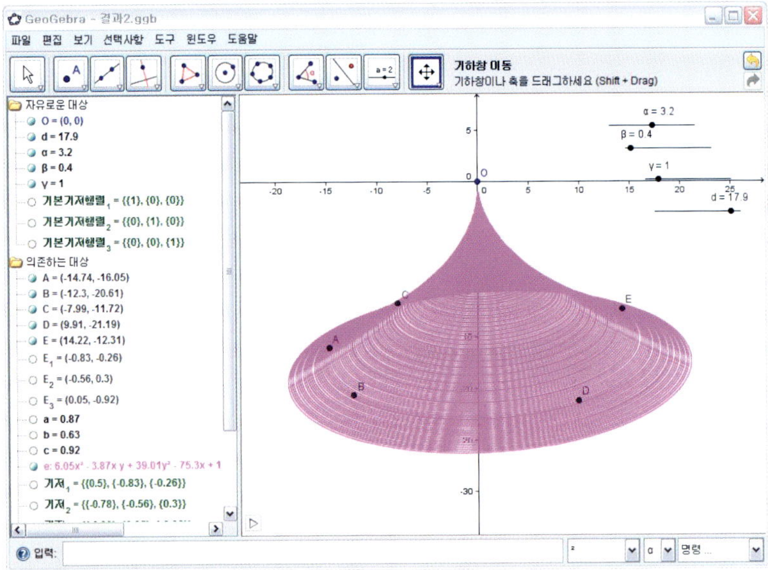

그림 12.16: 지오지브라에서 구현한 이차 함수 회전면

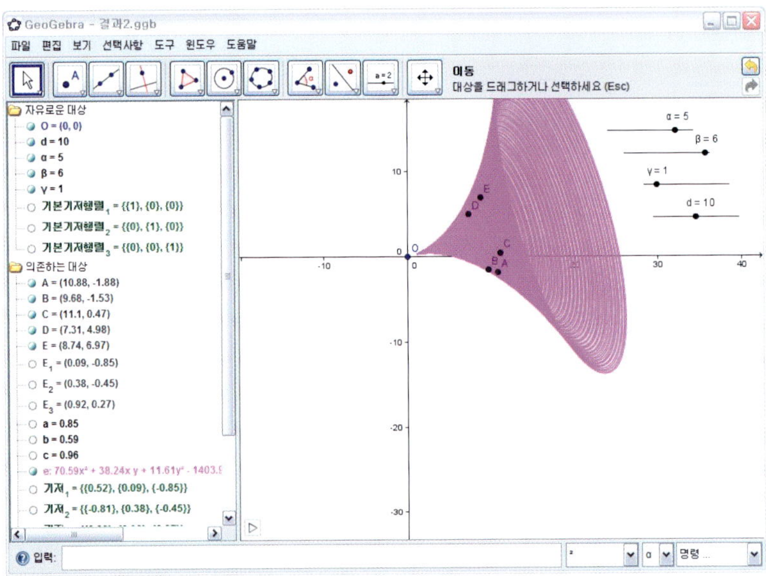

그림 12.17: 각도를 다르게 한 이차 함수 회전면

곡면 그래프

다음 그림은 지오지브라에서 구현한 3차원 곡면 그래프이다. 다섯 개의 점을 변수로 지정하여 이차곡선을 정한 후 슬라이더로 변수를 변화시켜 곡면의 형태를 띠게 한 3차원 도형이다. 다섯 점을 지오지브라에 다음과 같이 나타낸다.

```
(1+1/t)E_1 + tE_3
(1+1/t)E_2 + tE_3
-(1+1/t)E_1 + tE_3
-(1+1/t)E_2 + tE_3
sqrt(1+1/t) E_1 + sqrt(1+1/t)E_2 +tE_3
```

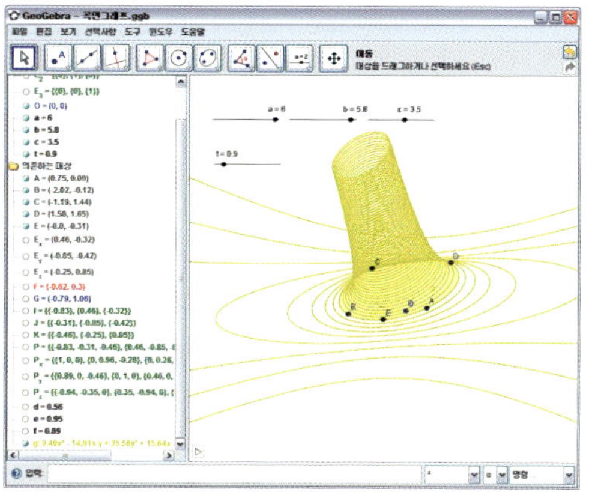

그림 12.18: 지오지브라에서 구현한 곡면

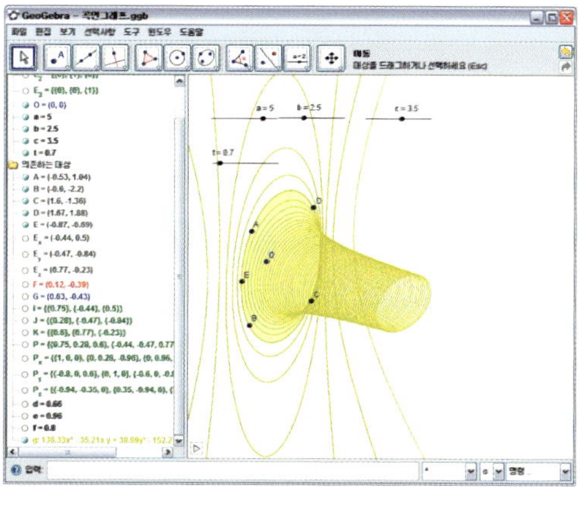

그림 12.19: 각도를 다르게 한 곡면

12.4.4 삼차함수 회전면

이 입체는 $y = x^3 - 6x^2 + 10x \quad (0 < x < 4)$를 x축을 중심으로 회전시킨 것이다. 이 입체를 구성하는 타원의 다섯 점의 식은 이렇게 나타난다.

```
(d^3 - 6 d^2 + 10 d) E_1 + d E_3
(d^3 - 6 d^2 + 10 d) E_2 + d E_3
-(d^3 - 6 d^2 + 10 d) E_1 + d E_3
-(d^3 - 6 d^2 + 10 d) E_2 + d E_3
(d^3 - 6 d^2 + 10 d) (E_1 + E_2 ) / sqrt(2) + dE_3
```

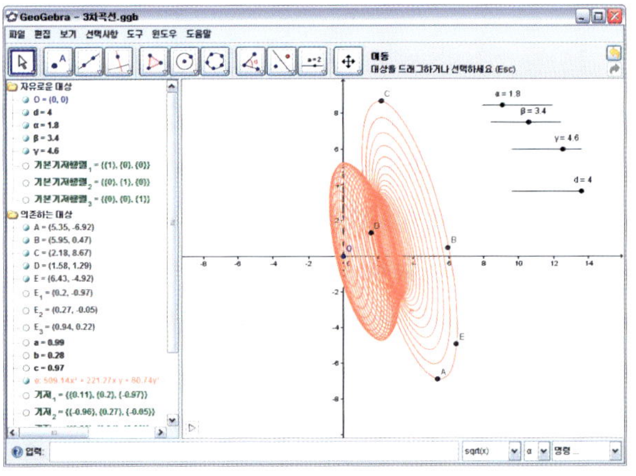

그림 12.20: 지오지브라에서 구현한 삼차함수 회전면

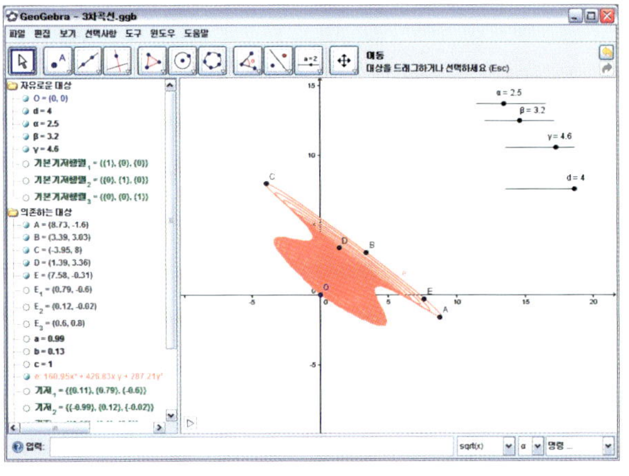

그림 12.21: 각도를 다르게 한 삼차함수 회전면

12.5 결론 및 고찰

종이 교과서의 그림이나 칠판의 그림만으로 학습자가 3차원의 그래프를 학습한다면 정적인 수학적 대상을 관찰하였기 때문에 공간 상에서 움직이는 점과 도형의 회전에 대하여 인식하는 데 어려움을 겪을 수 있다. 본 연구에서는 회전 변환, 기저 변환의 선형대수적인 기초를 바탕으로 시오시브라에서 3차원 공간 도형의 사영 평면을 구현하여 그와 같은 어려움을 겪는 학습자에게 3차원 도형을 동적으로 관찰할 수 있도록 돕고 어려움을 극복하게 할 수 있다.

본 연구에서 구현한 기능은 사실상 현재의 지오지브라[6]에서는 모두 정식 기능으로 포함되어 있으며 더 나은 성능을 보여준다. 다만 본 연구는 선형대수의 다양한 이론적 기법을 학습한 후 이에 대한 응용의 한 사례로 활용될 수 있으며 3차원 공간 에서의 대상을 다루는 방법에 대하여 생각해 볼 수 있는 기회를 제공한다는 점에서 의미를 갖는다.

[6] 지오지브라 5 이상의 버전

제 VI 편

조건을 위한 지오지브라 명령

CHAPTER 13

논리 명령어

13.1 관계(Relation)

문법

- 관계[리스트] 관계[대상 , 대상]

기능

- 리스트 안의 대상(4개 이하) 사이의 관계를 메시지 상자로 보여준다.
- 두 대상 사이의 관계를 구한다.

예

- 점 C와 직선 a 사이의 관계를 구한다.

```
관계[ C , a ]
```

13.2 세기조건(CountIf)

문법

- 세기조건[조건 , 리스트]
  세기조건[조건 , 변수 , 리스트]

기능

- 리스트에서 조건에 맞는 원소의 수를 구한다.

예

1 리스트1에서 3보다 작은 원소의 수를 구한다.

세기조건[x < 3 , 리스트1]

2 스프레드시트창의 셀 A1에서 A5까지의 값 중에서 3보다 작은 원소의 수를 구한다.

세기조건[x < 3 , A1:A5]

3 점 P, Q, R 가운데 x좌표가 3보다 작은 점의 수를 구한다.

세기조건[x(A) < 3 , A , {P , Q , R}]

13.3 영역포함여부(IsInRegion)

문법

영역포함여부[점 , 영역]

기능

- 점이 영역에 포함되는지 판정한다.

예

1 점 F가 다각형1에 포함되는지 판정한다.

영역포함여부[F , 다각형1]

13.4 유지조건(KeepIf)

문법

- 유지조건[조건 , 리스트]
유지조건[조건 , 변수 , 리스트]

기능

- 리스트에서 조건에 맞는 원소를 모아 리스트를 생성한다.

예

1 리스트1에서 3보다 작은 원소를 모아 리스트를 생성한다.

```
유지조건[ x < 3 , 리스트1 ]
```

2 점 P, Q, R 가운데 x좌표가 3보다 작은 원소를 모아 리스트를 생성한다.

```
유지조건[ x(A) < 3 , A , {P , Q , R} ]
```

13.5 정수여부(IsInteger)

문법

- `정수여부[ 수 ]`

기능

- 주어진 수가 정수인지 판정한다.

예

1 $\frac{972}{9}$가 정수인지 판정한다.

```
정수여부[ 972/9 ]
```

13.6 정의여부(IsDefined)

문법

- `정의여부[ 대상 ]`

기능

- 대상이 정의될 수 있는지 판정한다.

예

1 원의 반지름이 -2인 원이 정의될 수 있는지 판정한다.

```
정의여부[ 원[ ( 2 , 2 ) , -2 ] ]
```

2 점 $(1, 1)$에서 $y = x^2$에 접선이 정의될 수 있는지 판정한다.

```
정의여부[ 접선[ ( 1 , 1 ) , y = x^2 ] ]
```

13.7 조건(If)

문법

- 조건 [조건 , 조건이 성립할 때 생성할 대상]
  조건 [조건, 조건이 성립할 때 생성할 대상, 성립하지 않을 때 생성할 대상]
  조건 [조건1 , 대상1 , 조건2 , 대상2 , ...]

기능

- 조건을 만족할 때 대상을 생성한다.

예

1. n이 3일 때 직선 $x + y = 4$를 생성한다.

```
조건 [ n == 3 , x + y = 4 ]
```

2. n이 3일 때 직선 $x - y = 4$를 생성하고, 다른 값일 때 직선 $x + y = 2$를 생성한다.

```
조건 [ n == 3 , x - y = 4 , x + y = 2 ]
```

3. $x < 3$일 때는 $y = \sin(x)$, $x \geq 3$일 때는 $y = x^2$인 함수를 생성한다.

```
f(x)= 조건 [ x < 3 , sin( x ) , x^2 ]
```

4. $0 \leq x \leq 3$에서 $y = x^2$인 함수를 생성한다.

```
f(x)=조건 [ 0 <= x <= 3 , x^2 ]
```

제 VII편

지오지브라 스크립트의 활용

지오지브라 코딩 바이블

CHAPTER 14

지오지브라 스크립트의 종류

요 약

이장은 지오지브라 스크립트에 대한 소개를 하고 있다. 특별히 지오지브라의 스크립트 가운데 자바스크립트에 관한 다양한 예제를 다룬다.

이장은 '전국수학교사모임'의 저널인 '수학과 교육'에 게제된 글이다. 본문의 내용을 변형하지 않기 위해 수정하지 않고 그대로 실었음을 일러둔다.

14.1 서론

최근 코딩 교육이 많은 관심을 받고 있다. 사람들은 Computational Thinking에 관한 교육에 관심을 갖고 적극적으로 투자를 시작하였다. Computational Thinking은 어떤 문제를 해결할 때 컴퓨터를 활용하여 해결하는 사고를 말한다. 컴퓨터를 활용한다는 것은 컴퓨터의 빠른 계산 능력을 사용하거나 알고리즘을 프로그램 언어로 코딩하여 컴퓨터에서 실행하는 것을 의미한다. 따라서 어떤 문제를 해결하기 위한 준비로 컴퓨터 언어를 지도하는 것이 필요하다.

필자는 주변 사람들로부터 지오지브라가 Computational Thinking에 도움이 되는지 질문을 종종 받았다. Computational Thinking과 관련이 있으려면 프로그램을 입력할 수 있어야 한다. 지오지브라에서 만들어지는 모든 대상의 설정사항 대화상자에서는 스크립트를 입력할 수 있다. 스크립트 입력 공간에 지오지브라 스크립트와 자바스크립트의 2 종류 스크립트를 입력할 수 있다.

'**지오지브라 스크립트**'는 지오지브라의 입력창에 입력하는 명령을 한 줄씩 나열하는 것이다. '**자바스크립트**'는 자바스크립트의 프로그램을 지오지브라의 스크립트 창에 입력하는 것이다.

'지오지브라 스크립트'에 대해서는 이전에 간략히 소개(2, 3, 5, 6, 7 장)하였으므로 이장에서는 자바스크립트에 대해서 주로 알아보도록 하겠다.

14.2 슬라이더로 색상 변경하기

지오지브라 스크립트는 설정사항 대화상자의 **스크립트 창**에 지오지브라 명령을 나열하면 된다.

① 슬라이더 a (1부터 3까지 정수)

② list1 = { ``빨강'' , ``녹색'' , ``파랑'' } 입력

③ 색상설정[a , 원소[list1 , a]] 입력

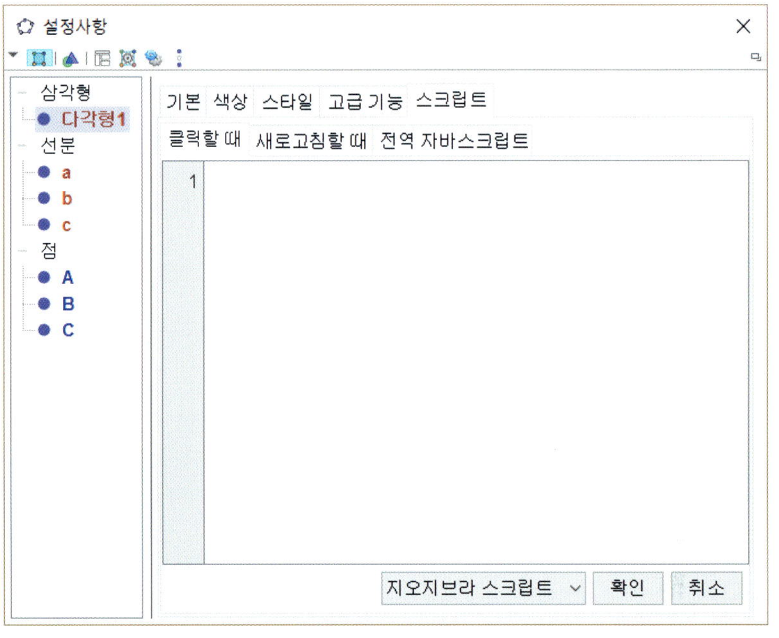

그림 14.1: 지오지브라 대상의 설정사항 대화상자 – 스크립트 창

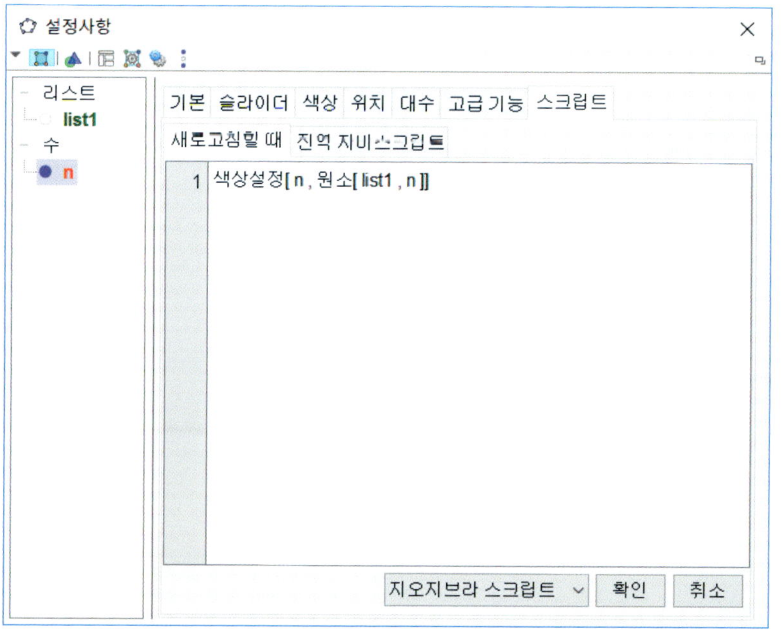

그림 14.2: 슬라이더의 스크립트 – 새로고침할 때 창에 입력한 스크립트

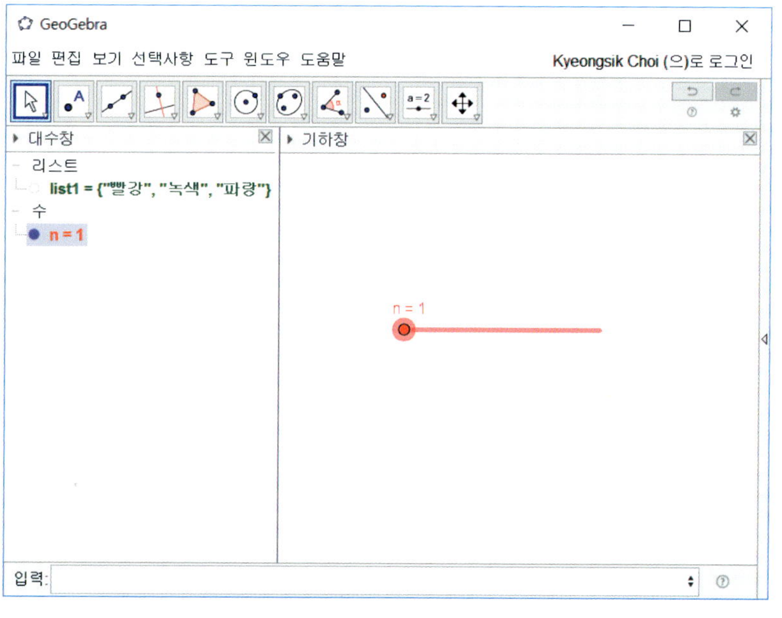

그림 14.3: 스크립트에 따라 변화하는 슬라이더 색상

14.3 alert 창 띄우기

버튼 1 의 설정사항 대화상자에서 '스크립트-클릭할 때'의 창에 다음 코드를 입력한다.

```
var date = new Date();
var hour = date.getHours();
if (hour < 12) {
alert("오전입니다");
}
if (hour >= 12) {
alert("오후입니다");
}
```

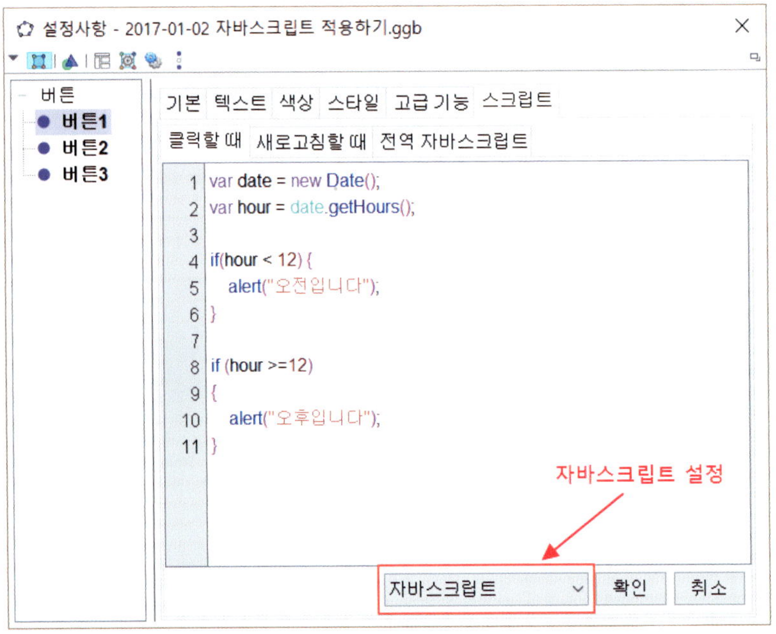

그림 14.4: alert 창 띄우기 자바스크립트 코드

그림 14.5: 버튼 1의 클릭 결과

14.4 switch문 사용하기

버튼 2 의 설정사항 대화상자에서 '스크립트-클릭할 때'의 창에 다음 코드를 입력한다.

```
var input = Number(prompt("숫자를 입력하세요:","숫자"));
switch (input %2)
{
case 0:
alert("짝수입니다");
break;
case 1:
alert("홀수입니다");
break;
default:
alert("숫자가 아닙니다");
break;
}
```

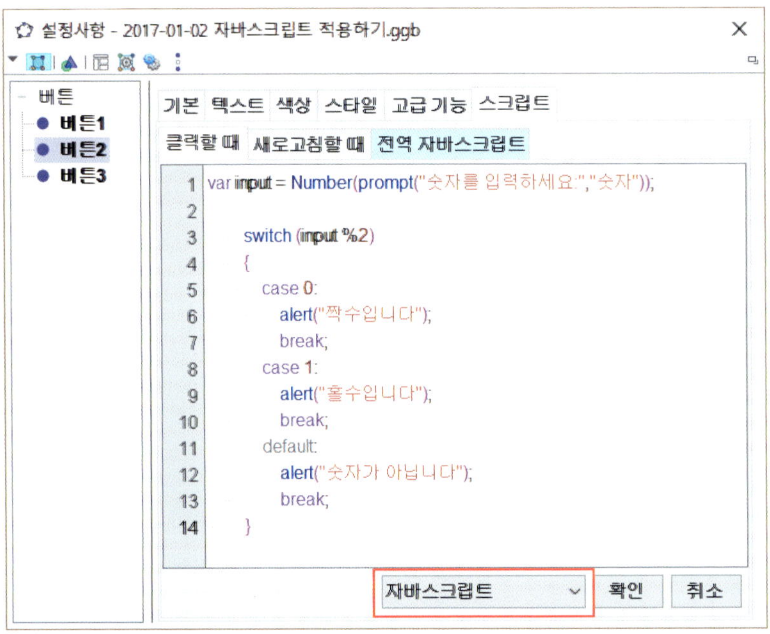

그림 14.6: switch문 사용하기 자바스크립트 코드

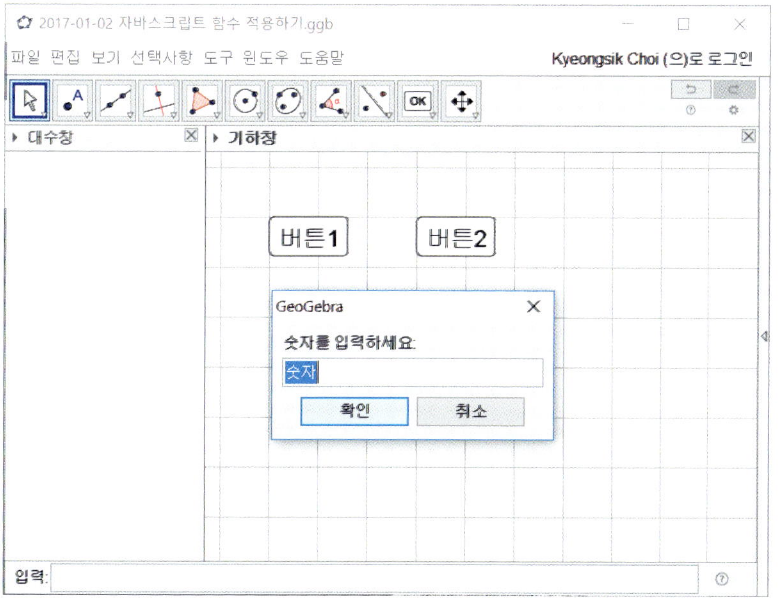

그림 14.7: 버튼 2의 클릭 결과

14.5 for문 사용하기

버튼 3 의 설정사항 대화상자에서 '스크립트-클릭할 때'의 창에 다음 코드를 입력한다.

```
var output = "";
for (var i=0; i<10 ;i++ )
{
for (var j = 10;j>i ;j-- )
{
output += ' ';
}
for (var j=0;j<2*i-1 ;j++ )
{
output += "*";
}
output += "\n";
}
alert(output);
```

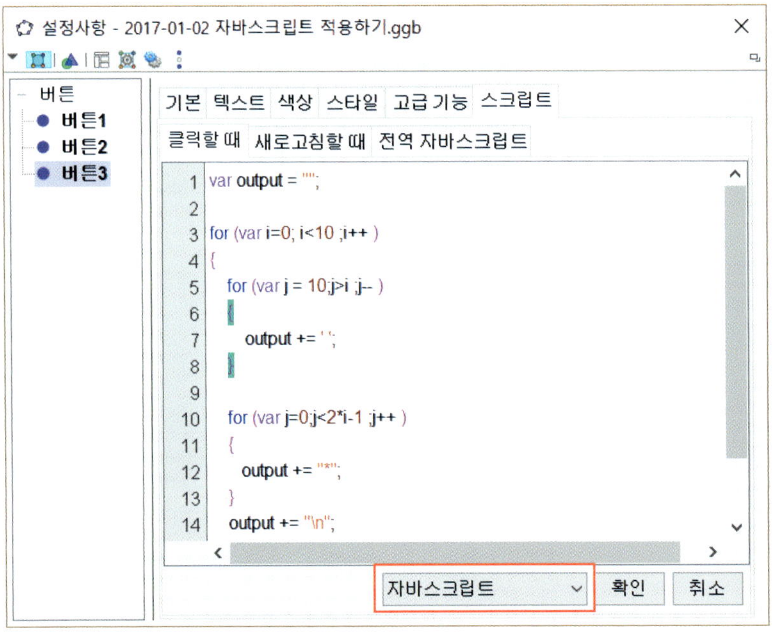

그림 14.8: for문 사용하기 자바스크립트 코드

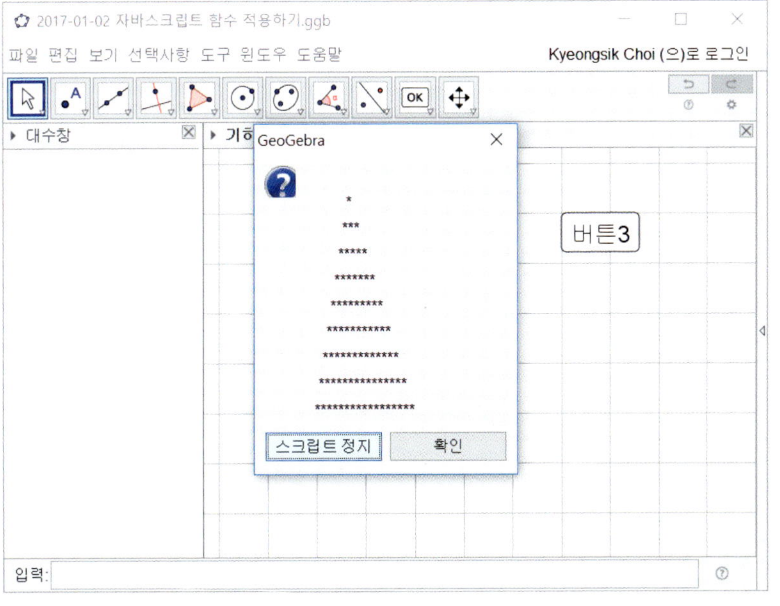

그림 14.9: 버튼 3의 클릭 결과

14.6 몬테카를로 방법으로 원의 넓이 측정하기

이절에서는 몬테카를로 방법을 사용하여 원의 넓이를 측정하고자 한다. 이 과정에서 실행 버튼을 만들고 지오지브라 스크립트에 자바스크립트를 삽입할 것이다.

우선 한 변의 길이가 1인 정사각형을 그리고 그 안에 내접하는 원을 그린다(반지름이 0.5). 그 안에 1000개의 점을 찍어 원 안에 들어온 점의 개수를 1000으로 나누면 대략적으로 원의 넓이가 될 것이다. 실행결과는 그림 14.10과 같다.[1]

버튼을 만들고 아래의 자바 스크립트를 삽입하였다.

```
var x = 0;
var y = 0;
var dist = 0;
var cnt = 0;
for( var i = 0 ; i < 1000 ; i ++ )
{
x = Math.random();
y = Math.random();
ggbApplet.evalCommand("P_" + i + "= ( " + x + ", " + y + " )"
);
dist = Math.sqrt( (x-0.5)^2 + (y-0.5)^2 );
if ( dist <= 0.5 )
{
cnt ++;
ggbApplet.evalCommand( "텍스트1 = " + cnt /1000 );
}
}
```

[1]이 때 점의 크기는 1로, 점의 이름은 보이지 않도록 조정하였다.

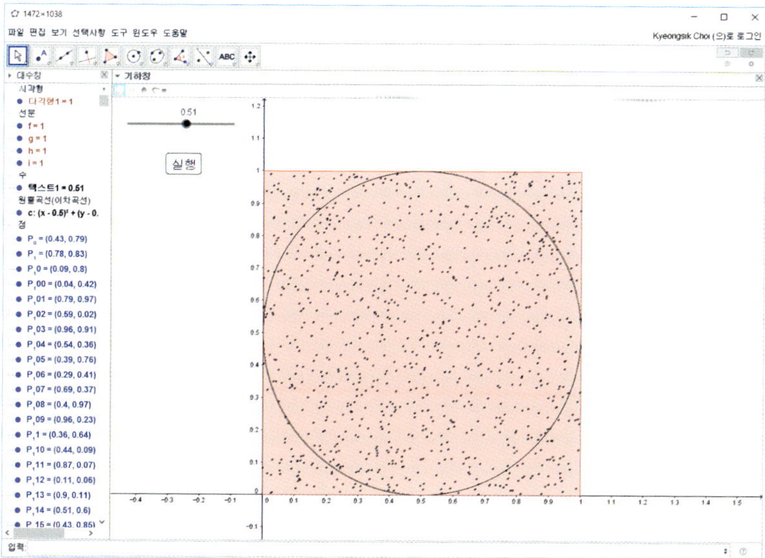

그림 14.10: 몬테카를로 방법으로 원의 넓이 측정하기 실행 결과

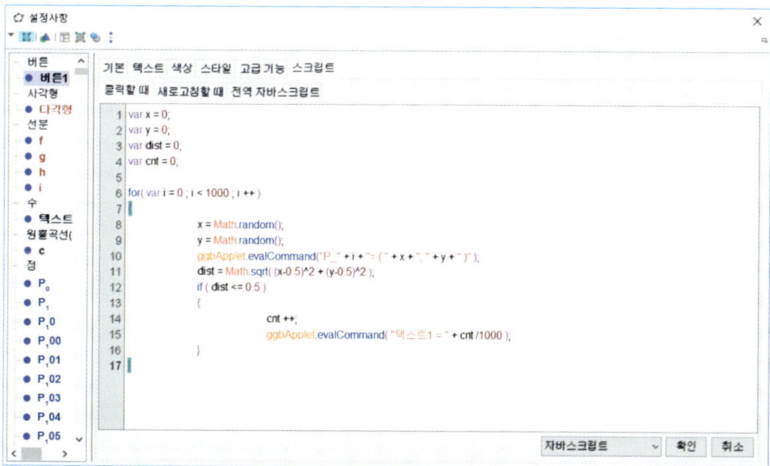

그림 14.11: 몬테카를로 방법으로 원의 넓이 측정하는 자바스크립트

14.7 지오지브라 전역자바스크립트

지오지브라가 실행되면 자동으로 실행되도록 스크립트를 입력할 수 있다.

1 점을 하나 만든다.

2 점의 설정사항의 '전역 자바스크립트'에 아래의 코드를 입력한다.

```
function onAdd(name){
alert("Object "+name+" was added.");
}
function ggbOnInit(){
ggbApplet.registerAddListener("onAdd");
}
```

3 파일을 저장하고 다시 실행한다. 그 다음 점을 하나 만들면 alert() 함수에 의해 메시지가 나타난다.

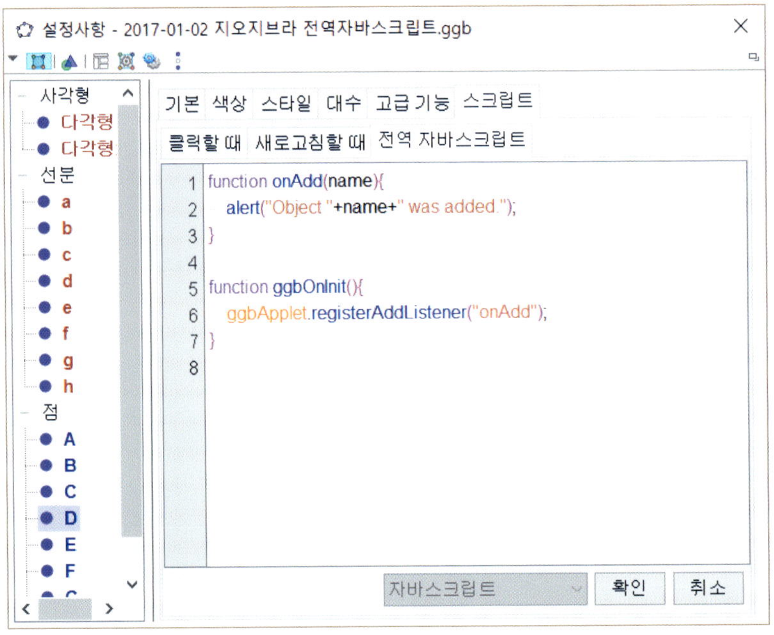

그림 14.12: 입력된 전역자바스크립트

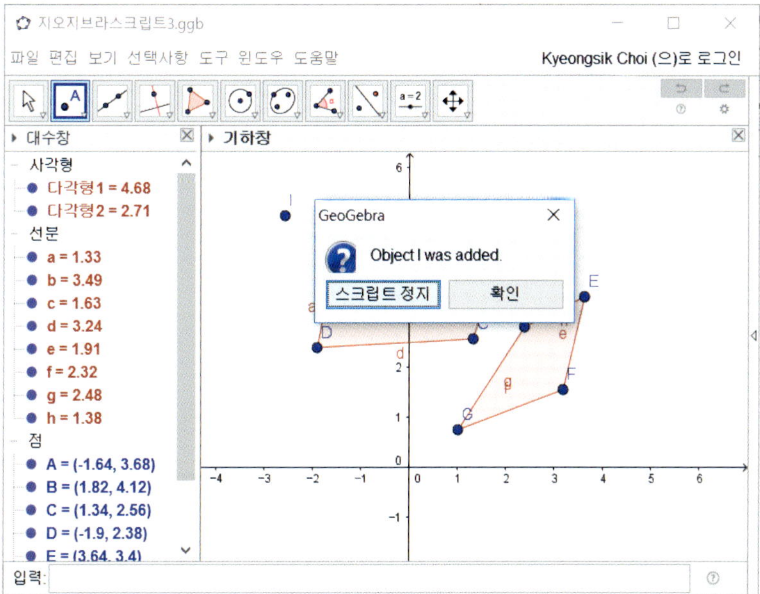

그림 14.13: 전역스크립트에 따라 메시지가 나타난 모습

14.8 결론

이장에서는 지오지브라에서 스크립트 코딩을 하는 방법에 대하여 알아보았다. 지오지브라의 명령으로는 반복이나 절차(procedure)를 표현하기 어렵지만 자바스크립트를 이용하면 반복, 절차 등을 자유롭게 표현할 수 있다. 지오지브라 스크립트와 자바스크립트를 적절히 이용하면 앞으로 더 유용한 자료를 만들 수 있을 것이다.

CHAPTER 15

예제 : 프랙털 도형 그리기

요 약

이장에서는 지오지브라에서 자바스크립트를 이용하여 프랙털 도형을 그리는 방법을 제시한다. 프랙털 도형을 그리는 방법은 다양하지만 이장에서는 반복법과 거북기하(turtle geometry)를 활용할 것이다. 반복법은 주어진 확률을 나타내는 행렬에 대하여 반복 계산결과를 얻어내게 된다. 거북 기하는 두 가지 방법을 활용할 수 있다. 첫째, 지오지브라에는 거북이(Turtle)가 정의되어 있어 자바스크립트로 지오지브라 내부의 대상을 제어할 수 있다. 따라서 지오지브라의 거북이를 자바스크립트로 제어한다. 둘째, 자바스크립트로 거북이(turtle) 대상(객체)을 정의할 수 있다. 자바스크립트로 거북이를 정의하는 과정에서 객체지향 프로그래밍(OOP; Objective Oriented Programming)의 방법을 사용한다.[1]

이장은 '전국수학교사모임'의 저널인 '수학과 교육'에 게제된 글이다. 본문의 내용을 변형하지 않기 위해 수정하지 않고 그대로 실었음을 일러둔다.

15.1 들어가기

주변을 산책하던 중 이전에는 볼 수 없었던 주변 풍경이 갑자기 눈에 들어왔습니다. 아파트의 스카이 라인이나 연못, 새둥지 같은 것들이 눈에 들어와 그대로 사진으로 남기고 싶었습니다. 특별히 나무 가지의 모양은 수학적으로 **프랙털(fractal)**이라고 불리는 **자기닮음 도형**으로 이루어져 있었습니다.

이와 같은 모양을 지오지브라에서 그리는 방법에 대하여 찾아보게 되었습니다. 다양한 방법이 있겠지만 이장에서는 지오지브라 안에서 **자바스크립트**를 이용하여 **프랙털** 도형을 그리는 방법에 대하여 알아보도록 하겠습니다. 자바스크립트의 사용법에 대한 내용은 **14장**을 참고하기 바랍니다.

[1] 컴퓨터 공학에서는 일반적으로 Object를 객체라고 번역한다. 필자는 수학교육의 입장에서 대상이라고 번역하였다. 이후에는 객체와 대상의 용어에 대하여 혼란스럽지 않기를 바란다.

그림 15.1: 나무 가지 모양에 드러난 프랙털 도형

15.2 고사리 모양 그리기

영국의 수학자 마이클 반즐리(Michael Barnsley)는 간단한 변환을 반복 적용하여 고사리와 같은 구조를 만들었습니다.[2]

그림 15.2: 암고사리

고사리 모양의 구조를 만들기 위해서 다음과 같은 단계가 필요합니다. 점 $(0, 0)$에서 시작하여 다음 중 하나를 랜덤으로 선택합니다.

[2]https://commons.wikimedia.org/wiki/File:Sa-fern.jpg

[변환 1] (0.85의 확률) $\begin{cases} x_{n+1} = 0.85x_n + 0.04y_n \\ y_{n+1} = -0.04y_n + 0.85y_n + 1.6 \end{cases}$

[변환 2] (0.07의 확률) $\begin{cases} x_{n+1} = 0.2x_n - 0.26y_n \\ y_{n+1} = 0.23y_n + 0.22y_n + 1.6 \end{cases}$

[변환 3] (0.07의 확률) $\begin{cases} x_{n+1} = -0.15x_n - 0.28y_n \\ y_{n+1} = 0.26x_n + 0.24y_n + 0.44 \end{cases}$

[변환 4] (0.01의 확률) $\begin{cases} x_{n+1} = 0 \\ y_{n+1} = 0.16y_n \end{cases}$

이와 같은 변환을 통해 고사리의 일부가 만들어집니다. 가장 높은 확률로 나타나는 [변환 1]은 고사리의 줄기와 밑부분의 잎을 만듭니다. [변환 2]와 [변환 3]은 왼쪽과 오른쪽 밑부분의 잎을 만듭니다. [변환 4]는 고사리의 줄기를 만듭니다.

앞에서 제시된 4개의 변환을 2×1, 2×2 행렬을 이용하여 나타내 보겠습니다.

[변환 1] $\begin{pmatrix} x_{n+1} \\ y_{n+1} \end{pmatrix} = \begin{pmatrix} 0.85 & 0.04 \\ -0.04 & 0.85 \end{pmatrix} \begin{pmatrix} x_n \\ y_n \end{pmatrix} + \begin{pmatrix} 0 \\ 1.6 \end{pmatrix}$

[변환 2] $\begin{pmatrix} x_{n+1} \\ y_{n+1} \end{pmatrix} = \begin{pmatrix} 0.2 & -0.26 \\ 0.23 & 0.22 \end{pmatrix} \begin{pmatrix} x_n \\ y_n \end{pmatrix} + \begin{pmatrix} 0 \\ 1.6 \end{pmatrix}$

[변환 3] $\begin{pmatrix} x_{n+1} \\ y_{n+1} \end{pmatrix} = \begin{pmatrix} -0.15 & -0.28 \\ 0.26 & 0.24 \end{pmatrix} \begin{pmatrix} x_n \\ y_n \end{pmatrix} + \begin{pmatrix} 0 \\ 0.44 \end{pmatrix}$

[변환 4] $\begin{pmatrix} x_{n+1} \\ y_{n+1} \end{pmatrix} = \begin{pmatrix} 0 & 0 \\ 0 & 0.16 \end{pmatrix} \begin{pmatrix} x_n \\ y_n \end{pmatrix}$

우선 지오지브라에서 행렬 4개를 정의하겠습니다.

① 스프레드시트에 [변환 1], [변환 2], [변환 3], [변환 4]의 행렬을 입력합니다.

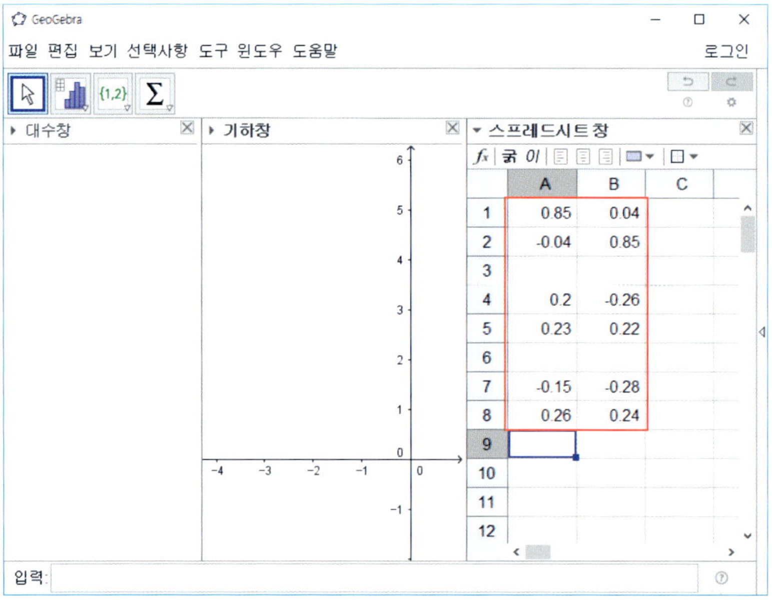

② 스프레드시트 셀에서 행렬 원소를 선택한 후 행렬 [1 2 / 3 4] 도구를 클릭하면 행렬이 만들어집니다.

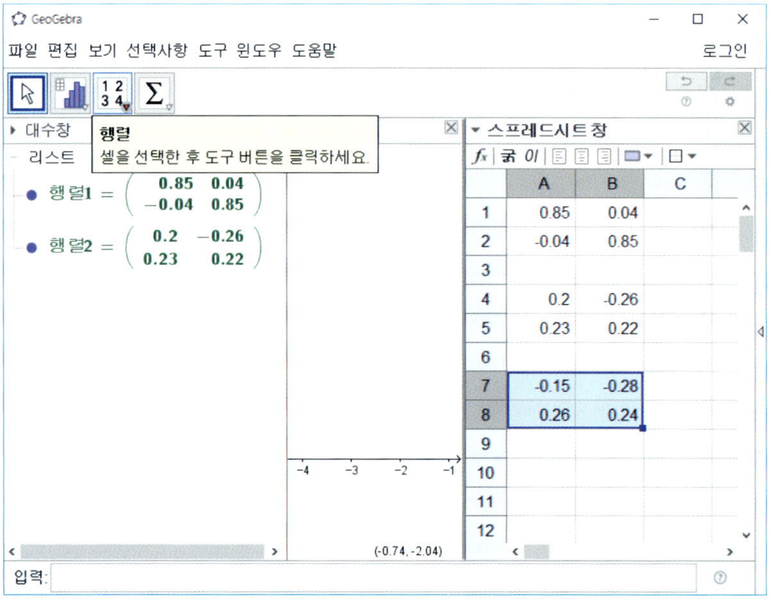

③ 슬라이더 [a=2] 도구를 사용하여 슬라이더 a를 0부터 1까지 설정하고 '랜덤'하게 수가 나타나도록 합니다.

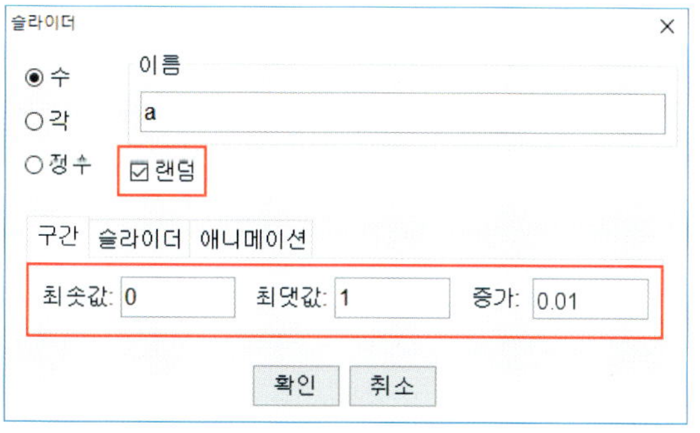

④ 점 도구로 (0,0)에 점 A를 만듭니다.

⑤ 슬라이더 a 위에서 마우스 오른쪽 버튼을 클릭한 후 설정사항을 선택합니다. 그 다음 '스크립트-새로고침할 때'에 제시된 스크립트를 입력합니다.

```
조건[0 < a < 0.85 , 값설정[A , 행렬1*A + (0, 1.6) ] ,
0.85 < a < 0.92, 값설정[A , 행렬2*A + (0, 1.6) ] ,
0.92 < a < 0.99 , 값설정[A , 행렬3*A + (0, 0.44) ],
0.99 <= a <= 1 , 값설정[A , 행렬4*A ] ]
```

⑥ 슬라이더 위에서 마우스 오른쪽 버튼을 클릭하여 '애니메이션 시작'을 선택하면 그림과 같은 고사리가 나타납니다.

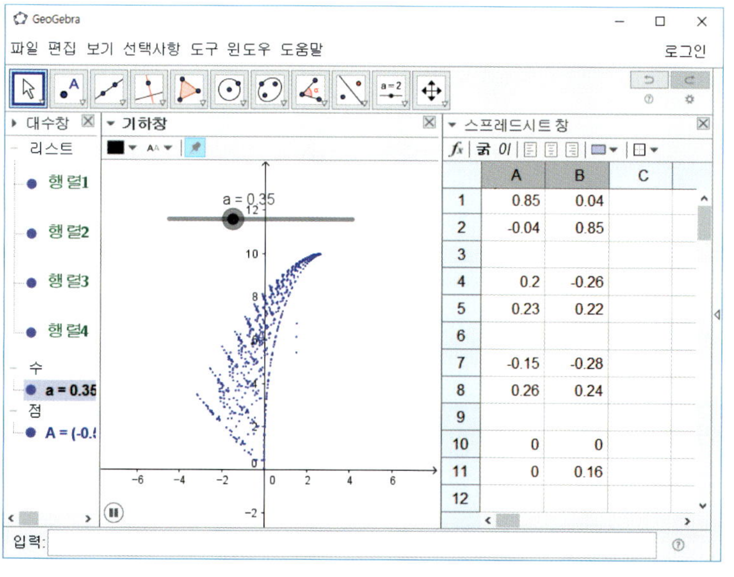

15.3 시어핀스키 삼각형 그리기

시어핀스키 삼각형은 폴란드 수학자 **바츌라프 시어핀스키**(Waclaw Sierpinski)의 이름을 따라 붙여진 삼각형으로 정삼각형 내부에 크기가 작은 또 다른 정삼각형이 있는 **프랙털** 도형입니다. 앞에서 고사리를 그리기 위해 사용한 방법과 동일한 방법으로 시어핀스키 삼각형을 그릴 수 있습니다.

점 (0,0)에서 시작하여 다음 변환 중 하나를 적용합니다.

[변환 1] $\begin{cases} x_{n+1} = 0.5x_n \\ y_{n+1} = 0.5y_n \end{cases}$

[변환 2] $\begin{cases} x_{n+1} = 0.5x_n + 0.5 \\ y_{n+1} = 0.5y_n + 0.5 \end{cases}$

[변환 3] $\begin{cases} x_{n+1} = 0.5x_n + 1 \\ y_{n+1} = 0.5y_n \end{cases}$

각 변환은 선택될 확률이 각각 $\frac{1}{3}$ 입니다.

앞에서 제시된 3개의 변환을 2×1 , 2×2 행렬을 이용하여 나타내 보겠습니다.

[변환 1] $\begin{pmatrix} x_{n+1} \\ y_{n+1} \end{pmatrix} = \begin{pmatrix} 0.5 & 0 \\ 0 & 0.5 \end{pmatrix} \begin{pmatrix} x_n \\ y_n \end{pmatrix}$

[변환 2] $\begin{pmatrix} x_{n+1} \\ y_{n+1} \end{pmatrix} = \begin{pmatrix} 0.5 & 0 \\ 0 & 0.5 \end{pmatrix} \begin{pmatrix} x_n \\ y_n \end{pmatrix} + \begin{pmatrix} 0.5 \\ 0.5 \end{pmatrix}$

[변환 3] $\begin{pmatrix} x_{n+1} \\ y_{n+1} \end{pmatrix} = \begin{pmatrix} 0.5 & 0 \\ 0 & 0.5 \end{pmatrix} \begin{pmatrix} x_n \\ y_n \end{pmatrix} + \begin{pmatrix} 1 \\ 0 \end{pmatrix}$

우선 지오지브라에서 행렬을 1개 정의하겠습니다.

① 스프레드시트에 $\begin{pmatrix} 0.5 & 0 \\ 0 & 0.5 \end{pmatrix}$ 를 입력합니다.

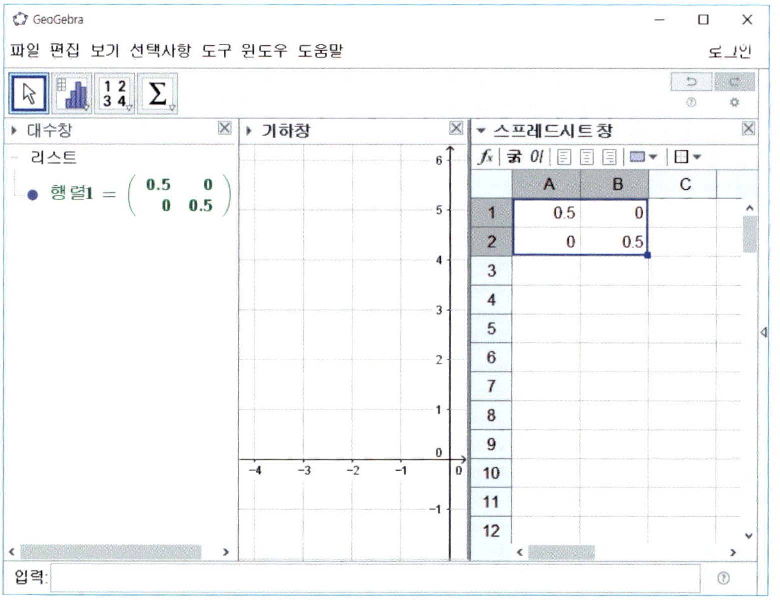

② 슬라이더 [a=2] 도구를 사용하여 슬라이더 a를 0부터 1까지 설정하고 '랜덤'하게 수가 나타나도록 합니다.

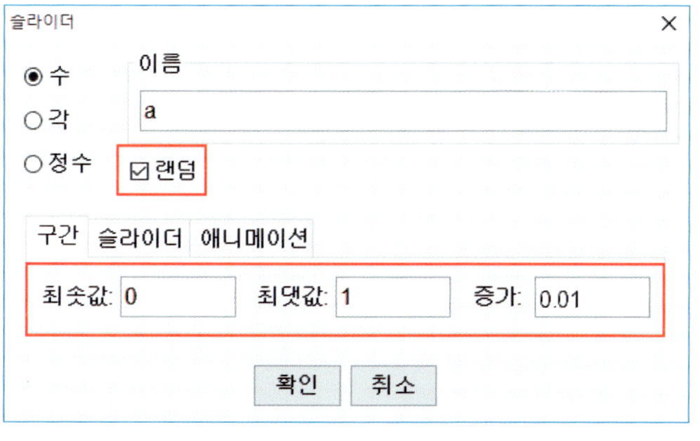

③ 점 [•A] 도구로 (0,0)에 점 A를 만듭니다.

④ 슬라이더 a 위에서 마우스 오른쪽 버튼을 클릭한 후 설정사항을 선택합니다. 그 다음 '스크립트-새로고침할 때'에 제시된 스크립트를 입력합니다.

```
조건[ 0 < a < 0.33 , 값설정[ A , 행렬1*A ] ,
0.33 < a < 0.66, 값설정[ A , 행렬1*A + (0.5, 0.5)] ,
0.66 < a < 0.99 , 값설정[ A , 행렬1*A + (1,0) ] ]
```

⑥ 슬라이더 위에서 마우스 오른쪽 버튼을 클릭하여 '애니메이션 시작'을 선택하면 그림과 같은 시어핀스키 삼각형이 나타납니다.

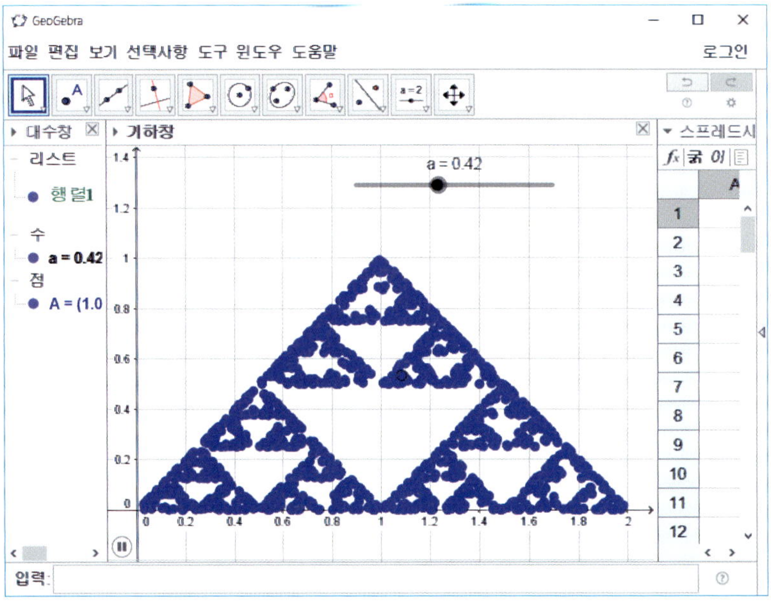

15.4 지오지브라에 내장된 거북이를 이용해서 코흐곡선 그리기

지오지브라에는 **거북이(turtle)**가 내장되어 있습니다.[3] 거북이와 **자바스크립트**를 이용해서 **코흐 곡선**을 그릴 수 있습니다.

① 먼저 거북이를 정의해야 합니다. 다음과 같이 입력창에 입력합니다.

```
t = 거북이[ ]
```

[3]거북이란 교육용 프로그래밍 언어인 LOGO의 거북이를 말하는 것입니다.

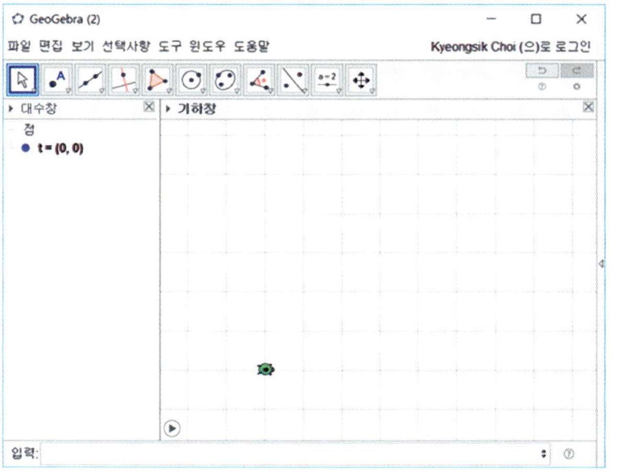

② 코흐 곡선을 그리기 위해 다음과 같이 '전역 자바스크립트' 코드를 작성합니다.[4]

```
[전역 자바스크립트]
function drawKoch( depth, length ) {
  if( depth <= 1 )
  {
    ggbApplet.evalCommand(" TurtleForward( t ," + length + ")"
);
  }
  else
  {
    drawKoch( depth - 1 , length / 3 );
    ggbApplet.evalCommand(" TurtleLeft( t , 60° ) " );
    drawKoch( depth - 1 , length / 3 );
    ggbApplet.evalCommand(" TurtleRight( t , 120° )" );
    drawKoch( depth - 1 , length / 3 );
    ggbApplet.evalCommand(" TurtleLeft( t , 60° ) " );
    drawKoch( depth - 1 , length / 3 );
  }
}
```

[4] 함수를 정의하기 위해 function 키워드를 입력해야 합니다. 대소문자를 구분하기 때문에 Function이라고 입력하면 정의되지 않습니다.

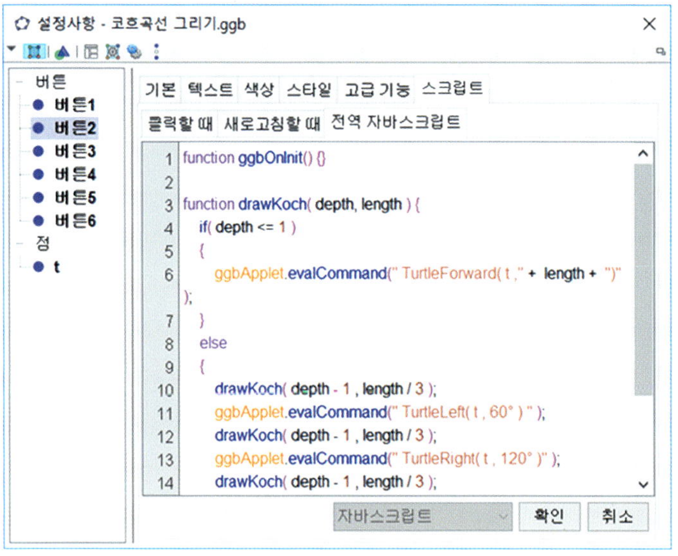

③ 각각의 버튼에는 다음과 같이 입력합니다.

```
[1단계]
ggbApplet.evalCommand("Delete[t]");
ggbApplet.evalCommand("t=Turtle[]");
drawKoch( 1 , 1 );
ggbApplet.evalCommand("StartAnimation[]");
```

```
[2단계]
ggbApplet.evalCommand("Delete[t]");
ggbApplet.evalCommand("t=Turtle[]");
drawKoch( 2 , 1 );
ggbApplet.evalCommand("StartAnimation[]");
```

```
[3단계]
ggbApplet.evalCommand("Delete[t]");
ggbApplet.evalCommand("t=Turtle[]");
drawKoch( 3 , 1 );
ggbApplet.evalCommand("StartAnimation[]");
```

```
[4단계]
ggbApplet.evalCommand("Delete[t]");
ggbApplet.evalCommand("t=Turtle[]");
drawKoch( 4 , 1 );
ggbApplet.evalCommand("StartAnimation[]");
```

```
[5단계]
ggbApplet.evalCommand("Delete[t]");
ggbApplet.evalCommand("t=Turtle[]");
drawKoch( 5 , 1 );
ggbApplet.evalCommand("StartAnimation[]");
```

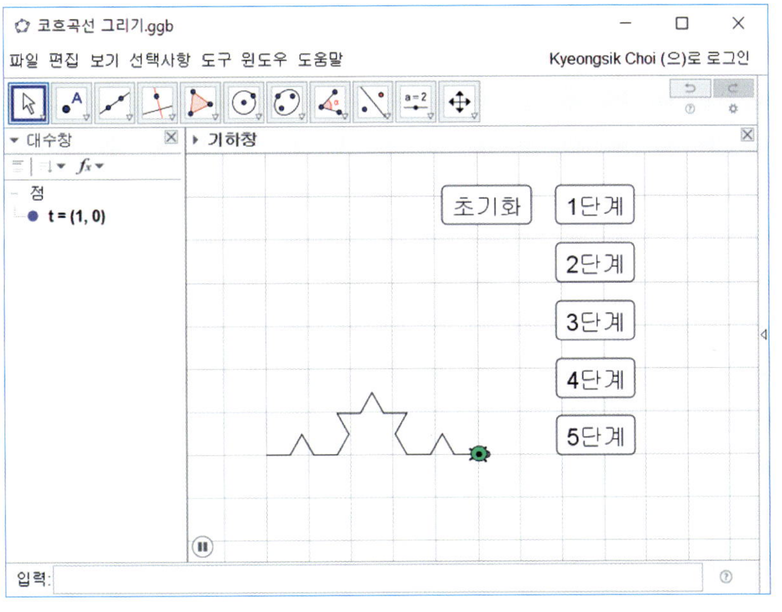

15.5 거북이 대상(객체)을 정의한 후 이를 이용해서 코흐곡선 그리기

거북이가 지오지브라 안에서 정의되어 있지만 그 거북이를 사용하지 않고 거북 기하의 개념을 직접 구현하여 점을 찍도록 하겠습니다.[5]

거북이의 개념을 적용하기 위해서는 자바스크립트에서 거북이 대상(객체)을 정의해야 합니다. 다음과 같이 코드를 작성하면 거북이의 특성을 가진 대상(객체)을 정의할 수 있습니다. 이 방법은 자바스크립트에서 객체 지향 프로그래밍의 방법을 적용한 것입니다. 즉 Turtle이라는 대상(객체)을 정의하면서 그 코드 안에 Turtle이 사용할 수 있는 변수와 메소드를 정의하고 있습니다.

```
function Turtle( name ){
  this.name = name;
  this.xCoord ;
  this.yCoord ;
  this.angle ;
  this.curPos = function ( ) {
  return "Current position is ( " + this.xCoord + " , " +
    this.yCoord + " )";
  }
  this.curCoords = function( ) {
   return "( " + Math.round(this.xCoord * 100) / 100 + " , " +
     Math.round(this.yCoord * 100) / 100 + " ) ";
  }
  this.curAng = function ( ) {
    return "Current angle is " + this.angle + " degree";
  }
  this.curAngs = function( ) {
    return this.angle + "°";
  }
  this.forward = function (step) {
    this.xCoord += step * Math.cos( this.angle );
    this.yCoord += step * Math.sin( this.angle );
  }
```

[5]이와 같이 LOGO와 DGS(Dynamic Geometry Software)를 결합할 수 있습니다.

```
  this.right = function (angle) {
    this.angle += angle;
  }
}
```

또한 코흐 곡선을 그리는 코드는 다음과 같이 작성할 수 있습니다.

이 코드에서는 점의 좌표를 구하고 이를 스프레드시트 창의 A 열에 좌표를 차례로 입력하도록 되어 있습니다. 그 다음 코드가 재귀적으로 작성되어 있습니다.

```
function drawKoch( depth, length ) {
  if( depth <= 1 )
  {
    i++;
    t1.forward(length);
   ggbApplet.evalCommand( "A" + i + " = " + t1.curCoords() ) ;
  }
  else
  {
    drawKoch( depth - 1 , length / 3 );
    t1.right( Math.PI / 3 );
    drawKoch( depth - 1 , length / 3 );
    t1.right( - 2 * Math.PI / 3 );
    drawKoch( depth - 1 , length / 3 );
    t1.right( Math.PI / 3 );
    drawKoch( depth - 1 , length / 3 );
  }
}
```

이를 이용하여 [버튼 1]에 들어갈 자바스크립트 코드를 작성하면 다음과 같습니다.

```
[버튼 1]
function Turtle( name ){
  this.name = name;
  this.xCoord ;
  this.yCoord ;
  this.angle ;
  this.curPos = function ( ) {
  return "Current position is ( " + this.xCoord + " , "
  + this.yCoord + ")";
}

this.curCoords = function( ) {
  return "( " + Math.round(this.xCoord * 100) / 100 + " , "
  + Math.round(this.yCoord * 100) / 100 + " ) ";
}

this.curAng = function ( ) {
  return "Current angle is " + this.angle + " degree";
}
this.curAngs = function( ) {
  return this.angle + "°";
}

this.forward = function (step) {
  this.xCoord += step * Math.cos( this.angle );
  this.yCoord += step * Math.sin( this.angle );
}

this.right = function (angle) {
  this.angle += angle;
}
}
```

```
var t1 = new Turtle( "t1" );
var cmds = [ ];
var pointList = "";
var i = 0;
t1.xCoord = 0;
t1.yCoord = 0;
t1.angle = 0;

function drawKoch( depth, length ) {
  if( depth <= 1 )
  {
    i++;
    t1.forward(length);
   ggbApplet.evalCommand( "A" + i + " = " + t1.curCoords() ) ;
  }
  else
  {
    drawKoch( depth - 1 , length / 3 );
    t1.right( Math.PI / 3 );
    drawKoch( depth - 1 , length / 3 );
    t1.right( - 2 * Math.PI / 3 );
    drawKoch( depth - 1 , length / 3 );
    t1.right( Math.PI / 3 );
    drawKoch( depth - 1 , length / 3 );
  }
}

drawKoch( 1 , 3 );
t1.right( - 2 * Math.PI / 3 );
drawKoch( 1 , 3 );
t1.right( - 2 * Math.PI / 3 );
drawKoch( 1 , 3 );
ggbApplet.evalCommand( "Koch1 = Polygon[ A1 : A" + i + "]" );
```

이어서 [버튼 2]~[버튼 6]에 들어갈 자바스크립트 코드도 앞의 코드와 유사합니다.

① 버튼 OK 도구를 사용하여 버튼을 [버튼 1]부터 [버튼 6]까지 만듭니다. 그 다음 버튼 위에서 마우스 오른쪽 버튼을 클릭하여 '설정사항 - 스크립트 - 클릭할 때'에 코드를 입력합니다.

코드를 모두 입력한 후 버튼을 클릭하면 Koch1 ~Koch6까지 도형이 나타납니다.

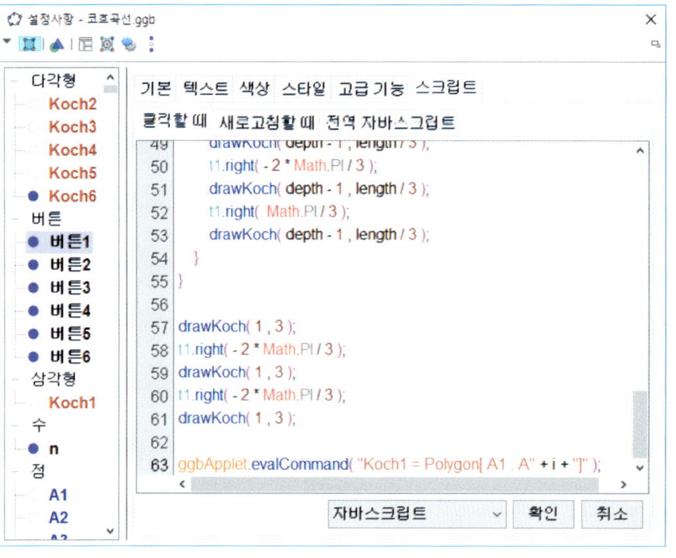

② 슬라이더 a=2 도구를 사용하여 n을 1부터 6까지 정수로 정의합니다.

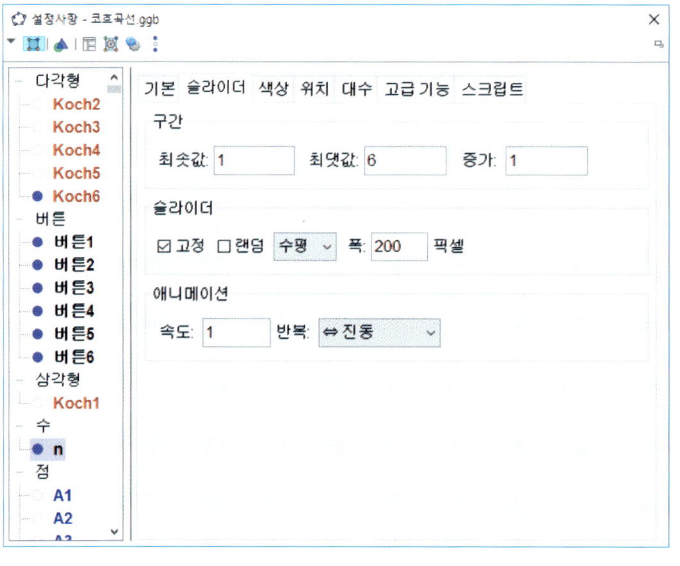

③ 설정사항 대화상자에서 koch1 다각형에 대하여 고급기능에서 "대상이 나타나기 위한 조건"에 n == 1을 입력하면 슬라이더가 1일 때 도형이 나타납니다.

마찬가지로 koch2 에 대하여는 n == 2, koch3 에 대하여는 n == 3, … , koch6 에 대하여는 n == 6 으로 입력합니다.

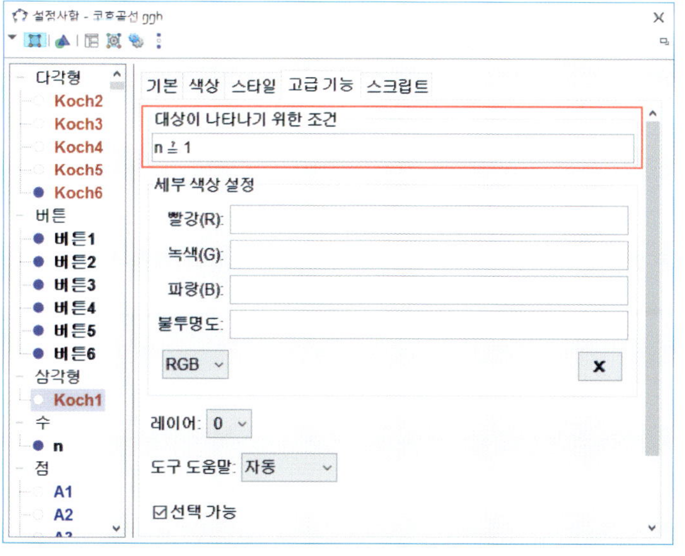

④ 슬라이더로 애니메이션이 이루어지도록 실행하면 코흐곡선의 변화를 볼 수 있습니다.

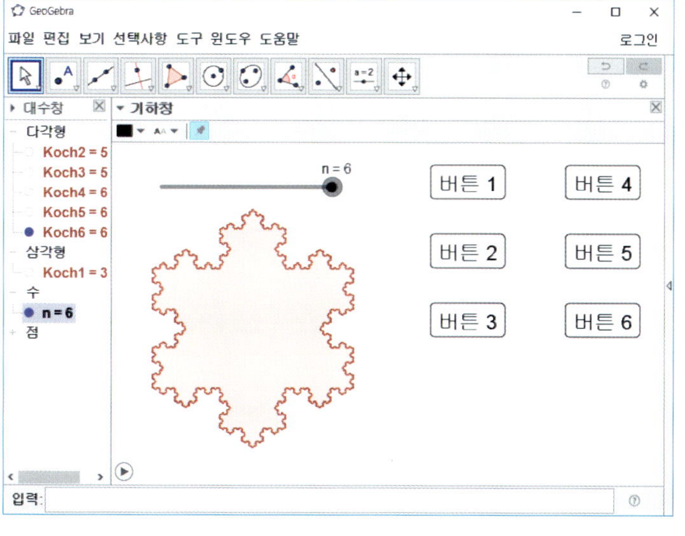

15.6 맺음말

이장에서는 지오지브라에서 다양한 프랙털 도형을 그리는 방법에 대해 알아보았습니다. 지오지브라에서 프랙털 도형을 그리려면 재귀적인 명령을 사용할 수 있어야 합니다. 지오지브라에서 자바스크립트를 사용하면 프랙털을 그리기 위한 재귀적인 명령을 할 수 있습니다. 지금까지 보여드린 것은 아직 시작에 불과합니다. 자바스크립트는 보편적으로 사용되는 컴퓨터 언어이기 때문에 그 가능성은 무한합니다. 이장에 설명한 내용은 도움이 될 수 있도록 최대한 코드를 모두 제시하였습니다.

제 VIII 편

스크립트 관련 명령어

CHAPTER 16

참고자료 : 스크립트 명령어

16.1 값설정(SetValue)

문법

- 값설정[진리값 변수(체크상자) , 0|1]
  값설정[대상, 대상]
  값설정[리스트, 수, 대상]

기능

- 대상의 값을 주어진 값으로 변경한다.

예

① 체크상자 a의 진릿값을 false로 변경한다.

```
값설정[ a , false ]
```

② 함수 f를 리스트의 원소 가운데 하나로 변경한다.

```
값설정[ f , 랜덤원소[ { cos(x) , 3x+2 , ln(x) } ]
```

③ 리스트1의 2번째 원소를 점 B의 x좌표로 변경한다.

```
값설정[ 리스트1 , 2 , x(B) ]
```

16.2 거북이(Turtle)

문법

- 거북이[ ]

기능

- 기하창에 거북이를 생성한다.

16.3 거북이놓기(TurtleDown)

문법

- 거북이놓기[거북이]

기능

- 기하창에 거북이가 자취를 남기도록 한다.

16.4 거북이뒤로(TurtleBack)

문법

- 거북이뒤로[거북이 , 거리]

기능

- 거북이가 뒤쪽으로 거리만큼 이동한다.

예

1. 거북이1이 머리를 x축의 양의 방향을 향하고 $(0, 0)$에 있을 때, 거북이가 뒤로 2만큼 $(-2, 0)$으로 이동한다.

   거북이뒤로[거북이1 , 2]

16.5 거북이들기(TurtleUp)

문법

- 거북이들기[거북이]

기능

- 기하창에 거북이가 자취를 남기지 않도록 한다.

16.6 거북이앞으로(TurtleForward)

문법

- 거북이앞으로[거북이 , 거리]

기능

- 거북이가 앞쪽으로 거리만큼 이동한다.

예

① 거북이1이 머리를 x축의 양의 방향을 향하고 $(0,0)$에 있을 때, 거북이가 앞으로 2만큼 $(2,0)$으로 이동한다.

```
거북이앞으로[ 거북이1 , 2 ]
```

16.7 거북이오른쪽(TurtleRight)

문법

- 거북이오른쪽[거북이 , 각도]

기능

- 거북이가 오른쪽으로 각도만큼 회전한다.

예

① 거북이1이 머리를 x축의 양의 방향을 향하고 $(0,0)$에 있을 때, 거북이가 오른쪽으로 $1°$만큼 회전한다.

```
거북이오른쪽[ 거북이1 , 1° ]
```

16.8 거북이왼쪽(TurtleLeft)

문법

- 거북이왼쪽[거북이 , 각도]

기능

- 거북이가 왼쪽으로 각도만큼 회전한다.

예

1 거북이1이 머리를 x축의 양의 방향을 향하고 $(0,0)$에 있을 때, 거북이가 왼쪽으로 1° 만큼 회전한다.

```
거북이왼쪽[ 거북이1 , 1° ]
```

16.9 격자보이기(ShowGrid)

문법

- ```
  격자보이기[ ]
  격자보이기[ true|false ]
  격자보이기[ 기하창 , true|false ]
  ```

기능

- 기하창에 격자를 나타내거나 숨긴다.

예

1 기하창에 격자를 나타나게 한다.

```
격자보이기[ ]
```

2 기하창에 격자를 숨긴다.

```
격자보이기[ false ]
```

3 기하창 2에 격자를 나타나게 한다.

```
격자보이기[ 2 , true ]
```

16.10 고정여부설정(SetFixed)

문법

- ```
  고정여부설정[ 대상 , true|false ]
  ```

기능

- 대상의 고정여부를 지정한다.

예

1 다각형1을 고정한다.

```
고정여부설정[ 다각형1 , true ]
```

16.11 구성새로고침(UpdateConstruction)

문법

- ```
  구성새로고침[]
  구성새로고침[ 횟수 ]
  ```

기능

- 모든 대상을 다시 계산한다.

예

1 구성새로고침의 횟수를 10번 시행한다.

```
수열[ 구성새로고침[ ] , k , 1 , 10 ]
```

16.12 기록시작(StartLogging)

문법

- ```
  기록시작[ "센서", 변수 , "센서", 변수 , … ]
  ```

기능

- 기기에서 자료를 기록한다.[1]

16.13 기록정지(StopLogging)

문법

- ```
  기록정지[ ]
  ```

[1]예. 스마트폰
  ```

기능

- 자료 기록을 정지한다.

16.14 대상보이기조건설정(SetConditionToShowObject)

문법

- 대상보이기조건설정[대상, 조건]

기능

- 조건에 따라 대상을 나타내거나 숨긴다.

예

1 점 A의 좌표가 0보다 크면 타원 c를 나타나게 한다.

```
대상보이기조건설정[ c , x(A) > 0 ]
```

16.15 대상선택(SelectObjects)

문법

- 대상선택[ ]
  대상선택[대상 , 대상 , …]

기능

- 대상을 선택한다.

예

1 점 A, B, C를 선택한다.

```
대상선택[ A , B , C ]
```

16.16 도구도움말모드설정(SetTooltipMode)

문법

- 도구도움말모드설정[대상 , 수]

기능

- 도구도움말 모드를 설정한다.

수	모드	설명
0	자동	대수창이 열려있을 때 대상에 마우스를 올려놓으면 도움말이 나타난다.
1	보이기	대수창의 열림에 관계없이 도움말이 나타난다.
2	보이지 않기	대상에 마우스를 올려놓아도 도움말이 나타나지 않는다.
3	캡션	대상에 마우스를 올려놓으면 캡션이 나타난다.
4	오른쪽 셀	대상이 스프레드 시트창에 있을 때 오른쪽 셀에 있는 대상을 보여준다.

예

1 기하창의 점 A에 마우스를 올려놓으면 캡션이 나타난다.

도구도움말모드설정[A , 3]

[실행결과]

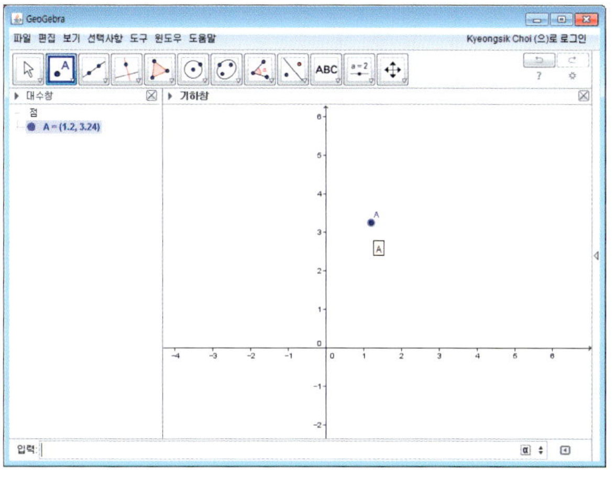

16.17 동적색상설정(SetDynamicColor)

문법

- 동적색상설정[대상 , R(빨강) , G(녹색) , B(파랑)]

기능

- 대상의 색상을 다양하게 설정한다.[2]

예

1. 원 c의 색상에 있어 빨강, 녹색, 파랑, 투명도가 자동으로 변경된다.

   동적색상설정[c , 1/10 랜덤[0 , 10] , 1/10 랜덤[0 , 10] , 1/10 랜덤[0 , 10] , 1/10 랜덤[0 , 10]]

16.18 레이블보이기(ShowLabel)

문법

- 레이블보이기[대상 , true|false]

기능

- 대상의 이름을 나타내거나 숨긴다.

예

1. 점 A의 이름을 숨긴다.

   레이블보이기[A , false]

2. 점 A의 이름을 나타낸다.

   레이블보이기[A , true]

16.19 레이블표시설정(SetLabelMode)

문법

- 레이블표시설정[대상 , 수]

[2]빨강, 녹색, 파랑, 투명도는 0에서 1까지의 수로 나타낸다.

기능

- 이름이 어떻게 나타나는지 설정한다.
수	모드
0	이름
1	이름과 값
2	값
3	캡션

예

1 점 A의 이름과 값이 동시에 나타난다.

```
레이블표시설정[ A , 1 ]
```

16.20 레이어보이기(ShowLayer)

문법

- `레이어보이기[ 수 ]`

기능

- 입력한 단계의 레이어[3]에 그려진 모든 대상을 보여준다.

예

1 3단계에 그려진 모든 대상을 보여준다.

```
레이어보이기[ 3 ]
```

16.21 레이어설정(SetLayer)

문법

- `레이어설정[ 대상 , 레이어 ]`

[3]지오지브라는 레이어를 0단계에서 9단계까지 설정할 수 있다. 모든 대상의 초기설정은 레이어가 0단계이며 높은 단계의 레이어가 설정된 대상은 낮은 단계의 레이어가 설정된 대상 위에 그려진다.

기능

- 대상을 특정 레이어에 설정한다.

예

1. 선분 a를 3단계 레이어에 설정한다.

```
레이어설정[ a , 3 ]
```

16.22 레이어숨기기(HideLayer)

문법

- ```
  레이어숨기기[ 수 ]
  ```

기능

- 입력한 단계의 레이어에 그려진 모든 대상을 숨긴다.

예

1. 2단계의 레이어에 그려진 모든 대상을 숨긴다.

```
레이어숨기기[ 2 ]
```

16.23 마우스클릭실행스크립트(RunClickScript)

문법

- ```
  마우스클릭실행스크립트[ 대상 ]
  ```

기능

- 대상을 마우스로 클릭할 때 다른 대상에 설정된 스크립트를 실행한다.

예

1. 점 B에 값설정[B , (1 , 1)]이 지오지브라 스크립트로 입력된 상태에서, 점 A의 지오지브라 스크립트로 마우스클릭실행스크립트[B]라고 입력하면 점 A를 클릭할 때 점 B의 위치는 (1, 1)로 변경된다.

```
마우스클릭실행스크립트[ B ]
```

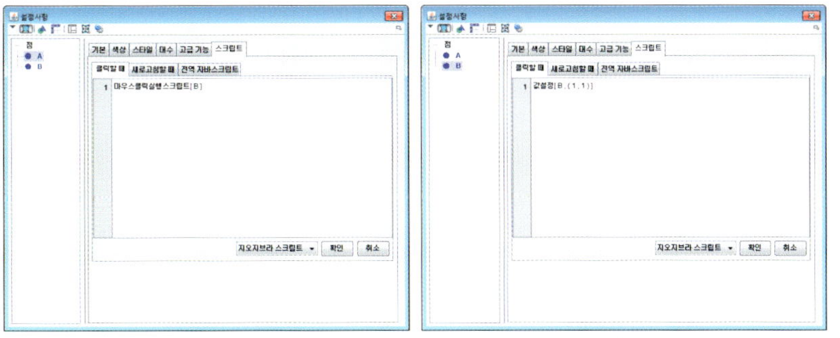

(a) 클릭할 때(점 A) (b) 클릭할 때(점 B)

그림 16.1: 지오지브라 스크립트(클릭할 때)

16.24 반복(Repeat)

문법

- 반복[수 , 스크립트 명령 , 스크립트 명령 , ...]

기능

- 스크립트 명령을 지정한 수만큼 반복한다.

예

1 거북이1을 생성하고 지정한 스크립트 명령을 8회 반복한다.[4]

```
거북이[ ]
반복[ 8 , 거북이앞으로[ 거북이1 , 1 ] , 거북이오른쪽[ 거북이1 , 45° ] ]
```

[실행결과]

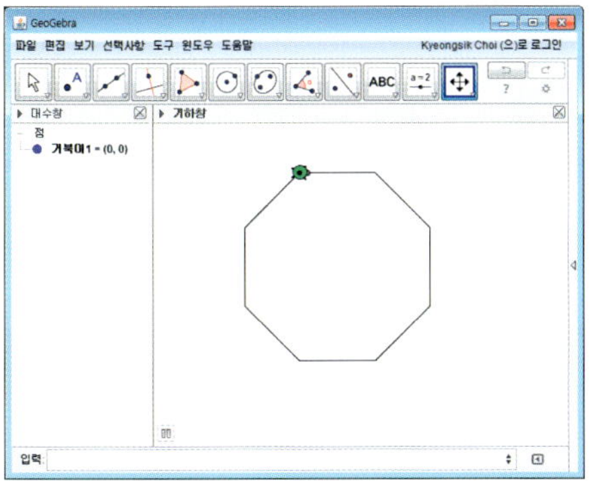

[4]거북이의 애니메이션은 화면 왼쪽 하단의 실행 버튼을 클릭하면 볼 수 있다.

16.25 배경색설정(SetBackgroundColor)

문법

- 배경색설정[대상 , “색상”]
  배경색설정[대상 , R(빨강) , G(녹색) , B(파랑)]

기능

- 대상의 배경색을 설정한다.

예

1. 텍스트1의 배경색을 터콰이즈로 설정한다.

배경색설정[텍스트1, “터콰이즈”]

[실행결과]

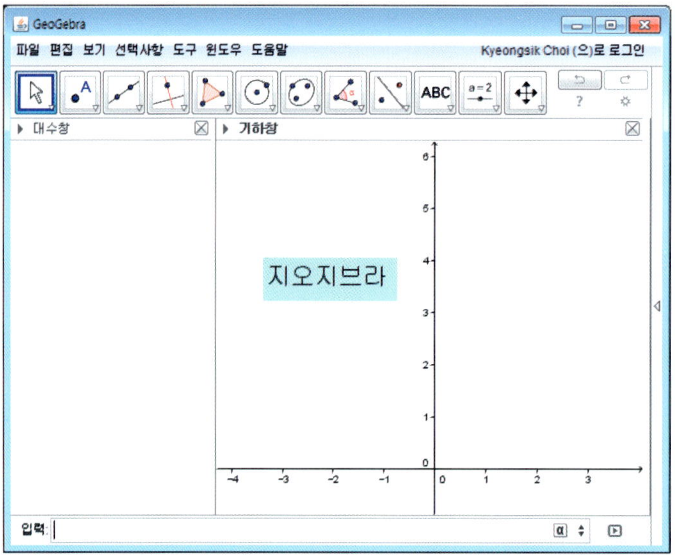

2. 스프레드시트 창에서 A1 셀의 배경색을 빨강으로 설정한다.

배경색설정[A1 , “빨강”]

3. 텍스트2의 배경색을 RGB 비율[5]에 따라 설정한다.

배경색설정[텍스트2 , 0.2 , 0.3 , 0.6]

[5] RGB 비율은 0에서 1 까지의 수를 입력한다.

16.26 버튼(Button)

문법

- 버튼[ ]
  버튼["캡션"]

기능

- 기하창에 버튼을 생성한다.

예

1. 기하창에 버튼을 생성한다.

```
버튼[ ]
```

2. 기하창에 "실행" 버튼을 생성한다.

```
버튼[ "실행" ]
```

16.27 보는방향설정(SetViewDirection)

문법

- 보는방향설정[ ]
  보는방향설정[방향벡터]
  보는방향설정[방향벡터 , 애니메이션 시작 true|false]

기능

- 3차원 기하창에서 지정한 방향으로 보는 방향을 설정한다.

예

1. (0 , 0 , 1) 방향으로 보는 방향을 설정한다.

```
보는방향설정[ ( 0 , 0 , 1 ) ]
```

16.28 보이기설정(SetVisibleInView)

문법

- 보이기설정[대상 , 기하창 1|2 , true|false]

기능

- 대상을 기하창에 나타내거나 숨긴다.

예

1 원 c를 기하창2에서 숨긴다.

```
보이기설정[ c , 2 , false ]
```

16.29 복사(AttachCopyToView)

문법

- ```
  복사[ 대상 , 보이기 설정 0|1|2 ]
  복사[ 대상 , 보이기 설정 0|1|2 , 점 1 , 점 2 , 화면 좌표(픽셀) 1 , 화면 좌표(픽셀) 2 ]
  ```

기능

- 대상을 복사해서 기하창에 붙여넣는다.

예

1 다각형1을 복사하여 기하창2에 붙여넣는다.

```
복사[다각형1 , 2 ]
```

2 다각형 1을 복사하여 점 A와 점 B의 각각 화면픽셀 좌표 (0, 0), (100, 100)이 되도록 붙여준다.[6]

```
복사[ 다각형1 , 1 , A , B , ( 0 , 0 ) , ( 100 , 100 ) ]
```

16.30 삭제(Delete)

문법

- ```
  삭제[ 대상 ]
  ```

기능

- 대상과 그 대상에 의존하는 모든 대상을 삭제한다.

---

[6]화면픽셀 좌표 (0, 0)은 기하창의 왼쪽 상단 모서리이다.

16.31 새로고침실행스크립트(RunUpdateScript)

문법

- 새로고침실행스크립트[대상]

기능

- 대상의 새로고침실행 스크립트를 실행한다.

16.32 색상설정(SetColor)

문법

- 색상설정[대상 , "색상"]
  색상설정[대상 , R(빨강) , G(녹색) , B(파랑)]

기능

- 대상의 색상설정을 변경한다.

예

1. 원 c의 색상을 분홍으로 변경한다.[7]

   색상설정[c , "분홍"]

16.33 선굵기설정(SetLineThickness)

문법

- 선굵기설정[직선 , 수]

기능

- 직선의 굵기를 변경한다.

[7]색상은 부록에 제시되어 있다.

16.34 선스타일설정(SetLineStyle)

문법

- 선스타일설정[직선 , 수]

-

수	스타일	선모양
0	실선	————————
1	긴 파선	- - - - - - - - - -
2	파선	----------------
3	점선	··························
4	1점 쇄선	-·-·-·-·-·-·-·-

기능

- 직선(선분, 반직선, 벡터 등)의 선스타일을 설정한다.

예

1 직선 a의 선스타일을 파선으로 변경한다.

```
선스타일설정[ a , 2 ]
```

16.35 숫자화(ParseToNumber)

문법

- 숫자화[수, 텍스트]

기능

- 텍스트로 정의된 숫자를 텍스트가 아닌 수로 변경한다.

예

1 수 a = 3, 텍스트1 = "6" 이 정의되어 있을 때 a를 텍스트1의 내용으로 변경한다.[8]

```
숫자화[ a , 텍스트1 ]
```

[8] 수 a와 텍스트1이 자유로운 대상으로 정의가 되어야 한다

16.36 스프레드시트기록시작(StartRecord)

문법

- 스프레드시트기록시작[ ]
  스프레드시트기록시작[진릿값]

기능

- 스프레드시트에 대상의 변화를 기록한다.

16.37 슬라이더(Slider)

문법

- 슬라이더[최솟값 , 최댓값 , 증가분 , 속도 , 폭 , 각 여부 true|false , 수평 true|false , 애니메이션 true|false , 랜덤 true|false]
- 최솟값, 최댓값 : 슬라이더의 정의역을 설정
- 증가분 : 슬라이더 값의 증가량을 설정(초기값: 0.1)
- 속도 : 애니메이션 실행할 때의 증가속도를 설정(초기값: 1)
- 폭 : 슬라이더의 폭을 설정(초기값: 100)
- 각 여부 : 슬라이더 값이 각인지 아닌지를 설정(초기값: false)
- 수평 : 슬라이더의 수평, 수직 설정(초기값: true)
- 애니메이션 : 애니메이션을 실행할 것인지 설정(초기값: false)
- 랜덤 : 구간의 임의의 값을 사용하는지 설정(초기값: false)

기능

- 입력한 조건에 맞는 슬라이더를 생성한다.

예

① 입력한 조건에 맞는 슬라이더를 생성한다.

```
슬라이더[ -2 , 2 , 0.1 , 1 , 100 , false , true , false , false ]
```

16.38 시간(GetTime)

문법

- 시간[ ]
  시간[“형식”]

기능

- 현재 시간과 날짜를 형식에 따라 리스트로 생성한다.

- Day 명령

형식	설명	예
d	날짜를 두자리수로 나타낸다.	01 ~ 31
D	요일을 세글자(영문)로 나타낸다.	일요일 ~ 토요일
j	날짜를 0으로 시작하지 않게 한다.	1 ~ 31
l	요일명을 모두 나타낸다.	일요일 ~ 토요일
N	요일을 수로 나타낸다.	1(일요일) ~ 7(토요일)
S	날짜를 서수로 나타낸다.	1st, 2nd, 3rd, ... nth
w	요일을 수로 나타낸다.	0(일요일) ~ 6(토요일)
z	날짜를 그 해의 몇번째 날인지 나타낸다.	0 ~ 365

- Week 명령

형식	설명	예
W	현재 주가 몇번째 주인지 나타낸다.	1 ~ 42

- Month 명령

형식	설명	예
F	달이름을 모두 나타낸다.	1월 ~ 12월
m	달을 두 자리수로 나타낸다.	01 ~ 12
M	달이름을 세 글자로 나타낸다.	1월 ~ 12월
n	달을 0으로 시작하지 않게 나타낸다.	1 ~ 12
t	그 달의 날이 며칠인지 나타낸다.	28 ~ 31

- Year 명령

형식	설명	예
L	윤년인지를 0, 1로 나타낸다.	1이면 윤년
o	년도를 나타낸다.	1999 또는 2003
Y	년도를 4자리 수로 나타낸다.	1999 또는 2003
y	년도를 2자리수로 나타낸다.	99 또는 03

- Time 명령

형식	설명	예
a	오전, 오후를 소문자로 나타낸다.	am 또는 pm
A	오전, 오후를 대문자로 나타낸다.	AM 또는 PM
B	견본 인터넷 시간을 나타낸다.	000 ~ 999
g	12시간을 0으로 시작하지 않고 나타낸다.	1 ~ 12
G	24시간을 0으로 시작하지 않고 나타낸다.	0 ~ 23
h	12시간을 두자리수로 나타낸다.	01 ~ 12
H	24시간을 두자리수로 나타낸다.	00 ~ 23
i	분을 두자리수로 나타낸다.	00 ~ 59
s	초를 두자리수로 나타낸다.	00 ~ 59
u	마이크로 초를 나타낸다.	654321

- Timezone 명령

형식	설명	예
e	기준시간대를 나타낸다.	Examples: UTC, GMT, Atlantic/Azores
I	일광절약시간을 적용하는지를 0, 1로 나타낸다.	일광절약시간 적용 : 1
O	그리니치표준시 (GMT) 와의 차이를 나타낸다.	Example: +0200
P	그리니치표준시 (GMT) 와의 차이를 콜론을 사용하여 나타낸다.	Example: +02:00
T	기준시간대를 약자로 나타낸다.	Examples: EST, MDT
Z	기준시간대와의 시차를 초로 나타내는데 서쪽이면 +, 동쪽이면 -	-43200 through 50400

- Full Date/Time 명령

형식	설명	예
c	ISO 8601 날짜형식으로 나타낸다.	2004-02-12T15:19:21+00:00
r	RFC 2822 formatted date	Thu, 21 Dec 2000 16:01:07 +0200
U	Seconds since the Unix Epoch (January 1 1970 00:00:00 GMT)	

예

① 리스트 { 472 , 36 , 23 , 2 , 5 , 4 , 2015 , "4 월" , "일요일" , 1 }과 같은 리스트를 생성한다.

```
시간[ ]
```

② '오늘은 2015년 4월 5일 일요일입니다.'와 같은 텍스트를 생성한다.

```
시간[ "오늘은 \Y 년 \F\S\j 일 \l 입니다." ]
```

16.39 시드설정(SetSeed)

문법

- 시드설정[정수]

기능

- 수를 랜덤으로 추출할 때 시드를 설정하면 시드를 고려하여 수를 추출한다.

예

1 시드를 고려하여 수를 추출한다.

```
시드설정[ 3 ]
```

16.40 실행(Execute)

문법

- 실행[텍스트의 리스트]
  실행[텍스트의 리스트 , 변수 , 변수 , …]

기능

- 텍스트로 표현된 명령을 실행한다.[9]

예

1 두 점 A, B와 중점 C를 생성한다.

```
실행[ { “A = ( 1 , 1 )” , “B = ( 3 , 3 )” , “C = Midpoint[ A , B ]” } ]
```

2 피보나치 수열의 5항까지 구한다.

```
실행[Join[ { “f_{1} = 1” , “f_{2} = 1” } , Sequence[ “f_{” + ( i + 2 ) + “ } = f_{” + ( i + 1 )
+ “} + f_{” + i + “}” , i , 1 , 5 ] ] ]
```

3 점 D, E의 중점을 구한다.[10]

```
실행[ { “Midpoint[ %1 , %2 ]”} , D , E ]
```

[9] 영어 명령만 가능하다.

[10] 명령어 리스트 안에 사용되는 지오지브라 명령은 미국 영어(US Enblish)로 작성된 것이어야 한다.

16.41 애니메이션시작(StartAnimation)

문법

- | 애니메이션시작[ ]
  | 애니메이션시작[true|false]
  | 애니메이션시작[슬라이더나 점 , 슬라이더나 점 , ...]
  | 애니메이션시작[슬라이더나 점 , 슬라이더나 점 , ... , true|false]

기능

- 슬라이더나 점의 애니메이션을 실행한다.

예

1. 정지한 상태의 모든 애니메이션을 실행한다.

애니메이션시작[ ]

2. 정지한 상태의 모든 애니메이션을 실행한다.

애니메이션시작[true]

3. 모든 애니메이션이 정지한다.

애니메이션시작[false]

4. 슬라이더 a의 애니메이션을 실행한다.

애니메이션시작[a]

5. 점 A를 경로 위에서 움직이게 한다.

애니메이션시작[A]

6. 슬라이더 a와 점 A가 애니메이션을 실행한다.

애니메이션시작[a , A , true]

7. 슬라이더 a와 점 A의 애니메이션이 정지한다.

애니메이션시작[a , A , false]

16.42 음악연주(PlaySound)

문법

- 음악연주[URL]
  음악연주[연주 여부 true|false]
  음악연주[음표열 , 악기]
  음악연주[음표 , 시간 , 길이]
  음악연주[함수 , 최솟값 , 최댓값]
  음악연주[함수 , 최솟값 , 최댓값 , 표본 비율 , 표본 깊이]

기능

- 입력한 조건에 맞는 음악을 연주한다.
- MIDI 음표

Octave	C	C#	D	D#	E	F	F#	G	G#	A	A#	B
0	0	1	2	3	4	5	6	7	8	9	10	11
1	12	13	14	15	16	17	18	19	20	21	22	23
2	24	25	26	27	28	29	30	31	32	33	34	35
3	36	37	38	39	40	41	42	43	44	45	46	47
4	48	49	50	51	52	53	54	55	56	57	58	59
5	60	61	62	63	64	65	66	67	68	69	70	71
6	72	73	74	75	76	77	78	79	80	81	82	83
7	84	85	86	87	88	89	90	91	92	93	94	95
8	96	97	98	99	100	101	102	103	104	105	106	107
9	108	109	110	111	112	113	114	115	116	117	118	119
10	120	121	122	123	124	125	126	127				

- General MIDI 악기

0=Acoustic Grand Piano	1=Bright Acoustic Piano	2=Electric Grand Piano	3=Honky-tonk Piano
4=Electric Piano 1	5=Electric Piano 2	6=Harpsichord	7=Clavi
8=Celesta	9=Glockenspiel	10=Music Box	11=Vibraphone
12=Marimba	13=Xylophone	14=Tubular Bells	15=Dulcimer
16=Drawbar Organ	17=Percussive Organ	18=Rock Organ	19=Church Organ
20=Reed Organ	21=Accordion	22=Harmonica	23=Tango Accordion
24=Acoustic Guitar (nylon)	25=Acoustic Guitar (steel)	26=Electric Guitar (jazz)	27=Electric Guitar (clean)
28=Electric Guitar (muted)	29=Overdriven Guitar	30=Distortion Guitar	31=Guitar Harmonics
32=Acoustic Bass	33=Electric Bass (finger)	34=Electric Bass (pick)	35=Fretless Bass
36=Slap Bass 1	37=Slap Bass 2	38=Synth Bass 1	39=Synth Bass 2
40=Violin	41=Viola	42=Cello	43=Contrabass
44=Tremolo Strings	45=Pizzicato Strings	46=Orchestral Harp	47=Timpani
48=String Ensemble 1	49=String Ensemble 2	50=SynthStrings 1	51=SynthStrings 2
52=Choir Aahs	53=Voice Oohs	54=Synth Vox	55=Orchestra Hit
56=Trumpet	57=Trombone	58=Tuba	59=Muted Trumpet
60=French Horn	61=Brass Section	62=Synth Brass 1	63=Synth Brass 2
64=Soprano Sax	65=Alto Sax	66=Tenor Sax	67=Baritone Sax
68=Oboe	69=English Horn	70=Bassoon	71=Clarinet
72=Piccolo	73=Flute	74=Recorder	75=Pan Flute
76=Blown Bottle	77=Shakuhachi	78=Whistle	79=Ocarina
80=Lead 1 (square)	81=Lead 2 (sawtooth)	82=Lead 3 (calliope)	83=Lead 4 (chiff)
84=Lead 5 (charang)	85=Lead 6 (voice)	86=Lead 7 (fifths)	87=Lead 8 (bass + lead)
88=Pad 1 (new age)	89=Pad 2 (warm)	90=Pad 3 (polysynth)	91=Pad 4 (choir)
92=Pad 5 (bowed)	93=Pad 6 (metallic)	94=Pad 7 (halo)	95=Pad 8 (sweep)

예

1 MIDI 파일을 연주한다.

```
음악연주[ "path/to/myFile.mid" ]
```

2 음악 연주를 시작한다.

```
음악연주[ true ]
```

3 음악 연주가 정지한다.

```
음악연주[ false ]
```

4 입력 내용에 따라 음악을 연주한다.

```
음악연주[ "C+E+G Rw Ai Bi Ci A4i B4i C4i" , 0 ]
음악연주[ "I[56] C5q D5q I[71] G5q F5q" , 0 ]
음악연주[ "V0 A3q B3q C3q B3q V1 A2h C2h" , 0 ]
```

5 가운다(C)의 음을 Alto 섹소폰을 2초간 연주한다.

```
음악연주[ 60 , 2 , 65 ]
```

6 함수를 음악으로 연주한다.

```
음악연주[ sin(440 2Pi x) , 0 , 1 ]
```

16.43 이름바꾸기(Rename)

문법

- `이름바꾸기[ 대상 , 이름 ]`

기능

- 대상의 이름을 변경한다.

예

1 다각형1의 이름을 오각형으로 변경한다.

```
이름바꾸기[ 다각형1 , 오각형 ]
```

16.44 입력상자(InputBox)

문법

- 입력상자[ ]
입력상자[연결된 대상]

기능

- 새로운 입력상자를 생성한다.

예

1. 입력상자를 생성한다.

   입력상자[ ]

2. 함수 f와 연결된 입력상자를 생성한다.[11]

   입력상자[f]

16.45 자료함수(DataFunction)

문법

- 자료함수[수의 리스트 , 수의 리스트]

기능

- 주어진 두 수의 리스트를 토대로 점의 리스트를 생성한다.

예

1. 점의 리스트를 생성한다.

   자료함수[{ 0 , 1 , 2 , 4 } , { 0 , 1 , 4 , 16 }]

16.46 자유대상복사(CopyFreeObject)

문법

- 자유대상복사[대상]

[11] 입력상자의 식을 변경하면 함수 f도 변경된다.

기능

- 대상을 자유로운 대상으로 복사한다.

예

1. 의존하는 대상이던 원 c를 복사하여 자유로운 대상인 원 d를 생성한다.

```
d = 자유대상복사[ c ]
```

16.47 자취설정(SetTrace)

문법

- `자취설정[ 대상 , true|false ]`

기능

- 대상의 자취를 보일 것인지 설정한다.

예

1. 점 A를 마우스로 드래그하면 자취가 생성된다.

```
자취설정[ A , true ]
```

16.48 작게보기(ZoomOut)

문법

- ```
  작게보기[ 단위 ]
  작게보기[ 단위 , 중심점 ]
  ```

기능

- 기하창의 화면의 비율을 축소한다.

예

1. 현재 기하창의 중심을 기준으로 화면 비율을 $\frac{1}{2}$로 축소한다.

```
작게보기[ 2 ]
```
```

2 점 D를 기준으로 화면 비율을 $\frac{1}{2}$로 축소한다.

```
작게보기[ 2 , D ]
```

16.49 점스타일설정(SetPointStyle)

문법

- `점스타일설정[ 점 , 수 ]`

기능

- 점의 스타일을 설정한다.

-

수	모양
0	●
1	x
2	○
3	+
4	◆
5	◇
6	▲
7	▼
8	▶
9	◀

예

1 점 A의 스타일을 +로 변경한다.

```
점스타일설정[ A , 3 ]
```

16.50 점크기설정(SetPointSize)

문법

- `점크기설정[ 점 , 수 ]`

기능

- 점의 크기를 설정한다.

16.51 좌표설정(SetCoords)

문법

- 좌표설정[대상 , x , y]
  좌표설정[대상 , x , y , z]

기능

- 자유로운 대상의 좌표를 설정한다.[12]

예

① 점 A의 좌표를 (2, 3) 으로 변경한다.

```
좌표설정[ A , 2 , 3 ]
```

16.52 중심보기(CenterView)

문법

- 중심보기[중심점]

기능

- 입력한 점을 중심으로 기하창의 화면을 조정한다.

예

① 기하창의 중심이 점 B가 되도록 화면을 조정한다.

```
중심보기[ B ]
```

[12]슬라이더, 버튼, 체크상자, 입력상자, 그림에 적용할 수 있다.

16.53 채움설정(SetFilling)

문법

- 채움설정[대상 , 수]

기능

- 대상의 불투명도를 설정한다.

예

1 원 c의 불투명도를 입력한 수에 따라 변경한다.[13]

```
채움설정[ c , 0.6 ]
```

16.54 체크상자(Checkbox)

문법

- 체크상자[ ]
  체크상자[캡션]
  체크상자[리스트]
  체크상자[캡션 , 리스트]

기능

- 체크상자를 생성한다.

예

1 "보이기"라는 이름의 체크상자를 생성한다.

```
체크상자[ "보이기" ]
```

2 "점 보이기"라는 이름으로, 두 점 C, D가 연결된 체크상자를 생성한다.

```
체크상자[ "점 보이기" , { C , D } ]
```

[13] 0 에서 1 사이의 값을 입력한다.

16.55 축보이기(ShowAxes)

문법

- 축보이기[ ]
  축보이기[true|false]
  축보이기[기하창 1|2 , true|false]

기능

- 기하창의 좌표축을 나타내거나 숨긴다.

예

1 기하창에 좌표축을 나타낸다.

축보이기[true]

2 기하창2의 좌표축을 숨긴다.

축보이기[2 , false]

16.56 축비율설정(SetAxesRatio)

문법

- 축비율설정[수 , 수]
  축비율설정[수 , 수 , 수]

기능

- 좌표축의 비율을 설정한다.

예

1 x축과 y축의 비율을 1 : 2로 설정한다.

축비율설정[1 , 2]

16.57 캡션설정(SetCaption)

문법

- 캡션설정[대상 , 텍스트]

기능

- 대상의 캡션을 기하창에 나타낸다.

예

1 점 A의 캡션이 "처음 찍은 점" 으로 기하창에 나타낸다.

```
캡션설정[ A , "처음 찍은 점" ]
```

16.58 크게보기(ZoomIn)

문법

-
```
크게보기[ 단위 ]
크게보기[ 단위 , 중심점 ]
크게보기[ 최소 x , 최소 y , 최대 x , 최대 y ]
```

기능

- 기하창의 화면의 비율을 확대한다.

예

1 기하창의 비율을 2배 확대한다.

```
크게보기[ 2 ]
```

2 (0, 0) 을 중심으로 기하창의 화면을 2배 확대한다.

```
크게보기[ 2 , ( 0 , 0 ) ]
```

3 슬라이더 a에 따라 화면을 확대한다.

```
크게보기[ -a , a , -a , a ]
```

16.59 함수화(ParseToFunction)

문법

-
```
함수화[ 함수이름 , 문자열 ]
```

기능

- 텍스트를 함수로 변환한다.

예

① $f(x) = x^2$ 일 때 함수 f 를 $3x + 1$ 로 변경한다.

```
함수화[ f, 3x + 1 ]
```

16.60 화면배치설정(SetPerspective)

문법

- `화면배치설정[ 텍스트 ]`

기능

- 도구상자의 설정을 입력한 텍스트에 따라 변경한다.
- 다음 기호는 지오지브라의 창을 나타낸다. 글자를 붙여서 나열하면 지오지브라의 창이 수평으로 배열된다. 나눗셈(/) 기호로 구분하면 지오지브라의 창이 수직으로 배열된다.

텍스트	시점
A	대수창
B	확률계산기
C	CAS
D	기하창 2
G	기하창
L	구성단계
P	설정사항
R	자료분석창
S	스프레드시트창
T	3차원 기하창

- 화면배치를 텍스트 대신 수로 정의할 수도 있다.

수	화면배치	비고
1	대수	AG
2	기하	G
3	스프레드시트	SG
4	CAS	CG
5	3차원 기하창	AT
6	확률	B

예

1 기하창이 화면에 나타난다.

화면배치설정 [“G”]

2 대수창-기하창-스프레드시트 창이 수평으로 배열된 화면이 나타난다.

화면배치설정 [“AGS”]

3 스프레드시트 창-기하창이 수직으로 배열된 화면이 나타난다.

화면배치설정 [“S/G”]

4 스프레드시트 창-(기하창-대수창) 이 수직으로 배열된 화면이 나타난다.

화면배치설정 [“S/(GA)”]

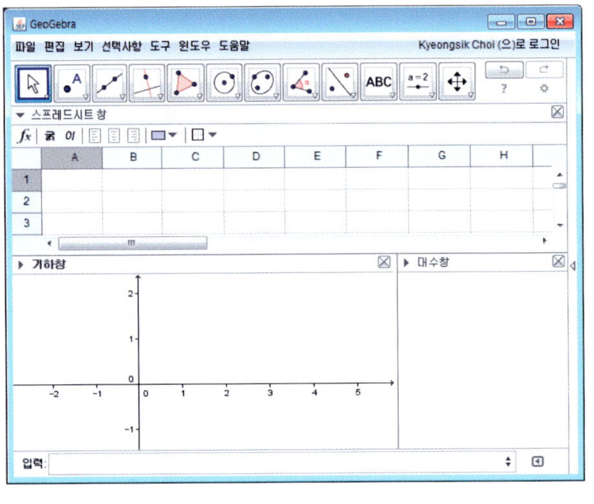

16.61 화면이동(Pan)

문법

- 화면이동[x , y]

기능

- 기하창 화면을 지정한 픽셀좌표로 이동한다.

예

1 화면 왼쪽 위 모서리의 픽셀 좌표가 (50, 50)이 되도록 이동한다.

```
화면이동[ 50 , 50 ]
```

16.62 활성화창설정(SetActiveView)

문법

- 활성화창설정[창이름]
  활성화창설정[평면]

기능

- 기하창1 또는 기하창2를 활성화한다.

예

1 기하창2를 활성화한다.

```
활성화창설정[ 2 ]
```

16.63 회전속도설정(SetSpinSpeed)

문법

- 회전속도설정[수]

기능

- 3차원 기하창의 회전속도를 조절하며 입력되는 수가 양수이면 반시계방향으로 회전하고, 음수이면 시계방향으로 회전한다. 0이면 회전하지 않는다.

CHAPTER 17

참고자료 : 지오지브라 앱을 포함한 웹페이지 개발

요 약

이장에서는 지오지브라 앱을 웹페이지에 포함하여 자료를 개발하는 방법에 대하여 제시한다. 이에 대한 최신의 내용은 https://wiki.geogebra.org/en/Reference:GeoGebra_Apps_Embedding 에서 찾아볼 수 있다.

17.1 지오지브라 앱을 웹페이지에 포함하는 방법

지오지브라 앱을 웹페이지에 포함시키려면 다음의 순서를 따른다.

① 웹페이지의 <head> 부분에 다음과 같은 코드를 포함시킨다.

```
<meta name=viewport content="width=device-width,
initial-scale=1">
```

② 자바스크립트 라이브러리인 deployggb.js를 포함시킨다.

```
<script src="https://cdn.geogebra.org/apps/deployggb.js">
</script>
```

③ 지오지브라 대상을 위해 구성요소를 하나 만든다.

```
<div id="ggb-element"></div>
```

④ 앱을 포함시키고 조절한다.

```
<script>
  var ggbApp = new GGBApplet({"appName": "graphing",
    "width": 800, "height": 600, "showToolBar": true,
    "showAlgebraInput": true, "showMenuBar": true }, true);

  window.addEventListener("load", function() {
    ggbApp.inject('ggb-element');
  });
</script>
```

지오지브라 다른 앱을 사용하려면 graphing에서 geometry 또는 3d로 appName 파라미터(parameter)를 변경하시오. 당신이 사용할 수 있는 활동(예. “material_id:RHYH3UQ8”)을 불러오려면 다양한 지오지브라 앱 파라미터(parameter)를 사용하여 지오지브라 앱을 더 조정해야 한다.

다음은 페이지 또는 팝업 대화 상자에 포함된 지오지브라 앱을 보여준다.

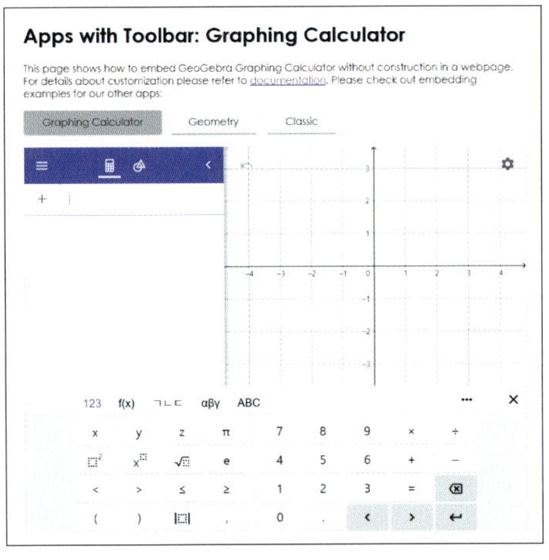

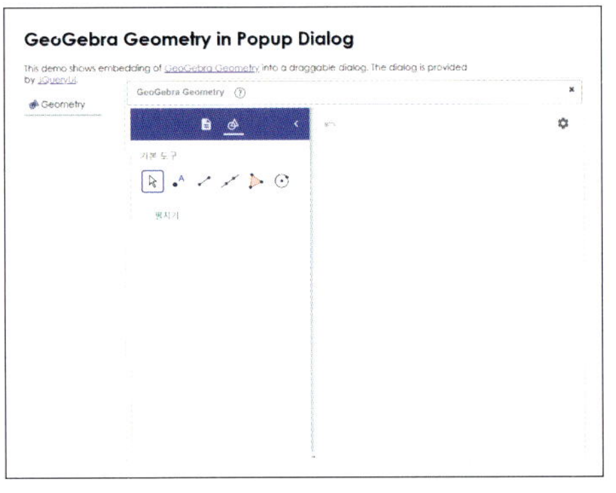

그림 17.1: 웹페이지 그래픽 계산기(좌)와 팝업 레이어 안 지오지브라 애플릿(우)

17.2 지오지브라 앱 API 활용예제

다음 예에서 지오지브라 앱 API를 통해 내장된 앱과 상호 작용하는 방법을 볼 수 있다.

http://dev.geogebra.org/examples/html/example-api-multiple.html

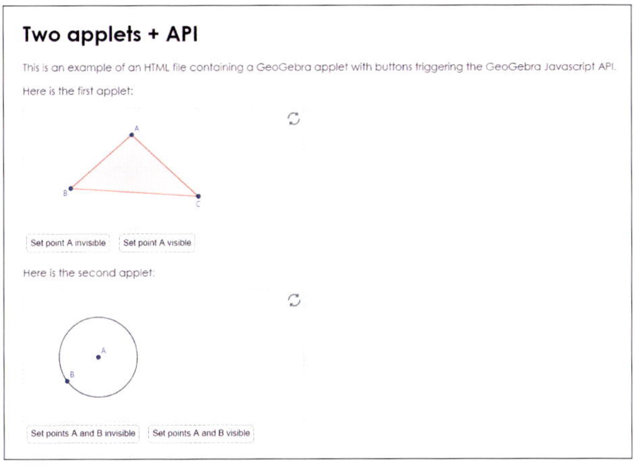

그림 17.2: 두 애플릿의 통신에 관한 API 예제

http://dev.geogebra.org/examples/html/example-api-save-state.html

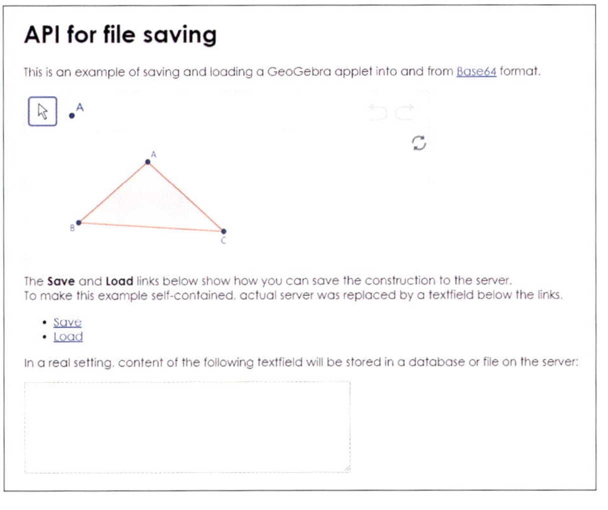

그림 17.3: 파일 저장에 관한 API 예제

http://dev.geogebra.org/examples/html/example-api-listeners.html

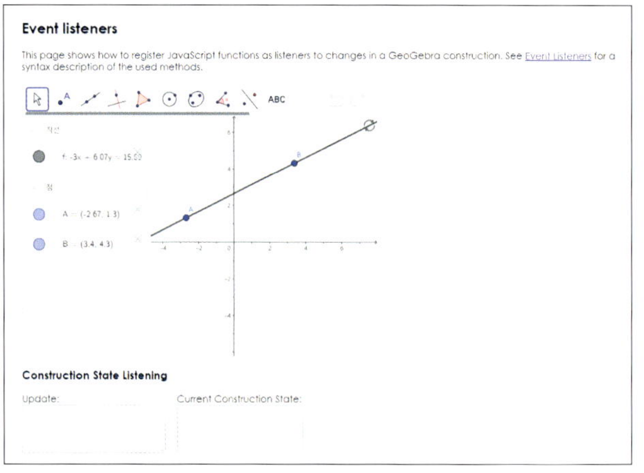

그림 17.4: 이벤트 리스너 예제

17.3 지오지브라 앱 API 목록

다음 API에 대한 설명 및 용례는 `https://wiki.geogebra.org/en/Reference:GeoGebra_Apps_Embedding`을 참조하시오.

멍령어 및 이전 명령

1. boolean evalCommand(String cmdString) [버전 3.0 이후]
2. String[] evalCommandGetLabels(String cmdString) [버전 5.0 이후]
3. String evalCommandCAS(String string) [버전 3.2 이후]
4. void setUndoPoint() [버전 3.2 이후]

대상의 상태 설정하기

일반 메소드

1. void deleteObject(String objName) [버전 2.7 이후]
2. void setAuxiliary(geo, true/false) [버전 5.0 이후]
3. void setValue(String objName, double value) [버전 3.2 이후]
4. void setTextValue(String objName, String value) [버전 3.2 이후]
5. void setListValue(String objName, int i, double value) [버전 5.0 이후]
6. void setCoords(String objName, double x, double y) [버전 3.0 이후]
7. void setCoords(String objName, double x, double y, double z) [버전 5.0 이후]
8. void setCaption(String objName, String caption) [버전 5.0 이후]
9. void setColor(String objName, int red, int green, int blue) [버전 2.7 이후]
10. void setVisible(String objName, boolean visible) [버전 2.7 이후]
11. void setLabelVisible(String objName, boolean visible) [버전 3.0 이후]
12. void setLabelStyle(String objName, int style) [버전 3.0 이후]
13. void setFixed(String objName, boolean fixed, boolean selectionAllowed) [버전 3.0 이후]

14 void setTrace(String objName, boolean flag) [버전 3.0 이후]

15 boolean renameObject(String oldObjName, String newObjName) [버전 3.2 이후]

16 void setLayer(String objName, int layer) [버전 3.2 이후]

17 void setLayerVisible(int layer, boolean visible) [버전 3.2 이후]

18 void setLineStyle(String objName, int style) [버전 3.2 이후]

19 void setLineThickness(String objName, int thickness) [버전 3.2 이후]

20 void setPointStyle(String objName, int style) [버전 3.2 이후]

21 void setPointSize(String objName, int size) [버전 3.2 이후]

22 void setDisplayStyle(String objName, String style) [버전 5.0 이후]

23 void setFilling(String objName, double filling) [버전 3.2 이후]

24 String getPNGBase64(double exportScale, boolean transparent, double DPI) [버전 4.0 이후]

25 void getScreenshotBase64(function callback) [버전 5.0 이후]

26 boolean writePNGtoFile(String filename, double exportScale, boolean transparent, double DPI) [버전 4.0 이후]

27 boolean isIndependent(String objName) [버전 4.0 이후]

28 boolean isMoveable(String objName) [버전 4.0 이후]

29 String getBase64()

30 String getBase64(function callback) [버전 4.2 이후]

31 void setBase64(String [, function callback]) [버전 4.0 이후]

자동 애니메이션

1 void setAnimating(String objName, boolean animate) [버전 3.2 이후]

2 void setAnimationSpeed(String objName, double speed) [버전 3.2 이후]

3 void startAnimation() [버전 3.2 이후]

4 void stopAnimation() [버전 3.2 이후]

5 boolean isAnimationRunning() [버전 3.2 이후]

대상의 상태 알아내기

1 double getXcoord(String objName) [버전 2.7 이후]

2 double getYcoord(String objName) [버전 2.7 이후]

3 double getZcoord(String objName) [버전 5.0 이후]

4 double getValue(String objName) [버전 3.2 이후]

5 double getListValue(String objName, Integer index) [버전 5.0 이후]

6 String getColor(String objName) [버전 2.7 이후]

7 boolean getVisible(String objName) [버전 3.2 이후]

8 boolean getVisible(String objName, int view) [버전 4.2 이후]

9 String getValueString(String objName) [버전 2.7 이후]

10 String getDefinitionString(String objName[, boolean useLocalizedInput]) [버전 2.7 이후]

11 String getCommandString(String objName [, boolean useLocalizedInput]) [버전 5.0 이후]

12 String getLaTeXString(String objName) [버전 5.0 이후]

13 String getLaTeXBase64(String objName, boolean value) [버전 5.0 이후]

14 String getObjectType(String objName) [버전 2.7 이후]

15 boolean exists(String objName) [버전 2.7 이후]

16 boolean isDefined(String objName) [버전 2.7 이후]

17 String [] getAllObjectNames([String type])Deprecated [버전 3.0 이후] [버전 2.7 이후]

18 int getObjectNumber() [버전 3.0 이후]

19 int getCASObjectNumber() [버전 3.0 이후]

20 String getObjectName(int i) [버전 3.0 이후]

21 String getLayer(String objName) [버전 3.2 이후]

22 int getLineStyle(String objName) [버전 3.2 이후]

23 int getLineThickness(String objName) [버전 3.2 이후]

24 int getPointStyle(String objName) [버전 3.2 이후]

25 int getPointSize(String objName) [버전 3.2 이후]

26 double getFilling(String objName) [버전 3.2 이후]

27 getCaption(String objectName, boolean substitutePlaceholders) [버전 5.0 이후]

28 getLabelStyle(String objectName) [버전 5.0 이후]

29 getLabelVisible() [버전 5.0 이후]

구성 및 작도 / 사용자 인터페이스

1 void setMode(int mode) [버전 2.7 이후]

2 int getMode() [버전 5.0 이후]

3 void openFile(String strURL) [버전 2.7 이후] (Java only)

4 void reset() [버전 2.7 이후]

5 void newConstruction() [버전 2.7 이후]

6 void refreshViews() [버전 2.7 이후]

7 void setOnTheFlyPointCreationActive(boolean flag) [버전 3.2 이후]

8 void setPointCapture(view, mode) [버전 5.0 이후]

9 void setRounding(string round) [버전 5.0 이후]

10 void hideCursorWhenDragging(boolean flag) [버전 3.2 이후]

11 void setRepaintingActive(boolean flag) [버전 2.7 이후]

12 void setErrorDialogsActive(boolean flag) [버전 3.0 이후]

13 void setCoordSystem(double xmin, double xmax, double ymin, double ymax) [버전 3.0 이후]

14 void setCoordSystem(double xmin, double xmax, double ymin, double ymax, double zmin, double zmax, boolean yVertical) [버전 5.0 이후]

15 void setAxesVisible(boolean xAxis, boolean yAxis) [버전 3.0 이후]

16 void setAxesVisible(int viewNumber, boolean xAxis, boolean yAxis, boolean zAxis) [버전 5.0 이후]

17 void setAxisLabels(int viewNumber, boolean xAxis, boolean yAxis, boolean zAxis) [버전 5.0 이후]

18 void setAxisSteps(int viewNumber, boolean xAxis, boolean yAxis, boolean zAxis) [버전 5.0 이후]

19 void setAxisUnits(int viewNumber, boolean xAxis, boolean yAxis, boolean zAxis) [버전 5.0 이후]

20 void setGridVisible(boolean flag) [버전 3.0 이후]

21 void setGridVisible(int viewNumber, boolean flag) [버전 5.0 이후]

22 getGridVisible(int viewNumber) [버전 5.0 이후]

23 getPerspectiveXML() [버전 5.0 이후]

24 undo() [버전 5.0 이후]

25 redo() [버전 5.0 이후]

26 showToolBar(boolean show) [HTML5]

27 setCustomToolBar(String toolbar) [버전 5.0 이후]

28 showMenuBar(boolean show) [HTML5]

29 showAlgebraInput(boolean show) [HTML5]

30 showResetIcon(boolean show) [HTML5]

31 enableRightClick(boolean enable) [버전 5.0 이후]

32 enableLabelDrags(boolean enable) [버전 5.0 이후]

33 enableShiftDragZoom(boolean enable) [버전 5.0 이후]

34 enableCAS(boolean enable) [버전 5.0 이후]

35 enable3D(boolean enable) [버전 5.0 이후]

36 void setPerspective(string perspective) [버전 5.0 이후]

37 setWidth(int width) [버전 5.0 이후] (HTML5)

38 setHeight(int height) [버전 5.0 이후] (HTML5)

39 setSize(int width, int height) [버전 5.0 이후] (HTML5)

40 recalculateEnvironments() [버전 5.0 이후] (HTML5)

이벤트 리스너

1 void registerAddListener(String JSFunctionName) [버전 3.0 이후]

2 void unregisterAddListener(String objName) [버전 3.0 이후]

3 void registerRemoveListener(String JSFunctionName) [버전 3.0 이후]

4 void unregisterRemoveListener(String objName) [버전 3.0 이후]

5 void registerUpdateListener(String JSFunctionName) [버전 3.0 이후]

6 void unregisterUpdateListener(String objName) [버전 3.0 이후]

7 void registerClickListener(String JSFunctionName) [버전 5.0 이후]

8 void unregisterClickListener(String objName) [버전 3.0 이후]

9 void registerObjectUpdateListener(String objName, String JSFunctionName) [버전 3.0 이후]

10 void unregisterObjectUpdateListener(String objName) [버전 3.0 이후]

11 void registerObjectClickListener(String objName, String JSFunctionName) [버전 5.0 이후]

⑫ void unregisterObjectClickListener(String objName) [버전 5.0 이후]

⑬ void registerRenameListener(String JSFunctionName) [버전 3.0 이후]

⑭ void unregisterRenameListener(String objName) [버전 3.0 이후]

⑮ void registerClearListener(String JSFunctionName) [버전 3.0 이후]

⑯ void unregisterClearListener(String JSFunctionName) [버전 3.0 이후]

⑰ void registerStoreUndoListener(String JSFunctionName) [버전 4.4 이후]

⑱ void unregisterStoreUndoListener(String JSFunctionName) [버전 4.4 이후]

지오지브라의 XML 형식

① void evalXML(String xmlString) [버전 2.7 이후]

② void setXML(String xmlString) [버전 2.7 이후]

③ String getXML() [버전 2.7 이후]

④ String getXML(String objName) [버전 3.2 이후]

⑤ String getAlgorithmXML(String objName) [버전 3.2 이후]

미셀러니

① void debug(String string) [버전 3.2 이후]

② String getVersion() [버전 5.0 이후]

자동 연습문제 점검 (베타)

① JSONObject getExerciseResult() [버전 5.0 이후]

② float getExerciseFraction() [버전 5.0 이후]

③ boolean isExercise() [버전 5.0 이후]

④ boolean startExercise() [버전 5.0 이후]

제 IX 편

부록

CHAPTER 18

한국지오지브라연구소

18.1 설립 목적

한국지오지브라연구소[1]는 2011년에 설립되었다. 한국지오지브라연구소는 **국제지오지브라연구소** (IGI; International GeoGebra Institute)의 비전과 목표를 따라 우리나라 지오지브라 사용자를 위하여 다음과 같은 지원을 하는 공식 기관이다.

- 예비 및 현직 교사를 위한 연수
- 각종 지오지브라 관련 문서 출판
- 지오지브라 관련 연구 수행
- 국내외 지오지브라 관련 행사 개최
- 그 외 지오지브라와 관련된 여러 지원 활동

18.2 학회와 연수

한국지오지브라연구소는 매년 수 천명의 수학 교사에게 지오지브라 관련 연수를 통하여 도움을 제공하고 있다. 또한 한국지오지브라연구소는 국제지오지브라연구소와 협력하여 국제학회를 개최하고 있다.[2]

18.3 온라인 지원 활동

한국지오지브라연구소는 공식 웹사이트[3]를 통해 다음과 같은 지원 활동을 하고 있다.

---

[1] `http://www.geogebra.or.kr/`

[2] 2012년에 개최된 `GeoGebra ICME Pre-conference 2012` 국제학회의 경우 25개국에서 약 160여명이 참여하였으며 각국에서 이루어지고 있는 지오지브라 관련 연구가 발표되었다. 현재 이 학회를 모델로 각국에서도 동일하게 국제학회가 진행되고 있다(`http://wiki.geogebra.org/en/GGB_Korea_2012`).

[3] `http://www.geogebra.or.kr/`

[1] 질문답변/자료 : 이 책에 관련된 질문은 질문답변/자료 - 지오지브라 코딩 바이블 게시판에 올릴 수 있다.

[2] 도움말 문서 : 지오지브라 자료 - 도움말 문서 게시판에서 지오지브라 연구소의 공식 매뉴얼을 다운로드 받을 수 있다.

[3] 동영상 강좌 : 지오지브라 자료 - 동영상 강좌 게시판에서 지오지브라 강의 동영상을 볼 수 있다.

[4] 수학그림 자료 : 지오지브라 자료 - 수학그림 자료 게시판에서 지오지브라로 작성된 수학그림 자료와 지오지브라 파일을 다운로드 받을 수 있다.

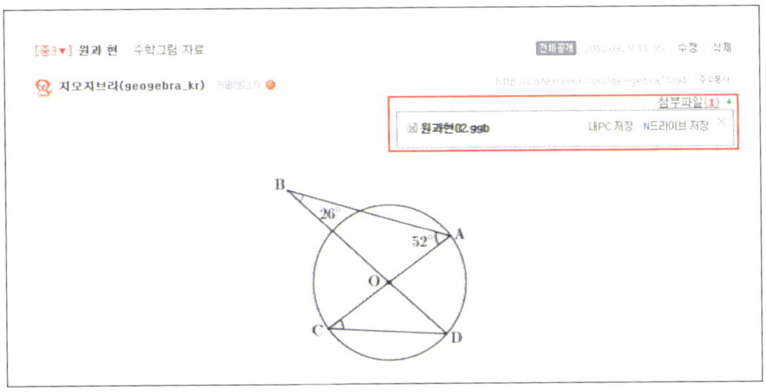

[5] 페이스북 페이지 : 지오지브라 공식 페이스북 페이지[4]에서는 지오지브라와 관련된 다양한 정보를 얻을 수 있다.

[4]https://www.facebook.com/geogebrakorea

CHAPTER 19

한국교원대학교 융합교육연구소

19.1 설립배경 및 목적

한국교원대학교 융합교육연구소[1]는 현재의 교육 문제를 개선하고 미래 사회에서 요구하는 융합형 인재 육성을 위하여 교사 교육의 새로운 패러다임을 제시하고, 실천적 역량을 길러주기 위한 목적으로 2015년 9월 1일에 설립되었다.

그림 19.1: 융합교육연구소의 설립 목적

[1] http://ceri.knue.ac.kr/

19.2 운영 내용

융합교육연구소는 미래교육에 대한 비전을 제시하고 학생중심, 과정평가, 자유학기제 운영을 위한 예비교사 역량강화에 대한 특성과 전문성을 갖는다.

2016년 이후 중학교 학생들을 대상으로 자유학기제가 전면 시행되고 점차 자유학년제로 변화되어 감에 따라, 세종시 및 충북 교육청과 협력하여 자유학기제의 성공적 운영을 위하여 현장 교사연수 지원 및 예비교사 실습 지원체제를 구축 및 운영하였다.

융합교육연구소는 연구소 운영 1년차(2016년)에 융합 교육 이론과 모델을 개발하고 이를 토대로 2년차(2017년)에 교육프로그램을 개발을 완료하였다.

그림 19.2: 융합 교육 모델

개발된 모델을 토대로 중학교 자유학기제에 운영할 주제 선택 프로그램 학생용 및 교사용 교재 20종을 개발하고 전국적으로 배포하였다. 또한 이에 대한 교사 연수를 운영하고 있다. 자유학기제 주제선택 프로그램 확산 노력의 일환으로 현장교사 직무연수, 전국 초·중등 수석교사회와의 업무협약, 수석교사–예비교사의 멘토-멘티 결연, 2017년 전국 13개교·사대 학부 강좌 개설, 총 3차례의 전국규모 융합교육축전 및 컨퍼런스를 개최하였고, 학술 논문집 발간과 단행본 서적을 출판하였다.

2017년도 융합교육축전에서는 스웨덴, 핀란드, 인도네시아 관련 기관들과 학술대회 참여를 통해 교류하였으며, 2018년도에는 새로운 교사교육의 체제를 인도네시아 UPI 대학 교사교육프로그램 개발진들과 협력하여 전수하려 한다.

	과목	프로그램 명		과목	프로그램 명
1	국어1	너와 나의 연결고리: 언어로 이루어진 세상	11	화학	내가 뭔지 밝혀봐!
2	국어2	한글로 세계로	12	생물	살았니? 죽었니?
3	영어1	내게 너의 의미는?	13	지구과학	보이지 않는 너를 상상해
4	영어2	영어 다양성 체험 프로젝트	14	기술	기술을 통한 창업의 세계
5	수학1	서로 다른 눈으로 바라보는 신기한 수학	15	가정	새콤달콤, 알록달록, 알콩달콩
6	수학2	스마트폰으로 수학을 즐겨봐	16	정보1	컴퓨터와 더불어 사는 세상
7	사회	관계, 선택인가? 본능인가?	17	정보2	인공지능이 여는 세상
8	경제	선택에 감춰진 비밀	18	정보3	사물 인터넷과 함께하는 세상
9	지리	너 어디사니? 너 어디야?	19	윤리	동상이몽
10	물리	위아래 방향으로부터 나온 생각	20	음악	음 to the 악

표 19.1: 개발된 자유학기제 교재

CHAPTER 20

단축키

20.1 단축키 배열(키보드)

그림 20.1: Alt 키를 눌렀을 때, 키보드에 배열된 특수문자

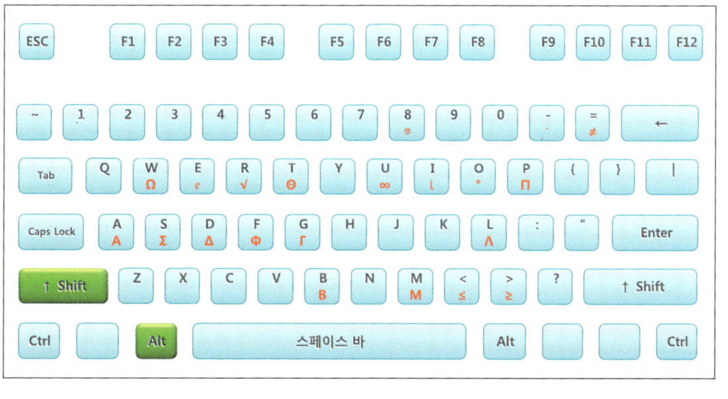

그림 20.2: Shift + Alt 키를 눌렀을 때, 키보드에 배열된 특수문자

20.2 Alt 키를 사용한 단축키

단축키	키값	단축키	키값	단축키	키값
Alt + 0	^{0}	Alt + A	α	Alt + P	π
Alt + 1	^{1}	Alt + B	β	Alt + R	$\sqrt{}$
Alt + 2	^{2}	Alt + D	δ	Alt + S	σ
Alt + 3	^{3}	Alt + E	e	Alt + T	θ
Alt + 4	^{4}	Alt + F	ψ	Alt + U	∞
Alt + 5	^{5}	Alt + G	γ	Alt + W	ω
Alt + 6	^{6}	Alt + I	i	Alt + <	$\leq$
Alt + 7	^{7}	Alt + L	λ	Alt + >	$\geq$
Alt + 8	^{8}	Alt + M	μ	Alt + -	$-$
Alt + 9	^{9}	Alt + O	$\circ$	Shift + Alt + 8	$\otimes$
		Shift + Alt + A	A	Shift + Alt + P	Π
		Shift + Alt + B	B	Shift + Alt + R	$\sqrt{}$
		Shift + Alt + D	Δ	Shift + Alt + S	Σ
		Shift + Alt + E	e	Shift + Alt + T	Θ
		Shift + Alt + F	Ψ	Shift + Alt + U	∞
		Shift + Alt + G	Γ	Shift + Alt + W	Ω
		Shift + Alt + I	i	Shift + Alt + <	$\leq$
		Shift + Alt + L	Λ	Shift + Alt + >	$\geq$
		Shift + Alt + M	M	Shift + Alt + -	$-$
		Shift + Alt + O	$\circ$	Shift + Alt + =	$\neq$

표 20.1: Alt, Shift+Alt 키를 사용한 단축키

20.3 Ctrl 키를 사용한 단축키

단축키	기능
ESC	이동모드
F1	도움말
F2	선택한 대상 재정의
F3	선택한 대상의 이름, 값을 입력창에 복사
F4	선택한 대상의 값을 입력창에 복사
F5	선택한 대상의 이름을 입력창에 복사
F9	구성 새로고침
+	선택한 슬라이더 값 증가 / 점의 x좌표 증가
−	선택한 슬라이더 값 감소 / 점의 x좌표 감소
Del	선택한 대상 삭제
Backspace	선택한 대상 삭제
Home	구성단계: 맨 위로 이동 / 스프레드시트 창: A1 셀로 이동
End	구성단계: 맨 아래로 이동/스프레드시트 창: 맨 아래 오른쪽 셀로 이동
PageUp	구성단계: 맨 위로 이동 / 점의 z좌표 증가
PageDown	구성단계: 맨 아래로 이동 / 점의 z좌표 감소
→	선택한 슬라이더 값 증가 / 점의 x좌표 증가 구성단계: 위로 이동
←	선택한 슬라이더 값 감소 / 점의 x좌표 감소 구성단계: 아래로 이동
↑	선택한 슬라이더 값 증가 / 점의 y좌표 증가 입력창: 입력한 목록 보기 / 구성단계: 위로 이동
↓	선택한 슬라이더 값 증가 / 점의 y좌표 감소 입력창: 입력한 목록 보기 / 구성단계: 아래로 이동
↵	기하창 / 입력창 전환
Alt + ↵	입력창 포커스

표 20.2: Ctrl 키를 사용한 단축키

단축키			기능
Alt	+ F4		종료
Ctrl	+ Alt	+ C	스프레드시트 값 복사
Shift	+ →		0.1배로 증가(이동) (선택 대상이 없는 경우) x축 비율 조정
Shift	+ ←		0.1배로 감소(이동) (선택 대상이 없는 경우) x축 비율 조정
Shift	+ ↑		0.1배로 증가(이동) (선택 대상이 없는 경우) y축 비율 조정
Shift	+ ↓		0.1배로 감소(이동) (선택 대상이 없는 경우) y축 비율 조정
Ctrl	+ →		10배로 증가(이동) 스프레드시트 창: 맨 오른쪽 셀로 이동
Ctrl	+ ←		10배로 감소(이동) 스프레드시트 창: 맨 왼쪽 셀로 이동
Ctrl	+ ↑		10배로 증가(이동) 스프레드시트 창: 맨 위 셀로 이동
Ctrl	+ ↓		10배로 감소(이동) 스프레드시트 창: 맨 아래 셀로 이동
Alt	+ →		100배로 증가(이동)
Alt	+ ←		100배로 감소(이동)
Alt	+ ↑		100배로 증가(이동)
Alt	+ ↓		100배로 감소(이동)
			대상 두 번 클릭 : 재정의 대수창에서 드래그: 입력창에 대상의 리스트 복사
			(대상 또는 기하창) 문맥 메뉴
			크게 보기 / 작게 보기
Alt	+ 		(빠르게) 크게 보기 / 작게 보기
Alt	+ 		선택한 대상의 정의를 입력창에 복사
Shift	+ 		x, y 비율이 보존되지 않고 확대 / 축소

표 20.3: Ctrl+Shift 키를 사용한 단축키

20.4 기능 키에 대한 예약 기능

단축키			기능
Ctrl	+	1	기본설정으로 되돌리기
Ctrl	+	2	글자크기, 선굵기, 점크기 증가
Ctrl	+	3	흑백 모드
Ctrl	+	A	모든 대상 선택
Ctrl	+	C	복사
Ctrl	+	D	레이블의 값/정의/명령어 모드 변경
Ctrl	+	E	설정사항(기하창)
Ctrl	+	F	새로고침
Ctrl	+	G	선택한 대상 보이기 / 숨기기
Ctrl	+	J	선택한 대상이 의존하는 대상(부모) 선택
Ctrl	+	L	현재 레이어의 모든 대상 선택
Ctrl	+	N	새 윈도우
Ctrl	+	O	열기
Ctrl	+	P	인쇄 미리보기
Ctrl	+	R	모든대상 재계산
Ctrl	+	S	저장하기
Ctrl	+	V	붙이기
Ctrl	+	Y	다시 실행
Ctrl	+	Z	되돌리기
Ctrl	+	−	작게 보기
Ctrl	+	+	크게 보기

표 20.4: 기능 키에 대한 예약 기능 1

단축키					기능
Ctrl	+ Shift	+ 1			기하창
Ctrl	+ Shift	+ 2			기하창2
Ctrl	+ Shift	+ A			대수창
Ctrl	+ Shift	+ C			기하창을 클립보드로 복사
Ctrl	+ Shift	+ D			점 선택 모드
Ctrl	+ Shift	+ E			설정사항
Ctrl	+ Shift	+ G			선택된 대상 레이블 보이기 / 숨기기
Ctrl	+ Shift	+ J			선택한 대상에게 의존하는 대상(자식) 선택
Ctrl	+ Shift	+ K			CAS 창
Ctrl	+ Shift	+ L			구성단계
Ctrl	+ Shift	+ M			ggbBase64 코드로 클립보드에 복사
Ctrl	+ Shift	+ N			(같은 폴더 내의) 다음 파일 열기
Ctrl	+ Shift	+ Alt	+ N		(같은 폴더 내의) 이전 파일 열기
Ctrl	+ Shift	+ P			확률계산기
Ctrl	+ Shift	+ U			기하창을 그림으로 저장(png, eps)
Ctrl	+ Shift	+ S			스프레드시트 창
Ctrl	+ Shift	+ W			상호작용적인 워크시트를 웹페이지로 저장
Ctrl	+ Shift	+ T			기하창을 PSTricks로 저장

표 20.5: 기능 키에 대한 예약 기능 2

찾아보기

Applet, 25
AttachCopyToView, 186

Button, 185

CAS, 3
CAS 창, 12
CenterView, 201
Checkbox, 202
Computational Thinking, 139
CopyFreeObject, 198
CountIf, 133

DataFunction, 198
Delete, 186
DGS, 164
Dynamic Geometry Software, 164

Execute, 193

geogebra, 7
GetTime, 190

HideLayer, 182

If, 136
IGI; International GeoGebra Institute, 225
InputBox, 198
IsDefined, 135
IsInRegion, 134
IsInteger, 135

JavaScript, 27

KeepIf, 134

Lagrange Interpolation, 69
LOGO, 164

method, 27
Michael Barnsley, 154
Microworld, 25

Pan, 207
ParseToFunction, 204
ParseToNumber, 188
Play 스토어, 8
PlaySound, 195

Radian, 35
Relation, 133
Rename, 197
Repeat, 183
Resource, 43
RunClickScript, 182
RunUpdateScript , 187

SelectObjects, 178
SetActiveView, 207
SetBackgroundColor, 184
SetCaption, 203
SetColor, 187
SetConditionToShowObject, 178
SetCoords, 201
SetDynamicColor, 180
SetFilling, 202
SetFixed, 176
SetLabelMode, 180
SetLayer, 181
SetLineStyle, 188
SetLineThickness, 187
SetPerspective, 205
SetPointSize, 200
SetPointStyle, 200
SetSeed, 193
SetSpinSpeed, 207
SetTooltipMode, 179
SetTrace, 199
SetValue, 173
SetViewDirection, 185
SetVisibleInView, 185
ShowAxes, 203
ShowGrid, 176
ShowLabel, 180
ShowLayer, 181
Slider, 189
StartAnimation, 194
StartLogging, 177
StartRecord, 189
StopLogging, 177

Turtle, 164, 173
turtle, 160
TurtleBack, 174
TurtleDown, 174
TurtleForward, 175
TurtleLeft, 175
TurtleRight, 175
TurtleUp, 174

UpdateConstruction, 177

Waclaw Sierpinski, 158
Windows 10, 7

ZoomIn, 204
ZoomOut, 199

객체, 164

거북 기하, 164
거북이, 160, 164
경로 위의 점, 81
경로매개변수, 81
계수, 80
고사리, 154
곱, 96
공전궤도, 108
교실 학습 자료, 18
교집합, 88
구간, 77
구성단계, 12, 16
구성단계 네비게이션바, 16
국제지오지브라연구소, 3, 225
그룹, 21
극방정식, 36
극좌표, 33
극좌표 방정식, 36
극좌표 방정식의 그래프를 그리는 환경, 38
기하창, 12
기하창 2, 12

나무만들기, 72
내장 명령어, 15
대상, 164
대수창, 12
도구 도움말, 14
도구상자, 14
동적 기하 소프트웨어, 3
동적 수학 소프트웨어, 3
디버깅, 27
라그랑즈 보간다항식, 69
라디안, 35
리스트, 85
마이크로월드, 25
마이클 반즐리, 154
마지막항, 97
메소드, 27, 164
모델링, 25, 108
몬테카를로 방법, 148
바츌라프 시어핀스키, 158
반복리스트, 87
반복법의 원리, 102
반음, 59
버튼, 29
변수, 164

사상, 87
사용자 도구, 26
사인함수, 59
수심, 65
수열, 85, 86
스크립트 창, 140
스토어, 7
스프레드시트 창, 12
슬라이더, 77
시어핀스키 삼각형, 158
안드로이드 기기, 8
애니메이션, 77
애플릿, 25, 43
역순, 91
연결, 90
워크시트, 19
원소, 91
원의 넓이, 148
음계, 59
음악, 59
인덱스, 92
입력 도움말, 15
입력상자, 31
입력창, 12
자료, 43
자바스크립트, 27, 29, 139, 154, 160, 164
자유학기제, 107
재귀, 165
점, 82
정렬, 90
지오지브라, 3, 7, 8
지오지브라 3차원 계산기, 8
지오지브라 그래픽 계산기, 8
지오지브라 기하 계산기, 8
지오지브라 명령어, 26
지오지브라 스크립트, 26, 29, 139
지오지브라 앱, 209
지오지브라 앱 API, 211
지오지브라 클래식, 5
지오지브라 클래식 5, 5
진동수, 59
진릿값, 30
진폭, 59
첫항, 96
체크상자, 30
추가, 93
추출, 93
컴퓨터 대수 시스템, 3
코흐 곡선, 160
코흐곡선, 169

클릭할 때, 29
태양, 108
태양계, 108
파동함수, 59
포함, 94
프랙털, 154, 158
피아노 건반, 59
한국지오지브라연구소, 4, 225
함수열, 98
합, 95
합집합, 89
화면배치, 12